Geschichte
plus

Geschichte Klasse 10

Herausgegeben von
Walter Funken
Bernd Koltrowitz

Autoren
Walter Funken
Harald Goeke
Volker Habermaier
Karl-Heinz Holstein
Bernd Koltrowitz
Dr. Michael Krenzer
Thomas Thieme
Prof. Mathias Tullner
Dr. Helmut Willert
Dr. Bernd Zaddach

Geschichte *plus*

Ausgabe Sachsen
Gymnasium

Redaktion: Karl-Heinz Holstein
Kartografische Beratung: Prof. Dr. Wolfgang Plapper
Bildbeschaffung und -recherche: Kathrin Bischoff-Berry, Dagmar Schmidt

Illustrationen: Hans Wunderlich
Kartenherstellung: Peter Kast, Ingenieurbüro für Kartografie, Schwerin
Layout und technische Umsetzung: Bernd Schirok

www.cornelsen.de

Die Links zu externen Webseiten Dritter, die in diesem Lehrwerk angegeben sind,
wurden vor Drucklegung sorgfältig auf ihre Aktualität geprüft. Der Verlag übernimmt
keine Gewähr für die Aktualität und den Inhalt dieser Seiten oder solcher,
die mit ihnen verlinkt sind.

1. Auflage, 2. Druck 2010

Alle Drucke dieser Auflage sind inhaltlich unverändert
und können im Unterricht nebeneinander verwendet werden.

Druck: CS-Druck CornelsenStürtz, Berlin

ISBN 978-3-06-110537-2

 Inhalt gedruckt auf säurefreiem Papier aus nachhaltiger Forstwirtschaft.

Inhaltsverzeichnis

Vordere Umschlagklappe: Zeitstrahle und Umrisskarten der Kapitel
Hintere Umschlagklappe: Zur Arbeit mit den „Check-up"-Seiten

Bildnachweis

akg-images: 16 o., 20 r., 37, 38 o., 42 B2, 51 o., 60 o., 61 o., 110 o., 127 B6, 133 o. l. (Gert Schütz); AP Associated Press: 104 B2; Archäologisches Institut der Universität Tübingen: 89 M. l.; Archiv Naturfreundehaus Burg Hohnstein: 44 B1; August-Horch-Museum, Zwickau: 33 M., 69 o, 88 B1 M.; Dieter Bauer, Berlin: 81, 87; Bild, Axel Springer Verlag: 71 B4; bpk: 12, 21, 35 o., 41 B5, 47 o., 89 u. l., 92 o., 93 o.; 111 o., 133 u. r.; Bulls Pressedienst: 57 B6; Bundesarchiv Koblenz: 65 B5, 73 B5, 74 B3; Bundesbildstelle: 58 B3, 100 B1; Horst Busse: 146 B2, 146 B3; Cambridge University/Churchill College: 20 B3; chliché Bibliotheque nationale de France, Paris: 89 u. r.; Der Spiegel Verlag, Hamburg: 25 B4, 32 u.; DGB-Archiv im Archiv der sozialen Demokratie/Signatur: 6/PLKA 04169: 134 B2; DHM, Berlin: 23 B4, 38 B2, 43 B3, 52 B1, 55 B4, 56 B3, 56 B4, 58 o., 69 B4, 75 B4; FOCUS: 121 B3 (© Thomas Raupach); Pressedienst Paul Glaser: 83 B4, 89 (Hintergrundfoto), 95 o.; Gruner + Jahr, Stern, Hamburg: 85 B6; Haitzinger/CCC, www.c5.net: 114 B5, 132 B2; Haus der Demokratie, Berlin: 118 B4; Institut für Zeitungsforschung, Dortmund: 92 B4, 93 B3; IPON/Stefan Boness: 150 B12; aus: John A. Garraty, American History, Chicago 1986, Foto: Culver Pictures: 13 B5; Jürgens Ost und Europa Photo, Berlin: 9 M. r., 139 o. l.; Keystone Pressedienst: 24 B2, 58 B2, 91 B3,

104 B1, 116 B2; Library of Congress, Washington D. C.: 11 B2; David Low: 54 B1; Mauritius Images: 60 B3; Mester/CCC, www.c5.net: 113 B5; Münchner Stadtmuseum, Plakatsammlung: 23 B3 (Wolfgang Pulfer), 23 B5, 55 B3 (Wolfgang Pulfer); Eckart Munz: 79 B4; Murschetz/CCC, www.c5.net: 95 B1; Mussil/CCC, www.c5.net: 28 B1; picture-alliance/dpa/© dpa: 9 M. l., 9 u., 139 u. l.; picture-alliance/dpa/dpaweb/© dpa-Fotoreport: 28 B2, 112 B3 (epa); picture-alliance/dpa: 29 B3 (Tass Klimentyev Mikhail): 29 B4 (Landov Zhang Yan), 31 (Lehtikuva Oy), 33 M. r., 33 u., 73 o, 74 o, 80 B1, 88 B1 M. r., 88 B1 u., 93 B2, 95 B2 (epa AFP), 98 B2 (Mauritizio Gambarini), 105 B3, 106 o., 106 B1 (Lehtikuva Oy), 108 o. (AFP), 115 B6, 117 B1, 123 B8, 128 o. (dpaweb/Felix Heyder), 133 o. r., 133 u. l., 139 M. (Giehr); picture-alliance/dpa/© dpa-Fotoreport: 102 o., 127 o, 139 B1 (Heinrich Sanden); picture-alliance/dpa/© dpa-Report: 104 o. r.; picture-alliance/dpa/© dpa-Bildarchiv: 103 B2, 105 B5, 107 B2, 131, 141 B5 (Rudi Otto), 146 B4 (AND), 148 B10; picture-alliance/ZB: 137 B7 (Eva Richter), 137 B8 (Eva Richter), 143 B9 (Thomas Uhlemann), 143 B11 (ddrbildarchiv.de), 143 B12 (Günter Gueffroy); picture-alliance/KPA: 141 B4; picture-alliance/akg-images: 143 B10; picture-alliance/epd: 144 B13 (Bernd Bohm); Picture Press: 84 B2; plainpicture.de: 139 u. r.;

Politiken, Kopenhagen: 96 B6; RIA Nowosti: 14 B1, 15 B4, 32 o.; Rudolf Schöpper: 145 B1; Stadtarchiv Ludwigsfelde: 138 B9 (Manfred Blumenthal); Stiftung Frauenkirche Dresden: Titelbild; Stiftung Haus der Geschichte, Bonn: 67 B3, 72 B3; sz-Photo, München: 9 o., 41 B7, 46 B5, 49 B3, 50 o., 76 B2, 135 B3 (Zscheile); Teutopress: 120 o.; ullstein bild: 13 o., 40 B1, 40 B3, 48 B3, 53 o., 59 B5 (dpa), 62 o., 62 B2, 64 o., 66 B2, 70 B3 (AP), 71 B5 (Behra), 72 r., 75 B5 (ADN-ZB), 76 o. (dpa), 77 B5, 78 o., 78 B3, 80 o., 82 o., 114 o. (dpa), 115 o., 116 o. (CARO/Jancke), 118 o., 119 B5, 121 B4 (dpa), 122 o., 124 o., 124 B1, 133 u. M., 136 B5 (AKG Pressebild), 142 B8 DHM/Schwarzer, 145 o., 150 B11; Vattenfall/BEWAG Wärme AG: 52 B2, 52 B3; Verlagsarchiv: 89 M. r.; VW Museum, Wolfsburg: 33 M. l., 88 B1 M. r.; Westermann Bildarchiv, Braunschweig: 136 B6; Zeitlupe 20: 149 B1; Zenit/Paul Langrock: 83 B5, 114 B3;

Nicht in allen Fällen war es uns möglich, die Rechteinhaber der Abbildungen ausfindig zu machen. Für eventuell entstandene Fehler oder Auslassungen bitten wir um Verständnis. Berechtigte Ansprüche werden selbstverständlich im Rahmen der üblichen Vereinbarungen abgegolten.

Beziehungen zwischen USA und UdSSR im 20. Jahrhundert

Noch vor dem Ende des Ersten Weltkriegs markierten zwei Ereignisse im Jahre 1917 den Beginn eines neuen Zeitalters: Am 6. April 1917 erfolgte die Kriegserklärung der USA an das Deutsche Kaiserreich. Der Eintritt der USA in den Weltkrieg führte die Entscheidung zugunsten der Entente (Kriegsbündnis zwischen Großbritannien, Frankreich und Russland) herbei. Die USA begründete damit ihre Stellung als stärkste globale Macht und zugleich als Vormacht der westlichen Demokratien. Am 7. November 1917 (nach damaligem russischen Kalender am 25. Oktober) eroberten die Bolschewiki die politische Macht in Russland. Nach dem Erfolg der „Oktober"revolution entstand in Russland (seit 1922: Sowjetunion) der erste sozialistische Staat der Erde.

Die Beziehungen zwischen beiden Staaten bestimmten die Geschichte des 20. Jahrhunderts. Im Wesentlichen waren sie geprägt vom Gegensatz der politischen Systeme, der aber vorübergehend überlagert wurde vom Bündnis gegen die faschistischen Staaten im Zweiten Weltkrieg.

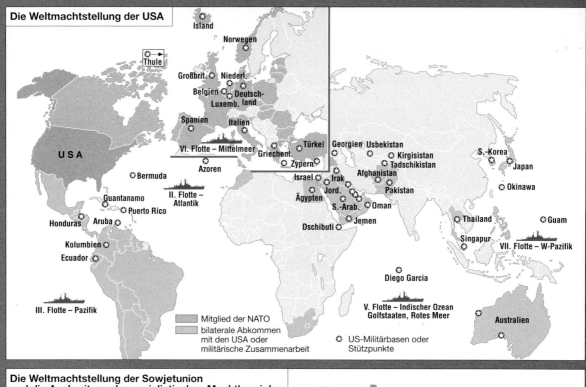

Die Weltmachtstellung der USA

Mitglied der NATO

bilaterale Abkommen mit den USA oder militärische Zusammenarbeit

⊕ US-Militärbasen oder Stützpunkte

Die Weltmachtstellung der Sowjetunion und die Ausbreitung des sozialistischen Machtbereichs

Sozialistische Staaten

Gründung nach dem Ersten Weltkrieg

Gründung nach dem Zweiten Weltkrieg

Heute

Mongolei | 1924 | 1992 | Staatsname / Gründungsjahr / Jahr des Zusammenbruchs

┄┄┄ Staatsgrenze bis zum Zusammenbruch

0 3000 km

ARBEITSAUFTRAG

Zeigen Sie mithilfe der Karte „Die Weltmachtstellung der USA" wie die USA ihre Weltmachtstellung militärisch absichert.

Stellen Sie fest, welche Staaten jeweils zu den farbig gekennzeichneten Gruppen in der unteren Karte gehören.

1. Weltmacht mit Sendungsbewusstsein – das Selbstverständnis der USA

Quellen des amerikanischen Sendungsbewusstseins – Bereits die religiösen Gruppierungen unter den ersten Kolonisten waren von dem Gefühl geprägt, einem **göttlichen Vermächtnis** zu folgen.

Q1 Herman Melville über Amerikas Bestimmung (19. Jahrhundert)

1 Dem Hause der Knechtschaft entronnen, folgte Israel vor Zeiten nicht den Wegen der Ägypter. Ihm wurde eine besondere Offenba-
5 rung zuteil [...]. Und wir Amerikaner sind das einzige auserwählte Volk, das Israel der Gegenwart; wir tragen die Bundeslade mit den Freiheiten der Welt. Vor siebzig Jahren
10 entrannen wir der Knechtschaft und außer unserem Erstgeburtsrecht – ein ganzer Erdteil ist ja unser – hat uns Gott als künftiges Erbe die weiten Reiche der politi-
15 schen Heiden gegeben, [...] Gott hat vorherbestimmt, die Menschheit erwartet große Dinge von unserer Rasse und große Dinge keimen in unserer Seele. Die übrigen
20 Nationen müssen bald hinter uns zurückbleiben. Wir sind die Pioniere der Welt, die Vorhut, die durch die Wildnis unversuchter Dinge geschickt wurde, um in der Neuen
25 Welt, der unsrigen, einen neuen Pfad zu bahnen. In unserer Jugend liegt unsere Kraft, in unserer Unerfahrenheit unsere Weisheit. [...] Und wir wollen nie vergessen, dass
30 mit uns zum ersten Mal beinah in der Geschichte der Erde nationale Selbstsucht zur schrankenlosen Menschenliebe wird; denn wir können Amerika selbst nichts Gutes
35 tun, ohne zugleich der Welt eine Wohltat zu erweisen.

(Herman Melville, Weißjacke, Zürich 1948, S. 263 ff.)

Nach dem Sieg im Unabhängigkeitskrieg gegen England fand diese Denkweise ihre Fortsetzung in der Erschließung und Besiedlung des Kontinents durch die „weißen Kolonisten". Die brutale Zurückdrängung und Dezimierung der indianischen Urbevölkerung sah man gerechtfertigt durch die **Manifest Destiny:** In der Eroberung des nordamerikanischen Kontinents lag die offenbare Be-

B2 „Prosperity". Plakat zur Präsidentschaftswahl des Kandidaten William McKinley, 1896

stimmung, der man Folge zu leisten hatte. Für die Einwanderer, deren Zahl seit 1860 stark angestiegen war, waren die USA ein Staat der Verheißung: das **„Land der unbegrenzten Möglichkeiten"** für jeden, der über die entsprechenden Fähigkeiten und die Leistungsbereitschaft verfügte. Wer seine Hoffnungen auf Erfolg und Reichtum nicht erfüllt sah, musste sich nach dieser Weltanschauung als Versager fühlen, der an seinem Schicksal selbst schuld war. Die vehemente Industrialisierung und der rasante Aufstieg der USA zur führenden Weltwirtschaftsmacht bildeten den Hintergrund für viele erstaunliche Karrieren. Die Aufsteiger des Big Bussiness wurden zum Inbegriff des amerikanischen Traums, zum Leitbild des modernen Amerika.

Vom kontinentalen zum globalen Sendungsbewusstsein – Die amerikanische Demokratie mit ihrer Betonung der individuellen Freiheiten und des Strebens nach Glück (wirtschaftlichem Erfolg) war in den Augen der US-Amerikaner allen anderen Ordnungen überlegen. In Amerika manifestierte sich der zivilisatorische Fortschritt. Daraus resultierte eine Übertragung des kontinentalen Sendungsbewusstseins auf die ganze Welt im Zusammenhang mit der Entfaltung einer imperialistischen Außenpolitik. Die **Verquickung von idealistischer Wertepropaganda und nüchterner Interessenpolitik** wurde zum Markenzeichen der Weltmachtpolitik der USA.
Beispielhaft dafür steht die Unterstützung des kubanischen Unabhängigkeitskampfes gegen Spanien. Im Namen von Freiheit und Demokratie wurde die „alte" Kolonialmacht Spanien 1898 aus der Karibik und aus dem pazifischen Raum verdrängt; die „befreiten" Territorien unterlagen aber fortan der Kontrolle der USA, die ihren Einflussbereich immer stärker ausbauten.

Q3 Der Zusammenhang zwischen Westerschließung und Demokratie nach Frederick J. Turner (1903):

1 Dem Bauern und Handwerker der Alten Welt, der in die Zwänge seiner gesellschaftlichen Klasse eingebunden war, aus alter Gewohnheit und so unabänderlich wie das Schicksal, bot der Westen einen Ausweg in ein freies Le-
5 ben und in ein größeres Wohlergehen inmitten der Freigebigkeit der Natur und aller der Schätze, die nach menschlichem Bemühen verlangten und als Gegenleistung die Chance zum unbegrenzten Aufstieg auf der Leiter des gesellschaftlichen Erfolges boten.
10 [...]
Die amerikanische Demokratie ist im Grunde das Ergebnis der Erfahrungen des amerikanischen Volkes in der Auseinandersetzung mit dem Westen. Die westliche Demokratie förderte während der ganzen früheren Zeit die
15 Entstehung einer Gesellschaft, deren wichtigster Zug die Freiheit des Individuums zum Aufstieg im Rahmen sozialer Mobilität und deren Ziel die Freiheit und das Wohlergehen der Massen waren. Diese Vorstellungen haben die gesamte amerikanische Demokratie mit Lebenskraft
20 erfüllt und sie in scharfen Gegensatz zu den Demokratien der Geschichte gebracht und zu den modernen Bemühungen in Europa, ein künstliches demokratisches Ordnungssystem mithilfe von Gesetzen zu errichten.

(Zit. Nach: Günter Moltmann, Die Vereinigten Staaten von Amerika von der Kolonialzeit bis 1917, Paderborn, Schöningh 1980, S. 41 f.)

Der Eintritt in den Ersten Weltkrieg auf Seiten der Entente 1917 folgte der **Logik der wirtschaftlichen Interessen.** Die USA hatten zwar 1914 ihre Neutralität erklärt, waren aber als Kapitalgeber und Lieferant von Nahrungsmitteln und Rüstungsgütern eng mit den Entente-Mächten verknüpft. Der uneingeschränkte U-Bootkrieg des Deutschen Reiches führte schließlich zur Kriegserklärung der USA. US-Präsident WOODROW WILSON betonte aber in seiner Kriegsbotschaft den **Kampf für die Ideale Demokratie, Freiheit und Recht.** Über den Weltkrieg hinaus sollten sie zur Grundlage einer globalen Friedensordnung werden. Das aber mobilisierte die Gegner eines dauerhaften weltweiten US-ame-

PERSONENLEXIKON

WOODROW WILSON, 1856–1924. 1913–1921 Präsident der USA; Initiator des Völkerbundes

rikanischen Engagements. Die „**Interventionisten**" unterlagen im US-Senat und bei den Präsidentschaftswahlen den „**Isolationisten**". Die USA traten dem Völkerbund nicht bei. Der außenpolitische Rückzug von der europäischen Bühne war jedoch nicht umfassend. Wirtschaftlich blieben die USA eng mit Europa verbunden und nahmen mit der Vergabe von Krediten massiv Einfluss auf die europäische Entwicklung, insbesondere auch auf den Wiederaufstieg des Deutschen Reiches. Die US-Wirtschaft erlebte in den 1920er-Jahren einen beispiellosen Boom. Der amerikanische Traum schien Realität zu werden – bis zum jähen Erwachen mit dem Ausbruch der Weltwirtschaftskrise 1929.

PERSONENLEXIKON

HERBERT HOOVER, 1874–1964. Amerikanischer Präsident 1929–1933.

Q 4 Aus der Kriegsbotschaft von Präsident Wilson vom 2. April 1917

1 Die Welt muss sicher gemacht werden für die Demokratie. Ihr Friede muss auf den erprobten Grundlagen politischer Freiheit er-
5 richtet werden. Wir haben keine selbstischen Ziele, denen wir dienen. Wir verlangen nach keiner Eroberung, keiner Herrschaft. Wir suchen keinen Schadenersatz für
10 uns selbst, keine materielle Entschädigung für die Opfer, die wir bereitwillig bringen werden. Wir sind lediglich einer der Vorkämpfer für die Rechte der Menschen.
15 […] Es ist eine fürchterliche Sache, dieses große friedfertige Volk in den Krieg zu führen, in den schrecklichsten und verheerendsten aller Kriege, in dem die Zivili-
20 sation selbst auf dem Spiele zu stehen scheint. Aber das Recht ist wertvoller als der Friede und wir werden für die Dinge kämpfen, die wir stets in unserem Herzen zu-
25 nächst getragen haben – für die Demokratie, für das Recht jener, die der Autokratie unterworfen sind, für ein Mitspracherecht bei ihrer Regierung, für die Rechte
30 und Freiheiten kleiner Nationen, für eine allgemeine Herrschaft des Rechts durch ein Konzept der freien Völker, das allen Nationen Frieden und Sicherheit bringen und
35 die Welt selbst endlich frei machen wird.

(Zit. nach: Erich Angermann, Der Aufstieg der Vereinigten Staaten von Amerika. 1914–1957, Klett, Stuttgart o. J., S. 6 ff.)

B 5 Arbeitsloser vor seiner Wellblechhütte in „Hooverville", wie die Barackensiedlungen in Anspielung auf den 1929–1933 amtierenden Präsidenten Hoover genannt wurden, um 1932

ARBEITSAUFTRÄGE

1. Analysieren Sie Q 1. Skizzieren Sie das amerikanische Selbstverständnis. Was ist mit der Formulierung gemeint „dass mit uns zum ersten Mal beinah in der Geschichte der Erde nationale Selbstsucht zur schrankenlosen Menschenliebe wird …"?
2. Erklären Sie den Zusammenhang zwischen Westerschließung und Demokratie nach Q 3. Prüfen Sie, ob sich daraus eine Überlegenheit der amerikanischen Demokratie ableiten lässt.
3. Zeigen Sie anhand von B 2 die Elemente und Symbole des amerikanischen Selbstverständnisses.
4. Formulieren Sie aus der Sicht des Arbeiters in B 5 eine Stellungnahme zum „amerikanischen Traum".

2. Die Sowjetunion – der erste sozialistische Staat

Die Oktoberrevolution als Modell – Selten ist eine Revolution so zum Kern und Ausgangspunkt des Selbstverständnisses eines Staates geworden wie die „Große sozialistische Oktoberrevolution". Diesen ersten sozialistischen Staat der Menschheitsgeschichte verteidigten die sowjetischen Kommunisten meistens kritiklos. Die Oktoberrevolution wurde so zum Modell für den Sieg des Kommunismus in einem Land, das auch noch gerechtfertigt wurde, als die Sowjetunion durch die Entwicklung unter STALIN in den 1920er- und 1930er-Jahren durch Gewaltherrschaftherrschaft gekennzeichnet war. Waren diese terroristischen und diktatorischen Entwicklungen in der Sowjetunion bereits durch LENINS Theorie von der „Diktatur des Proletariats" und der revolutionären Politik der Bolschewiki unter den Bedingungen im rückständigen Russland festgeschrieben?

„Alle Macht den Räten" – Mit dieser Parole und dem Ziel einer sozialistischen Neuordnung Russlands kehrte der Führer der radikalen Sozialisten, WLADIMIR ILLJITSCH LENIN, mit deutscher Hilfe aus seinem Schweizer Exil nach Petrograd zurück. Bereits seit 1903 hatten die russischen Sozialdemokraten, über den richtigen Weg zu einer sozialistischen Revolution gestritten: Während die gemäßigten Sozialdemokraten, die **Menschewiki,** das rückständige Russland nicht reif für eine sozialistische Revolution hielten, wollten die radikaleren **Bolschewiki** die bürgerlich-demokratische Revolution vom Februar 1917 weiterführen. Nach Lenins Theorie musste das Ziel die **Übernahme der Macht durch die Arbeiterklasse** sein. Da die russische Arbeiterschaft dafür allein zu schwach war, galt es, die **armen Bauern,** die Masse der russischen Bevölkerung, als Bündnispartner zu gewinnen. Die Forderung nach entschädigungsloser Aufteilung des Großgrundbesitzes unter den Bauern sollte neben einer Regierung der Arbeiter- und Bauernräte die Grundlage für dieses Bündnis liefern.

B 1 Lenin auf einem Panzerwagen, umringt von Rotgardisten, verkündet den Sieg der Revolution. Szenenbild aus dem russischen Propagandafilm „Oktober" (1927) von Sergej Eisenstein

Q 2 Lenin über die Diktatur des Proletariats (1917):

1 Der Übergang von der kapitalistischen Gesellschaft […] zur kommunistischen Gesellschaft ist unmöglich ohne eine „politische Übergangsperiode" und der Staat dieser Periode kann nur die revolutionäre Diktatur des Proleta-
5 riats sein. […] Die Diktatur des Proletariats aber, d. h. die Organisierung der Avantgarde der Unterdrückten zur herrschenden Klasse zwecks Niederhaltung der Unterdrücker, kann nicht einfach nur eine Erweiterung der Demokratie ergeben. Zugleich mit der gewaltigen Erweite-
10 rung des Demokratismus, der zum ersten Mal ein Demokratismus für die Armen, für das Volk wird und nicht ein Demokratismus für die Reichen, bringt die Diktatur des Proletariats eine Reihe von Freiheitsbeschränkungen für die Unterdrücker, die Ausbeuter, die Kapitalisten. Die-
15 se müssen wir niederhalten, um die Menschheit von der Lohnsklaverei zu befreien, ihr Widerstand muss mit Gewalt gebrochen werden – es ist klar, dass es dort, wo es Unterdrückung, wo es Gewalt gibt, keine Freiheit, keine Demokratie gibt. […]
20 Erst in der kommunistischen Gesellschaft, wenn der Widerstand der Kapitalisten schon endgültig gebrochen ist, wenn die Kapitalisten verschwunden sind, wenn es keine Klassen (d. h. keinen Unterschied zwischen den Mitgliedern der Gesellschaft in ihrem Verhältnis zu den ge-
25 sellschaftlichen Produktionsmitteln) mehr gibt – erst dann „hört der Staat auf zu bestehen" und „kann von Freiheit die Rede sein".

(Hermann Weber [Hrsg.], Lenin. Aus den Schriften 1895–1923, München 1967, S. 99 ff.)

Staatsstreich der Bolschewiki – Als die Bolschewiki im September 1917 einen Großteil der Stimmen in den Räten von Moskau und Petrograd erhielten, drängten Lenin und sein bedeutendster Mitstreiter LEO D. TROTZKI auf den Sturz der Provisorischen Regierung, um selbst die Macht zu übernehmen. Dies gelang ihnen am 25. Oktober 1917 in einem Staatsstreich, der kaum auf Widerstand stieß. Die ersten Maßnahmen der neuen bolschewistischen Regierung – sie nannte sich „**Rat der Volkskommissare**" – veränderten Russland innerhalb weniger Tage grundlegend. Mit den Kriegsgegnern Österreich-Ungarn und Deutschland wurden sofort Verhandlungen eingeleitet, die im März 1918 zum Frieden von Brest-Litowsk führten. Im Innern gab der Rat der Volkskommissare ebenfalls den Forderungen der Arbeiter und Bauern nach entschädigungsloser Enteignung von Grund und Boden und Arbeiterkontrolle in den Fabriken nach.

Von der Diktatur des Proletariats zur Parteidiktatur – Zielstrebig verfolgten die Bolschewiki nach dem erfolgreichen Umsturz die Errichtung der „Diktatur des Proletariats". Als die Wahlen im November 1917 zur **Verfassunggebenden Versammlung** keine Mehrheit für die Bolschewiki ergaben und die mehrheitlich von den gemäßigten Sozialdemokraten besetzte Versammlung sich weigerte, der **Errichtung der Räterepublik** zuzustimmen, wurde sie durch Truppeneinsatz aufgelöst, Oppositionspolitiker wurden verhaftet, nicht-bolschewistische Zeitungen verboten. Mithilfe der im Dezember 1917 gegründeten Geheimpolizei **Tscheka** wurde der sogenannte „Kampf gegen die Konterrevolutionäre" verschärft.

Erleichtert wurde der Übergang von der Diktatur des Proletariats zur Diktatur der kommunistischen Partei durch den dreijährigen **Interventions- und Bürgerkrieg,** den die gegenrevolutionären Kräfte (die „Weißen" genannt) unter Führung zaristischer Generäle und mit Unterstützung ausländischer Staaten führten. Um alle Kräfte zum Kampf gegen die gegenrevo-

Q3 Lenins Konzept für den wirtschaftlichen Aufschwung:

1 Kommunismus – das ist Sowjetmacht plus Elektrifizierung des ganzen Landes. Sonst wird das Land ein kleinbäuerliches Land bleiben und das müssen wir klar erkennen. Wir sind schwächer als der Kapitalismus, nicht
5 nur im Weltmaßstab, sondern auch im Innern unseres Landes. Das ist allbekannt. Wir haben das erkannt und wir werden es dahin bringen, dass die wirtschaftliche Grundlage aus einer kleinbäuerlichen zu einer großindustriellen wird. Erst dann, wenn das Land elektrifiziert
10 ist, wenn die Industrie, die Landwirtschaft und das Verkehrswesen eine moderne großindustrielle technische Grundlage erhalten, erst dann werden wir endgültig gesiegt haben. […]
Man muss jedoch wissen und darf nicht vergessen, dass
15 die Elektrifizierung nicht mit Analphabeten durchzuführen ist. […] Wir brauchen Menschen, die nicht nur des Lesens und Schreibens kundig sind, sondern kulturell hoch stehende, politisch bewusste, gebildete Werktätige; es ist notwendig, dass die Mehrheit der Bauern eine
20 bestimmte Vorstellung von den Aufgaben hat, vor denen wir stehen. Dieses Programm der Partei muss das wichtigste Lehrbuch werden, das in allen Schulen eingeführt werden sollte.

(Hans Raupach, Geschichte der Sowjetwirtschaft, Reinbek 1964, S. 177 f.)

lutionäre Bewegung zu mobilisieren und gleichzeitig mit dem Aufbau einer neuen Gesellschaft zu beginnen, wurde das System der Zwangsmassnahmen auf alle Bereiche in Wirtschaft, Gesellschaft und Politik unter dem Schlagwort „**Kriegskommunismus**" ausgeweitet: Durch Zwangseintreibungen wurden den Bauern ihre Agrarerzeugnisse zur Versorgung der Roten Armee und der städtischen Bevölkerung genommen. Alle Betriebe wurden verstaatlicht und unter Kontrolle der Partei gestellt. Auf den Terror der „Weißen" wurde mit rotem Terror geantwortet. Der Aufstand in der Seefestung Kronstadt, mit dem sich Arbeiter und Matrosen 1921 nicht gegen die Sowjetmacht, sondern gegen die Alleinherrschaft der Partei auflehnten, war Ausdruck der schwersten politischen und wirtschaftlichen Krise. TROTZKI ließ diesen Aufstand blutig niederschießen. Lenins Theorie von der Partei als „Avantgarde des Proletariats" verwirklichte sich als Diktatur der kommunistischen Partei.

B4 Wahlkampf zur Verfassunggebenden Versammlung Anfang November 1917: Verteilung von Zeitungen und Flugblättern, zeitgenössische Fotografie

Stabilisierung der Sowjetmacht – Nach Krieg und Bürgerkrieg befand sich 1921 die Wirtschaft Russlands in einem katastrophalen Zustand. Die Unruhen und Bauernaufstände, die 1920/1921 das Land überzogen, nahmen immer radikalere Formen an. Dies veranlasste die Sowjetregierung zur Abkehr vom Kriegskommunismus. In vielen Punkten gab sie den Forderungen ihrer Kritiker nach und leitete eine neue Wirtschaftspolitik ein. Diese **„Neue Ökonomische Politik"** (russ. abgekürzt: NEP) gab der Bevölkerung wieder mehr wirtschaftliche Freiheiten. Die Bauern durften ihre Überschüsse frei auf Märkten verkaufen, private Kleinbetriebe konnten Dienstleistungen anbieten, in den Fabriken wurden wieder nach Leistung differenzierte Löhne gezahlt. Tatsächlich erholte sich das Land allmählich. 1926 hatte das Land die Zerstörungen durch Krieg und Bürgerkrieg überwunden und das Niveau der Vorkriegsproduktion wieder erreicht. Für jeden Einzelnen war der Aufschwung spürbar: Die Reallöhne stiegen, die Versorgung mit Lebensmitteln und Verbrauchsgütern besserte sich. Auch im kulturellen Leben machte sich dies bemerkbar. Das Analphabetentum wurde bekämpft, das Bildungswesen ausgebaut. Viele Künstler beteiligten sich an einer „Kulturrevolution" und schufen neue Werke, die auch in den westlichen Ländern große Beachtung fanden.

Der Aufstieg Stalins – Seit 1912 gehörte JOSEF W. STALIN als fähiger Organisator zur Führungsgruppe der Bolschewiki. 1922 wurde er mit dem neu eingerichteten Amt des Generalsekretärs der Partei betraut, um die Arbeit der verschiedenen Parteigremien zu koordinieren. Dadurch gewann er eine ungeheuere Macht. Als er diese Position rücksichtslos zu nutzen begann, empfahl Lenin kurz vor seinem Tod Stalins Ablösung. Dieser Rat wurde vom Zentralkomitee der Partei nicht befolgt, weil Stalin bereits zu einflussreich geworden war. Durch Intrigen, Schauprozesse, selbst durch Auftragsmorde schaltete Stalin zwischen 1924 und 1928 alle innerparteilichen Gegner aus und machte sich zum Alleinherrscher in Partei und Staat.

„Aufbau des Sozialismus in einem Land" – LENIN war davon ausgegangen, dass als Ergebnis des Ersten Weltkriegs nicht nur in Russland die sozialistische Revolution auf der Tagesordnung stand, sondern sich die Arbeiter in den weiter entwickelten westlichen Industriestaaten erheben, die alten Ordnungen umstürzen und dem sozialistischen Russland helfen würden. Doch die erhoffte Unterstützung war ausgeblieben. Auch die Gründung der **Kommunistischen Internationale** im März 1919, mit der LENIN die Revolution in den fortgeschrittenen Industriestaaten hatte vorantreiben wollen, hatte daran nichts geändert. STALINS Konsequenz daraus war, dass das vorrangige Ziel der Kommunisten nicht mehr die sozialistische Revolution in allen Ländern sei, sondern der „Aufbau des Sozialismus in einem Land". Seit 1927 setzte er die Abkehr von der Neuen Ökonomischen Politik durch. Stattdessen wurden nun die **beschleunigte Industrialisierung** und die **Zwangskollektivierung der Landwirtschaft** forciert und mit großer Härte durchgeführt.

WLADIMIR I. LENIN, 1870–1924. Führer der radikalen Sozialisten, die im November 1917 die Macht in Russland an sich rissen. Lenin war Vorsitzender des Rats der Volkskommissare (Regierung).

B 5 Markt in einem russischen Dorf, Fotografie Anfang der 1920er-Jahre

ARBEITSAUFTRÄGE

1. Beschreiben Sie das Bild (B 1) aus dem Propagandafilm. Wie wird hier die Rolle Lenins dargestellt? Vergleichen Sie sie mit den Aussagen des Textes.
2. Erklären Sie mit Q 2 die „Diktatur des Proletariats". Inwiefern stellt sie den Schlüssel zum Verständnis der Innenpolitik Lenins dar?
3. Beschreiben Sie B 5 und erläutern Sie vor diesem Hintergrund Lenins Ausführungen in Q 3.
4. Diskutieren Sie, ob die Entwicklung des Sowjetsystems zur Parteidiktatur in Lenins Theorie angelegt war oder auf die Rückständigkeit Russlands zurückzuführen ist.

3. Der Weg zur Anti-Hitler-Koalition

Die USA als Interventionsmacht im russischen Bürgerkrieg – Nach der Februarrevolution 1917 waren die USA noch der erste Staat der Welt, der die neue demokratische Regierung in Russland anerkannte. Nach der Oktoberrevolution jedoch setzen sich in der amerikanischen Außenpolitik die Anhänger eines antibolschewistischen Kurses durch. Schon bald nach dem Sieg der Bolschewisten fanden aber erste geheime Kontakte mit Revolutionsgegner statt. Nachdem es den westlichen Alliierten nicht gelungen war, den Sonderfrieden Russlands mit Deutschland vom März 1918 **(Friede von Brest-Litwosk)** zu verhindern, wurden die Anstrengungen zur Unterstützung der antibolschewistischen Kräfte verstärkt, um dem „Spuk des Kommunismus" in Russland ein schnelles Ende zu bereiten.

Neben Frankreich, Großbritannien und Japan beteiligten sich vor allem auch die USA an dieser Vorbereitung zur Intervention in Russland. Schon im Sommer landeten amerikanische Marineeinheiten im sibirischen Wladiwostok zur Unterstützung der gegenrevolutionären Truppen, der sogenannten „Weißen", unter dem zaristischen Admiral KOLTSCHAK. Die US-Truppen hatten keinen direkten Kampfauftrag.

Die amerikanische Beteiligung am russischen Bürgerkrieg auf Seiten der Revolutionsgegner wurde ohne Kriegserklärung fortgesetzt. Allerdings wurden im US-Kongress auch kritische Stimmen laut, die darin einen Verstoß gegen die Verfassung der USA sahen. Entgegen den Erfolgsmeldungen über den Siegeszug KOLTSCHAKS in der amerikanischen Presse hatte dieser durch seine grausame Kriegsführung und Besatzungspolitik in Sibirien die Bevölkerung immer mehr gegen sich aufgebracht.

Auch nach dem Interventions- und Bürgerkrieg, der mit einem Sieg der Roten Armee endete, blieben die USA bei ihrer außenpolitischen Linie, eine Stabilisierung der Sowjetmacht zu verhindern und die Sowjetunion zu isolieren. So lehnten die USA die Mitarbeit an einem Wiederaufbauprogramm für Russland ab, das 1922 im italienischen Genua diskutiert wurde. Erst müsse die sowjetische Regierung die Vorkriegsschulden, die noch das zaristische Regime gemacht hatte, und die Prinzipien der Marktwirtschaft anerkennen. Erst unter dem Präsidenten ROOSEVELT begann seit Anfang der 1930er-Jahre eine Neuorientierung in den Beziehungen der USA zur UdSSR. 1933 erfolgte die **diplomatische Anerkennung** der Sowjetunion. Vor allem die bilateralen Wirtschaftsbeziehungen wurden ausgebaut, weil sie für die USA eine Möglichkeit boten, durch Agrarexporte der von der Depression schwer getroffenen amerikanischen Landwirtschaft zu helfen.

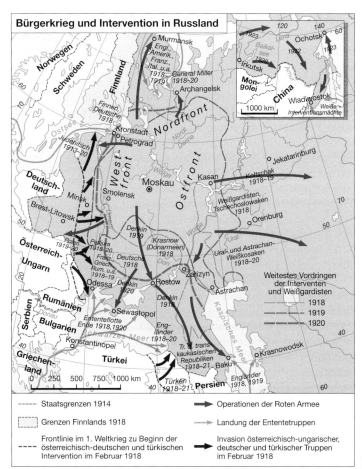

Bürgerkrieg und Intervention in Russland

Staatsgrenzen 1914

Grenzen Finnlands 1918

Frontlinie im 1. Weltkrieg zu Beginn der österreichisch-deutschen und türkischen Intervention im Februar 1918

Operationen der Roten Armee

Landung der Ententetruppen

Invasion österreichisch-ungarischer, deutscher und türkischer Truppen im Februar 1918

K 1

Sowjetische Außenpolitik bis zum Zweiten Weltkrieg – Nach dem Ersten Weltkrieg war Russland politisch isoliert. Aus Angst vor einer Ausbreitung des Kommunismus unterstützten Frankreich, Großbritannien, Japan und die USA im russischen Bürgerkrieg die Gegner der Bolschewiki. Auf der anderen Seite taten die Bolschewiki in den ersten Jahren nach der Oktoberrevolution viel, um diese Angst zu schüren: Als Instrument zur Ausbreitung der sozialistischen Weltrevolution wurde 1919 die **Kommunistische Internationale (Komintern)** gegründet, revolutionäre Bewegungen in anderen Ländern wurden – zumindest propagandistisch – unterstützt. Nachdem diese Politik keine Erfolge zeigte, ging Russland bzw. die 1922 gegründete Sowjetunion dazu über, die Außenpolitik in den Dienst zur Sicherung der Sowjetmacht zu stellen und unter STALIN dieses Ziel auch bei den Kommunisten in anderen Staaten mit Hilfe der Komintern durchzusetzen.

Um die weltweite politische Isolation zu überwinden, näherte sich Russland dem ebenfalls isolierten früheren Kriegsgegner Deutschland an: 1922 nahmen beide Länder diplomatische Beziehungen auf **(Rapallo-Vertrag)** und vereinbarten wirtschaftliche und sogar militärische Zusammenarbeit. 1926 vereinbarten sie gegenseitige Neutralität im Fall eines Angriffs durch ein drittes Land **(Berliner Vertrag)**. Die sowjetische Außenpolitik unter Stalin war davon geprägt, den raschen Aufbau des Sozialismus im eigenen Land ohne Störungen durch außenpolitische Konflikte fortzusetzen. Daher schloss die UdSSR Nichtangriffspakte mit ihren Nachbarländern. Auch als in Deutschland 1933 die Nationalsozialisten an die Macht kamen, wollte Stalin die guten politischen und wirtschaftlichen Beziehungen aufrechterhalten. Erst als sich die faschistischen Kräfte in Europa immer mehr ausbreiteten, änderte die Komintern 1935/36 auf Anweisung Stalins ihre Politik und rief zur Bildung breiter antifaschistischer Bündnisse auf **(Volksfrontpolitik)**. Gegen die aggressive Außenpolitik der faschistischen Staaten schien es Stalin notwendig, mit den Demokratien in Europa zusammen zu arbeiten. Mit Frankreich und der Tschechoslowakei wurden 1935 Beistandspakte geschlossen.

Q 2 Franklin D. Roosevelt am 5. Oktober 1937 in Chicago ("Quarantäne"-Rede):

1 Ich bin gezwungen und Sie sind gezwungen, in die Zukunft zu blicken. Friede, Freiheit und Sicherheit von neunzig Prozent der Menschheit werden von den übrigen zehn Prozent gefährdet, durch die der Zusammenbruch
5 aller Ordnung und allen Rechts im internationalen Leben droht. […] Unglückseligerweise scheint die Epidemie der Gesetzlosigkeit sich auf der Welt auszubreiten. Wenn eine Krankheit sich epidemisch ausbreitet, beschließt die Gemeinschaft, um sich vor Ansteckung zu schützen, die
10 Patienten in Quarantäne zu legen. Der Krieg ist eine Seuche, ob er nun erklärt ist oder nicht. Er kann Staaten und Völker verschlingen, die vom ursprünglichen Schauplatz der Feindseligkeit weit entfernt sind. Wenn die Zivilisation bestehen bleiben soll, müssen die Grundsätze des
15 Friedensfürsten wieder hochgehalten werden. Das Vertrauen zwischen den Völkern muss wiederhergestellt werden. Am allerwichtigsten ist, dass der Wille zum Frieden von Seiten der friedliebenden Völker so deutlich zum Ausdruck kommt, dass Völker, die vielleicht in Versu-
20 chung geraten, ihre Verträge und die Rechte anderer Völker zu verletzen, davon Abstand nehmen.

(In: Franklin D. Roosevelt, Links von der Mitte, Donald Day (Hg.), Übers. Peter Stadelmayer/Christian Hübener, Frankfurt/M. (Frankfurter Hefte) 1951, S. 377 f.)

Q 3 Der sowjetische Partei- und Regierungschef Josef W. Stalin in einer Rundfunkrede am 3. Juli 1942

1 Was haben wir durch den Abschluss des Nichtangriffspaktes mit Deutschland gewonnen? Wir haben unserem Lande anderthalb Jahre den Frieden gesichert sowie die Möglichkeit, unsere Kräfte zur Abwehr vorzubereiten, falls
5 das faschistische Deutschland es riskieren sollte, unser Land trotz des Paktes zu überfallen. Das ist ein unbestreitbarer Gewinn für uns und ein Verlust für das faschistische Deutschland. Was hat das faschistische Deutschland durch die wortbrüchige Zerreißung des Pakts und
10 den Überfall auf die Sowjetunion gewonnen und was hat es verloren? Es hat dadurch für kurze Zeit eine gewisse vorteilhafte Lage für seine Truppen erzielt, hat aber in politischer Hinsicht verloren, da es sich in den Augen der ganzen Welt als blutiger Aggressor entlarvt hat.

(Hans-Joachim Lieber/Karl-Heinz Ruffmann (Hg.), Der Sowjetkommunismus. Dokumente, Bd. 2, Köln u. a. 1964, S. 589 f.)

1939 verhandelten Frankreich und Großbritannien mit der Sowjetunion über ein
Militärbündnis zur Unterstützung Polens
im Falle eines deutschen Angriffs. In dieser Beschwichtigungspolitik sah STALIN
den Versuch der Westmächte, die Expan-
sionspolitik HITLERS vom Westen nach
Osten, d. h. gegen die Sowjetunion, zu lenken. Er vollzog deshalb eine radikale
Wende: Am 23. August 1939 schlossen die
kommunistische Sowjetunion und das faschistische Deutschland einen Nichtan-
griffsvertrag, den sogenannten **Hitler-Stalin-Pakt.** In einem geheimen Zusatzab-
kommen wurde die Aufteilung Polens und
deutsche und sowjetische „Interessen-
sphären" in Osteuropa festgelegt.

**Amerikanische Außenpolitik bis zum Ein-
tritt in den Zweiten Weltkrieg** – Hitlers aggressive Außenpolitik nach 1933 verstärkte in den USA die Tendenzen, sich
aus allen politischen Verwicklungen in
Europa herauszuhalten. Jede militärische
Verstrickung in internationale Konflikte
sollte vermieden werden, strikte Gesetze
zur Wahrung der außenpolitischen Neutralität wurden erlassen.
Erst als Japan 1937 in China einmar-
schierte, leitete Präsident FRANKLIN D.
ROOSVELT eine außenpolitische Wende
ein. In seiner „Quarantäne"-Rede forderte er zur Abkehr von der Neutralität auf:
Freiheit und Friede in den USA seien nur
gesichert, wenn es den friedliebenden Völkern gelänge, die internationalen Rechts-
brecher gemeinsam in „Quarantäne" zu
stecken. Obwohl Roosevelt nicht gleich
die erhoffte Zustimmung erhielt, enga-
gierten sich die USA Schritt für Schritt
mit jeder Aggression der expansionisti-
schen Mächte mehr. Nach Hitlers Überfall erhielt seit 1941 sogar die Sowjetunion
amerikanische Waffenunterstützung. Der
wirkliche Umschwung kam aber erst am
7. Dezember 1941 mit dem **japanischen
Überfall auf den amerikanischen Marine-
stützpunkt Pearl Harbor** auf Hawai. Die
USA traten in den Zweiten Weltkrieg ein
und bildeten zusammen mit Großbritannien und der Sowjetunion die Kriegsallianz, die schließlich 1945 gemeinsam
Deutschland und Japan besiegte.

Q 4 Der Historiker Andreas Hillgruber über die russischen
Motive des Hitler-Stalin-Paktes (1967)

1 Um ein in seiner Sicht drohendes Arrangement zwischen
England und Hitler-Deutschland zu verhindern, das in
sowjetkommunistischer Interpretation nur offensiv gegen die Sowjetunion gerichtet sein konnte, schien ein ei-
5 gener Vertragsabschluss mit Hitler das am besten geeignete Mittel; denn Hitler musste diesen Pakt als Er-
munterung zum militärischen Angriff auf Polen auffassen.
[…] Der deutsche Angriff auf Polen aber musste mit hoher Wahrscheinlichkeit den kriegerischen Konflikt Hitlers
10 mit den Westmächten auslösen. […] Die Spannungen
zwischen den „imperialistischen" Mächten mussten sich
nach sowjetkommunistischer Auffassung früher oder
später in einem Kriege entladen. Dabei galt es zu verhindern, dass es zu einem gemeinsamen Krieg der „ka-
15 pitalistischen" Mächte gegen die Sowjetunion kam; sie
mussten vielmehr untereinander in einen kriegerischen
Konflikt gebracht werden. „Sollte ein solcher Krieg beginnen" – so hatte Stalin am 19. Januar 1925 […] seine
Grundthese dargelegt –, „so werden wir nicht untätig zu-
20 sehen können – wir werden auftreten müssen, aber wir
werden als Letzte auftreten, um das entscheidende Gewicht in die Waagschale zu werfen […]".
Stalins Entscheidung vom August 1939 versetzte damit
die Sowjetunion in eine so günstige Position, wie sie sie
25 in ihrer ganzen Geschichte seit 1917 noch niemals ein-
genommen hatte. An die Stelle der bisher die sowjetische Gesamtpolitik beherrschenden traumatischen Vorstellung von einer allseitigen Bedrohung durch die „kapitalistischen" Mächte konnte nun das Bewusstsein
30 treten, die Position einer von allen Kriegführenden
respektierten, ja umworbenen Großmacht innezuhaben,
deren politisches Gewicht in dem Maße wuchs, wie der
Krieg in Europa fortdauerte […].

(Andreas Hillgruber, Deutschlands Rolle in der Vorgeschichte der beiden Weltkriege, Göttingen 1967, S. 96 ff.)

ARBEITSAUFTRÄGE

1. Beurteilen Sie die Intervention der USA in Russland aus der
   Perspektive der politischen Prinzipien von Präsident Wilson.
   Warum gab Wilson Großbritannien und Frankreich nach?
2. Analysieren Sie Roosevelts „Quarantäne"-Rede (Q 2) vom
   Standpunkt der amerikanische Interessen aus. Inwieweit wer-
   den diese offen angesprochen?
3. Erläutern Sie anhand von Stalins Rede-Zitat (Q 3) und Hill-
   grubers Analyse (Q 4) die sowjetischen Beweggründe zum
   Vertrag mit Hitler. Lässt sich damit die sowjetische Besetzung
   Polens rechtfertigen?

4. Von der Kriegsallianz zum Kalten Krieg

Bereits vor dem Kriegseintritt der USA im Dezember 1941 hatten sich Amerikaner und Briten im August in der **Atlantik-Charta** auf die Prinzipien der Nachkriegsordnung verständigt: Verzicht auf Annexionen, territoriale Veränderungen nur im Einverständnis mit den Betroffenen, Selbstbestimmungsrecht der Völker, Freiheit von Furcht und Not, Freiheit der Meere und Verzicht auf Waffengewalt. Auf diesen Prinzipien der Atlantik-Charta gründete auch der **Washington-Pakt** der 26 Staaten, die gegen Deutschland und Italien sowie Japan Krieg führten. Die UdSSR erkannte allerdings die Atlantik-Charta nur insoweit an, als dadurch ihre Sicherheitsbelange nicht betroffen waren. Darin lag bereits ein Keim für die spätere Entzweiung zwischen den Kriegsalliierten.

Zunächst standen jedoch die gemeinsamen Interessen an einer erfolgreichen Kriegführung im Vordergrund. Die Sowjetunion, die lange die Hauptlast des Krieges trug, erreichte auf den alliierten Kriegskonferenzen eine Reihe wichtiger Zugeständnisse. Rumänien, Ungarn und Bulgarien wurden als sowjetische Einflussgebiete angesehen. Schließlich einigte man sich in **Jalta** auf der Krim im Februar 1945 auf die **Aufteilung Deutschlands** in getrennte Besatzungszonen und auf die **Westverschiebung Polens** auf Kosten Deutschlands als Kompensation

Die Ausdehnung des sowjetischen Machtbereichs in Europa

★	Sowjetunion 1938
	Sowjetische Expansion seit 1939
★ 1947	Volksrepublik bzw. Volksdemokratie seit
☆	Bündnisfreie Volksrepublik seit 1945
··········	Staatsgrenzen von 1937
	Staatsgrenzen von 1945
▬▬▬	Warschauer-Paktstaaten
✪	Viermächtestadt

K 2

für die von der UdSSR einbehaltenen Gebiete. Damit hatte die Sowjetunion im Zweiten Weltkrieg einen enormen Machtzuwachs erfahren und war neben der USA zur bestimmenden Kraft der in-

Q 1 Stalin, Anfang 1945:

1 Dieser Krieg ist nicht wie in der Vergangenheit:
Wer immer ein Gebiet besetzt, erlegt ihm auch sein eigenes
5 gesellschaftliches System auf. Jeder führt sein eigenes System ein, so weit seine Armee vordringen kann. Es kann gar nicht anders sein.

(In: M. Djilas, Gespräche mit Stalin, Frankfurt/M. 1962, S. 146)

B 3 Die „Aufteilung Osteuropas". Handschriftliche Notiz Churchills, von Stalin mit Haken abgezeichnet, Oktober 1944

JOSEF W. DSCHUGASCHWILI, genannt STALIN, 1879–1953. Seit 1922 Generalsekretär der Kommunistischen Partei; erlangte nach Lenins Tod (1924) eine allmächtige Stellung in der Partei und im Staat

ternationalen Politik geworden, während die „alten" europäischen Großmächte Großbritannien und Frankreich ihre überragende Rolle endgültig einbüßten.

Das Ende der Bündnispartnerschaft – Vergleicht man die Ausgangslage der Sowjetunion und der USA nach dem Krieg sind jedoch bedeutende Unterschiede festzustellen. Die USA verfügten über eine deutliche militärische Überlegenheit, nicht zuletzt durch ihr **Atomwaffenmonopol.** Amerikanische Truppen standen nicht nur in Europa, sondern auch in weiten Teil Südostasiens, in Japan und im Pazifik. Dazu kam ihr überragendes wirtschaftliches Potenzial, mit dem sie alle anderen Staaten weit hinter sich ließen.

Demgegenüber verfügte die UdSSR zwar mit der Roten Armee über eine beeindruckende militärische Stärke, war aber wirtschaftlich durch die Kriegsverluste weit zurückgeworfen worden.

Bereits auf der **Potsdamer Konferenz** 1945 war das Misstrauen zwischen den USA und Großbritannien einerseits und der Sowjetunion andererseits so stark angewachsen, dass es schwer fiel, zu klaren Vereinbarungen zu kommen. Die Systemgegensätze zwischen liberaler Demokratie und marxistisch-leninistischem Sozialismus traten deutlich hervor. Die Vereinbarungen über die Ostgebiete stimmten nicht mit der Atlantik-Charta überein. Das Selbstbestimmungsrecht der betroffenen Bevölkerung wurde nicht berücksichtigt. Immer mehr Beobachter gewannen den Eindruck, nicht nur Deutschland, sondern ganz Europa sei durch einen „eisernen Vorhang" (Churchill) geteilt. Vor diesem Hintergrund vollzogen die USA eine Wende in ihrer Außenpolitik, die sich 1947 in der **Politik des Containment** (Eindämmung des Kommunismus) niederschlug.

HARRY S. TRUMAN, 1884 – 1972. Von 1945 – 1953 Präsident der USA (nach dem Tod Roosevelts am 12. 4. 1945). Er befahl im August 1945 den Abwurf von Atombomben auf die japanischen Städte Hiroshima und Nagasaki

Q 4 US-Präsident Truman in einer Rede vor dem amerikanischen Kongress (Truman-Doktrin), 12. 3. 1947:

1 In einer Anzahl von Ländern wurde den Völkern kürzlich gegen ihren Willen ein totalitäres Regime aufgezwungen […].
5 Ich bin der Ansicht, dass es die Politik der Vereinigten Staaten sein muss, die freien Völker zu unterstützen, die sich der Unterwerfung durch bewaffnete Minderheiten
10 oder dem Druck von außen widersetzen […]. Die freien Völker der Erde blicken auf uns und erwarten, dass wir sie in der Erhaltung der Freiheit unterstützen […]. Ich bin
15 der Ansicht, dass unsere Hilfe in erster Linie in Form wirtschaftlicher und finanzieller Unterstützung gegeben werden sollte, die für eine wirtschaftliche Stabilität
20 und geordnete politische Vorgänge wesentlich ist.

(In: Europa-Archiv, Bonn 1947, S. 819. Gekürzt)

Q 5 Der Sekretär des ZK der KPDSU, Shdanov, über die internationale Lage, 1947:

1 [Nach dem Krieg] sind zwei Lager entstanden: das imperialistische, antidemokratische Lager, dessen Hauptziel darin besteht, die Welt-
5 vormachtstellung des amerikanischen Imperialismus zu erreichen und die Demokratie zu zerstören, und das antiimperialistische, demokratische Lager, dessen Haupt-
10 ziel es ist, den Imperialismus zu überwinden, die Demokratie zu konsolidieren und die Überreste des Faschismus zu beseitigen […].

(In: Geschichte in Quellen, Bd. 7, München 1980, S. 460. Gekürzt)

ARBEITSAUFTRÄGE

1. Erläutern Sie mit Q 1, K 2 und B 3 die Aufteilung Mittel- und Osteuropas sowie die sowjetische Politik in den von der Roten Armee besetzten Gebieten.
2. Wie begründet Truman in Q 4 den Führungsanspruch der USA?
3. Erklären Sie Inhalt und Funktion der Zwei-Lager-Theorie (Q 5).

Feindbilder im Kalten Krieg

Als in den 1980er-Jahren zwischen Ost und West wieder über Abrüstung verhandelt wurde, schrieb der Schweizer Historiker und Politikwissenschaftler DANIEL FREI in seinem Buch „Feindbilder und Abrüstung": „Die meisten Kommentatoren befassen sich mit der Zahl und Leistungsfähigkeit der Waffen [...]. Doch wichtiger als die Sprengköpfe sind die Köpfe der Menschen [...]. Das Bild, das jede Seite sich vom Gegner macht, bestimmt auch den Gang der Verhandlungen."

Mit der politischen Teilung Deutschlands und Europas nach 1945 und der Einschränkung und Verhinderung des gegenseitigen Informationsaustausches, z. B. durch Pressemedien, verfestigten sich die „Bilder" vom Gegenüber. Ungenaue Kenntnisse und vorschnelle Bewertungen – gesteigert durch gezielte Propaganda auf beiden Seiten – förderten in der Phase des Kalten Krieges die Entstehung von Feindbildern. Die Ursachen für die Verzerrung und Verfälschung von Wahrnehmungsmustern im historisch-politischen Bereich sind bislang unzureichend erforscht.

Q2 Der Historiker Wolfgang Bickel schrieb 1991:

1 Hervorstechendes Merkmal des Vorgangs [der Entstehung von Feindbildern] ist die Spiegelbildlichkeit der Argumente. Schematisch erfolgt eine Zuordnung, die sich selbst Rechtschaffenheit, Friedensliebe, Reinheit, die
5 Vorstellung, unschuldig bedroht zu sein, zuspricht, im jeweiligen anderen den Vertreter des Bösen, der Feindseligkeit, des Todes sieht. Auffallend ist das hohe Maß an Aggressivität, das sich mit der Versicherung, unschuldig zu sein, schlecht verträgt [...].
10 Die einzelnen Denkoperationen im Rahmen des Freund-Feind-Gefüges von der Konstruktion einer Rakete bis zur Kalkulation der Wirkung eines Erstschlages mögen von rationaler Klarheit sein – die Grundstruktur ist total irrational. Die Sicht ist dermaßen beschränkt, dass es nicht
15 auffällt, in welchem Maße die Zuteilung der Attribute des Bösen „an den Gegner" und die Vorbereitung seiner Vernichtung doch den Tatbestand der Bosheit bereits erfüllen [...]. Im Zentrum jenes globalen Vorgangs, des Kalten Krieges [...], stehen also psychische Prozesse. Und
20 von entscheidender Bedeutung ist hierbei die mangelnde Fähigkeit und Bereitschaft, das Unakzeptable in sich zu erkennen und die Verantwortung dafür zu übernehmen. Akzeptabel werden Arglist und Aggressivität erst, wenn sie im Dienst einer sogenannten guten Sache als
25 Gutes getarnt aufsteigen dürfen – und hierzu braucht man den Feind. Im Kampf für die gute Sache ist es verdienstvoll, zu töten – was ja dann auch legalisiert und im tiefsten Sinne sanktioniert ist [...].
Es muss generell davon ausgegangen werden, dass,
30 soweit menschliche Überlieferung zurückreicht, Gefühle sozialer Solidarität und gesellschaftlicher Zugehörigkeit immer auch durch Feindbilder aufgebaut werden. Dies scheint sich zudem ohne bewusste Steuerung zu vollziehen. Dabei bietet sich als Feind jemand an, der nicht
35 zur Gruppe gehört, dessen Aussehen als fremd, dessen Verhalten als unberechenbar erscheint [...].
Kommt nun eine lebhafte Vorstellung hinzu, dieses Fremde bedränge die Gruppe und hindere sie in ihrem Lebensraum, dann werden ungewöhnliche Energien frei-
40 gesetzt mit dem Ziel, koste es, was es wolle, sich der Bedrohung zu entledigen.

(Wolfgang Bickel, „Seien wir doch ehrlich [...]". Vom Bild des Feindes im Kalten Krieg. In: Praxis Geschichte, H. 5, 1991, S. 28.)

D1 Der Zusammenhang zwischen Konflikt, Rüstung und Feindbild

B3 Plakat aus der Bundesrepublik Deutschland, 1951. Herr „Ohne-mich" ist ein Gegner der Wiederaufrüstung in Westdeutschland.

B4 Plakat aus der DDR, 1952

Offensichtlich werden in politischen Konfliktsituationen vereinfachende und verfälschende Wahrnehmungen ausgelöst, die ein bestimmtes Bild vom Gegner hervorbringen. Im Fall des Ost-West-Konflikts muss von tieferen Konflikturssachen ausgegangen werden, die in den Feindbildern oft nicht mehr erkennbar oder verdeckt sind. Feindbilder können ein Eigenleben entwickeln.

B5 Plakat aus der Bundesrepublik Deutschland, 1952

ARBEITSAUFTRÄGE

1. Erarbeiten Sie anhand von B3 bis B5 die hier dargestellten Feindbilder im Kalten Krieg. Achten Sie auf die einzelnen Bildelemente und deren (symbolische) Bedeutung und formulieren Sie zu jedem Bild eine zusammenfassende Aussage.
2. Ordnen Sie die Plakataussagen den jeweiligen Positionen im Kalten Krieg und historischen Ereignissen zu.
3. Erläutern Sie die „Spiegelbildlichkeit der Argumente" (Q2) und untersuchen Sie, wie der Autor die Entstehung von Feindbildern erklärt.
4. Stellen Sie einen Bezug zwischen Q2 und den Plakaten (Aufgabe 1) her. Nehmen Sie den Darstellungstext zu Hilfe.
5. Beschreiben Sie anhand von D1 den Zusammenhang von Konflikt, Rüstung und Feindbild.
6. Nennen Sie Beispiele, wo sich in der Gegenwart Ansätze für Feindbilder zeigen. Bedenken Sie ihre eigene Sichtweise.

5. Die Kuba-Krise

Raketenbasen unter Palmen: Der Atomkrieg droht – Im Spätsommer 1962 informierte der westdeutsche Bundesnachrichtendienst den amerikanischen Geheimdienst CIA darüber, dass sowjetische Schiffe, die in den Hafen von Kubas Hauptstadt Havanna eingelaufen waren, nicht Wirtschaftsgüter, sondern Waffen an Bord hatten. Mit dieser Mitteilung sah die US-Regierung ihre Vermutung bestätigt, dass die Sowjetunion die Bitte des kommunistischen Staatschefs Fidel Castro, Kuba zu verteidigen, dazu nutzte, um die Insel zum militärischen Stützpunkt auszubauen. Castro hatte nach einem langem Guerillakrieg 1959 den Diktator Batista gestürzt und die bis dahin engen wirtschaftlichen Verbindungen Kubas zu den USA beendet, indem er alle US-Besitzungen auf der Insel verstaatlichte. Nach dem gescheiterten Versuch der US-Regierung, das kommunistische Regime 1961 durch eine Invasion von Exilkubanern zu stürzen, bemühte sich Castro um eine engere Zusammenarbeit mit der Sowjetunion – vor allem im militärischen Bereich.

Durch diese Entwicklungen sah Präsident John F. Kennedy den Status quo gefährdet. Er forderte den sofortigen Abbau der militärischen Anlagen und ordnete eine Seeblockade um Kuba an. Daraufhin zog Fidel Castro Truppen zusammen und die sowjetische Regierung entsandte Kriegsschiffe. Die Streitkräfte von NATO und Warschauer Pakt waren in Alarmbereitschaft, die Situation drohte zu eskalieren. Da bot die US-Regierung an, die Blockade aufzuheben. Sie garantierte, Kuba nicht anzugreifen und die US-Raketen aus der Türkei zu räumen, wenn die So-

Q1 US-Präsident John F. Kennedy sagte in seiner Fernseh- und Rundfunkansprache an die Nation am 22. Oktober 1962:

1 Im Laufe der letzten Woche haben eindeutige Beweise die Tatsache erhärtet, dass derzeit auf dieser unterdrückten Insel mehrere Anlagen für
5 Angriffsraketen errichtet werden. Der Zweck dieser Anlagen kann nur darin bestehen, die Möglichkeit eines Atomschlags gegen die westliche Hemisphäre zu schaffen [...].
10 Wir werden das Risiko eines weltweiten Atomkriegs nicht voreilig oder ohne Not eingehen – wir werden dieses Risiko aber auch nicht scheuen.

(Zit. nach Robert F. Smith, What happened in Cuba, Twayne, New York 1963, S. 340 ff,)

Status quo

(lat.: Zustand, in dem sich etwas befindet). In der Phase des Kalten Krieges wurde mit dem Begriff ausgedrückt, dass die Regierungen die Blockbildung respektierten, indem die westlichen sich nicht in Vorgänge einmischten, die im Machtbereich der Sowjetunion stattfanden, aber das Gleiche auch von den Staaten des Ostblocks erwarteten.

B2 Sowjetische Raketenbasis auf Kuba, amerikanische Luftaufnahme, Mitte Oktober 1962.
Von der Raketenbasis konnte die gesamte Ostküste der USA unter atomaren Beschuss genommen werden.

wjetunion die Raketen aus Kuba abziehen würde. NIKITA CHRUSCHTSCHOW, der sowjetische Regierungschef, lenkte ein: Die Raketen wurden abgebaut und in die Sowjetunion zurückgebracht.

Unter dem Eindruck der Kuba-Krise entschlossen sich die Regierungen der Supermächte zu Verhandlungen: 1963 wurde zwischen Washington und Moskau eine besondere Fernsprechverbindung, der sogenannte **„heiße Draht"**, eingerichtet, um in Krisenfällen die direkte Verständigung zwischen den Regierenden zu ermöglichen. Außerdem wurden in den folgenden Jahren Vereinbarungen über den Gebrauch von Atomwaffen getroffen. Zu einer direkten Konfrontation zwischen den Supermächten kam es bis zum Ende des Kalten Krieges nicht mehr, aber USA und Sowjetunion standen sich in sogenannten **Stellvertreterkriegen** als Gegner gegenüber.

B 4 Chruschtschow und Kennedy während der Kuba-Krise, Karikatur aus der „Daily Mail", London 1962. Die Bildunterschrift lautet: „Einverstanden, Herr Präsident, wir wollen verhandeln [...]."

Q 3 US-Präsident John F. Kennedy in einer Rede am 10. Juni 1963:

1 Ein totaler Krieg ist sinnlos in einem Zeitalter, in dem Großmächte umfassende und verhältnismäßig unverwundbare Atomstreitkräfte un-
5 terhalten können und sich weigern zu kapitulieren, ohne vorher auf diese Streitkräfte zurückgegriffen zu haben [...]. Es ist heute, wenn der Friede gewahrt werden soll, uner-
10 lässlich, jedes Jahr Milliarden von Dollar für Waffen auszuwerfen, die lediglich zu dem Zweck geschaffen werden sicherzustellen, dass wir sie niemals einsetzen werden [...]. Bei-
15 de, die Vereinigten Staaten und ihre Verbündeten sowie die Sowjetunion und ihre Verbündeten, haben ein gemeinsames tiefes Interesse an einem gerechten und wirklichen Frieden
20 und einer Einstellung des Wettrüstens. Abkommen, die zu diesem Ziel führen, sind im Interesse der Sowjets wie auch im unsrigen.

(Zit. nach Ernst-Otto Czempiel/Carl-Christoph Schweitzer, Weltpolitik der USA nach 1945, Bundeszentrale für politische Bildung, Bonn 1989, S. 277 ff.)

Q 5 „Lieber Genosse [...]". Aus einem Briefwechsel zwischen Fidel Castro und Nikita Chruschtschow von 1962. Castro ließ die Briefe Ende 1990 in der kommunistischen Parteizeitung „Granma" erstmals veröffentlichen:

1 *Castro an Chruschtschow (26. Oktober):* Meiner Einschätzung nach steht der Angriff fast unmittelbar für die nächsten 24 oder 72 Stunden bevor [...]. Ich glaube, dass die imperialistische Aggressivität ausgesprochen gefährlich ist.
5 Wenn die Imperialisten das brutale Vorhaben, in Kuba einzumarschieren, entgegen internationalem Gesetz und gegen jede Moral ausführen, wäre der Zeitpunkt gekommen, durch einen Akt klarer und legitimer Verteidigung ein solches Gefahrenpotenzial für die Zukunft zu beseitigen, ganz
10 gleich, wie hart oder schrecklich diese Lösung wäre.

Chruschtschow an Castro (28. Oktober): In diesem Moment, da die Krise an einen Wendepunkt gelangt ist, möchte ich Sie bitten, Standfestigkeit zu zeigen und sich nicht von
15 Gefühlen leiten zu lassen. Wir dürfen uns nicht von Provokationen herausfordern lassen, denn jetzt, da eine Lösung des Konflikts in Sicht ist, versuchen hemmungslose Militaristen des Pentagons, das Abkommen zu vereiteln und Sie zu Taten zu provozieren, die gegen Sie verwendet werden
20 könnten. Ich bitte Sie, ihnen dazu keinen Anlass zu geben.

(Zit. nach James G. Blight/B. J. Allyn/D. A. Welch, Cuba on The Brink, Pantheon Books, New York 1993, S. 481 ff., Übers. d. Verf.)

ARBEITSAUFTRÄGE

1. Erläutern Sie mithilfe von Q 1, B 2 und Q 5, warum die Militäraktionen auf Kuba fast zu einem Krieg mit den USA geführt hätten.
2. Vergleichen Sie in Q 5 die Argumentation der Briefschreiber. Überlegen Sie, welche Interessen sie jeweils vertreten.
3. Überprüfen Sie anhand von Q 3 die These, dass die Kuba-Krise das politische Klima im Ost-West-Konflikt verändert hat.

6. Der Zusammenbruch der UdSSR und das Ende des Kalten Krieges

Die Beziehungen der Supermächte in der Ära Breschnew – Der Schock der Kuba-Krise hatte Nachwirkungen auf beiden Seiten. Wie war es möglich, Zuspitzungen des Kalten Krieges bis an den Rand eines atomaren Krieges zu vermeiden? Noch 1963 wurde das **Atomteststopp-Abkommen** vereinbart, das Atomtests über der Erde, im Weltraum und unter Wasser verbot. Ihm folge 1968 der **Atomwaffensperrvertrag** zur Nichtweitergabe von Atomwaffen.

In der Sowjetunion führte die Kuba-Krise zum Rücktritt CHRUSCHTSCHOWS und zur Aufstieg BRESCHNEWS als Generalsekretär der Partei (1964). Die starren Fronten in den Beziehungen zwischen USA und Sowjetunion lockerten sich. 1972 wurde ein **Abkommen zur Begrenzung der strategischen Rüstung (SALT 1)** vereinbart. Dabei handelte es sich jedoch nicht um ein Abrüstungsabkommen, vielmehr wurden nur Obergrenzen für die weitere Aufrüstung mit Raketenwaffen festgelegt. Die „Entspannung" bezog sich mehr auf den diplomatischen Umgang miteinander und änderte nichts an der beiderseitigen Machtpolitik.
In Helsinki wurde 1975 von der **Konferenz für Sicherheit und Zusammenarbeit in Europa (KSZE),** an der auch die USA beteiligt waren, ein Abkommen verabschiedet, das die politischen Beziehungen zwischen Ost und West verbesserte. Insbesondere Menschenrechtsbewegungen in Osteuropa erhielten dadurch Auftrieb. An der weltweiten Rivalität der Supermächte änderte sich dadurch nichts. Die Konflikte wurden allerdings indirekt durch „Stellvertreterkriege" ausgetragen (z. B. in Angola).

Eine deutliche Verschlechterung der Beziehungen brachten der **NATO-Doppelbeschluss** 1979 und der **sowjetische Einmarsch in Afghanistan** 1979/80, um das dortige von ihr abhängige Regime vor

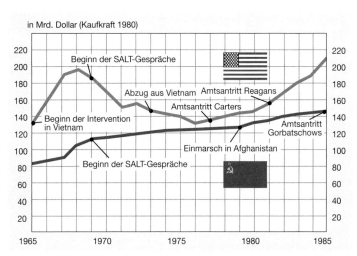

D 1 Verteidigungsausgaben der USA und der UdSSR 1965–1985

dem Zusammenbruch zu retten. Die USA antworteten mit neuen Rüstungsprojekten und Handelsbeschränkungen, die die Sowjetunion empfindlich trafen. Immer mehr zeigte sich nun, dass das sowjetische System in großen inneren Schwierigkeiten steckte. Nach anfänglichen Erfolgen hatte unter Breschnew eine

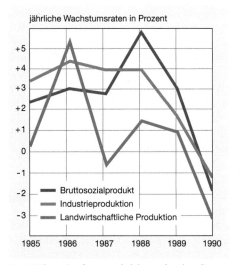

D 2 Wirtschaftsentwicklung in der Sowjetunion während der ersten fünf Jahre der Reformpolitik Gorbatschows 1985 bis 1990

Q 3 Ein wirtschaftlicher Blick auf Russland

Der Politikwissenschaftler und Osteuropa-Forscher Hermann Clement schrieb 2003:

1 Das sozialistische Planwirtschaftssystem hatte abgewirtschaftet. Es war zunehmend unfähig, die Produktionsfaktoren effizient zu kom-
5 binieren. Wirtschaftlich konnten die Staaten des „Sozialistischen Wirtschaftssystems" mit den westlichen Staaten nicht mehr mithalten. Das wesentliche Fundament
10 des politischen und militärischen Systems zeigte Risse, der Lebensstandard der Bevölkerung blieb zurück und die Produktionsbasis veraltete zusehends [...].
15 Gesamtwirtschaftlich ergab sich in den letzten Jahren eine Anpassung an marktwirtschaftliche Muster [...]. Allerdings sind die strukturellen Fortschritte noch viel zu gering
20 [...]. Zu Recht stellt Ministerpräsident Kassjanow fest, dass ein Land mit einer solchen Wirtschaftsstruktur, „die sich ausschließlich auf Rohstoffe orientiert,
25 nicht imstande ist, seine grundsätzlichen Entwicklungsaufgaben zu bewältigen".

(Hermann Clement, Die Wirtschaftsstruktur Russlands. In: Aus Politik und Zeitgeschichte vom 14. April 2003, S.11 u. 21.)

Q 4 Ein westlicher Journalist schrieb 1992 über die Politik Gorbatschows:

1 Michail Gorbatschow [...] hoffte zweifellos selbst bei seinem Amtsantritt und noch Jahre darüber hinaus, den schon von schwerer Krankheit gezeichneten Patienten Sowjetunion heilen zu können. So hielt er bis zuletzt am
5 „guten" Lenin fest, verurteilte in erster Linie Stalin und Breschnew, glaubte weiterhin an den Endsieg der sozialistischen Idee.
Doch offenbar konnte das politische und ökonomische Zwangssystem Sowjetunion nur mit Gewalt zusammen-
10 gehalten werden. Als Gorbatschow mit Glasnost die Freiheit wagte, brach es zusammen. Und so wurde der Partei- und Staatschef, der ein Arzt hatte sein wollen, de facto [tatsächlich], wenn auch wider Willen, zum Totengräber der Sowjetunion.

(In: Stuttgarter Zeitung vom 4.1.1992.)

ersten tatsächlichen Abrüstungsschritten führen sollten. Seine Treffen mit US-Präsident REAGAN leiteten eine neue Etappe in den Beziehungen beider Staaten ein. Dazu gehörte auch der **Abzug der sowjetischen Truppen aus Afghanistan.** Das Ende der „Politik der Stärke" entlastete zwar den Verteidigungshaushalt, doch der Fehlschlag der wirtschaftlichen Reformen Gorbatschows leitete das **Ende der Sowjetunion** ein.

Der erste sozialistische Staat der Welt wurde ein Opfer seiner inneren Schwäche. Aus der Sowjetunion wurden Russland und die Gemeinschaft Unabhängiger Staaten (GUS). In der folgenden Phase der wirtschaftlichen und politischen Umwandlung verlor Russland, obwohl immer noch Atommacht, deutlich an weltpolitischem Gewicht und musste den USA die internationale Bühne weitgehend überlassen.

wirtschaftliche Stagnation eingesetzt. Die Kosten für die sowjetische Rüstung mussten durch Einschränkungen auf dem Konsumgütersektor finanziert werden. Auf dem Agrarsektor herrschte eine Dauerkrise, die zum Getreideimport zwang, um Hungersnöte zu verhindern. Diese Systemschwäche wurde verschärft durch die politische Lähmung nach Breschnews Tod 1982.

Erst mit der Übernahme der Regierungsgeschäfte durch MICHAIL GORBATSCHOW 1985 kam neues Leben in die sowjetische Politik. Gorbatschow erstaunte die Welt mit neuen Abrüstungsinitiativen, die zu

ARBEITSAUFTRÄGE

1. Interpretieren Sie mithilfe des Textes die Grafik zu den Verteidigungsausgaben (D 1).
2. Charakterisieren Sie mit eigenen Worten die Beziehungen zwischen den USA und der Sowjetunion vor und nach Gorbatschows Regierungsantritt.
3. Erklären Sie mit Q 3, Q 4 und D 2 die Ursachen für den Zusammenbruch der Sowjetunion.

7. Triumph der USA – Comeback Russlands?

Eine neue Weltordnung? – Das Ende des Kalten Krieges war das Ende der **bipolaren Weltordnung.** Die beiden atomaren Supermächte hatten die Welt polarisiert und standen sich mit ihren Bündnissystemen waffenstarrend gegenüber. Die Politik der gegenseitigen Abschreckung hatte sie zum Konfliktmanagement und zur Vermeidung von Konfliktzuspitzungen gezwungen. Mit dem Auseinanderfallen des sowjetischen Imperiums blieben die USA als „einzige Weltmacht" (Brzeziński) übrig.

Der **Golfkrieg 1991** zur Befreiung Kuwaits nach der Besetzung durch den Irak Saddam Husseins sah die USA auf einem Höhepunkt ihrer internationalen Geltung. Sie erwirkten ein UNO-Mandat für eine internationale Militäraktion („Desert Storm"), die jedoch unter US-amerikanischer Führung stand.
War das der Beginn einer neuen Weltordnung auf der Grundlage der westlich-liberalen Demokratie mit den USA als Weltpolizisten? Bereits die Entwicklung des Balkankonflikts setzte aber auch andere Akzente. Alte kulturelle und religiöse Konflikte entbrannten auch in anderen Regionen neu.

Spätestens mit den Terroranschlägen in den USA vom 11. September 2001 wurde der global operierende **islamistische Terrorismus** zur Herausforderung der internationalen Gemeinschaft. Die USA nutzten den Krieg gegen den neuen Weltfeind Nr. 1 aber zugleich zur Realisierung geopolitischer Interessen, was vor allem im Krieg gegen den Irak und in der darauf folgenden Besetzung deutlich wurde. Die Grenzen zwischen dem Kampf gegen den Terrorismus als ernsthaftes Motiv und als Scheinlegitimation machtpolitischer Interessen wurden verwischt. Russlands Präsident PUTIN beeilte sich seinerseits, die massiven Menschenrechtsverletzungen in Tschetschenien mit dem Anti-Terror-Argument zu beschönigen. Gleichzeitig wurde im Widerstand

B2 US-Marinesoldaten bei einem Gefecht mit aufständischen Irakern in Ramadi (2004)

gegen den Irakkrieg der USA im UNO-Sicherheitsrat deutlich, dass die „Politik der Stärke" nicht weiter hingenommen werden würde. Die Probleme der amerikanischen Besatzungspolitik im Irak, die Rückschläge für die USA im Nahen Osten und die schwere Finanz- und Wirtschaftskrise machten eine Neuorientierung der US-Politik erforderlich, Daraus erklärt sich der überragende Wahlsieg des Demokraten BARACK OBAMA im November 2008.

Russland mit neuen Großmachtambitionen – Unter Präsident BORIS JELZIN übernahm Russland als Rechtsnachfolger der Sowjetunion deren Atomwaffen und den ständigen Sitz im UNO-Sicherheitsrat. Russland umfasst drei Viertel des Gebiets der UdSSR und die Hälfte ihrer Bevölkerung. Der offizielle Staatsname

B1 „Neue Weltordnung", Karikatur in „Die Zeit" von Felix Mussil, 1995

„Russische Föderation" verweist auf den Charakter als Vielvölkerstaat mit zahlreichen Regionen und Republiken. Die **russische Verfassung von 1993** erweiterte die Macht des Präsidenten und schwächte im Gegenzug das Parlament. Dies wurde vor allem unter Jelzins Nachfolger WLADIMIR PUTIN deutlich, unter dessen präsidialem Regime die meisten demokratischen Errungenschaften wieder abgebaut wurden. Dazu gehörten die Ausschaltung kritischer Journalisten und die strikte staatliche Kontrolle der Medien.

Über die Einsetzung willfähriger Gouverneure wurden die Teilrepubliken eng an die Zentralregierung gebunden. Detaillierte Berichte belegen die Einflussnahme auf Wähler bei den Parlamentswahlen.
Der **Umbau der sowjetischen Wirtschaft** und die **Konflikte im Kaukasus,** insbesondere die Kriege in Tschetschenien, erforderten über Jahre eine innenpolitische Schwerpunktsetzung.
Die russische Wirtschaft befand sich in den 1990er-Jahren in einer Dauerkrise. Die übergroße Mehrheit der Russen lebte unter katastrophalen Lebensbedingungen, während neureiche Profiteure der Wirtschaftsreformen im Luxus schwelgten. Mit den steigenden Preisen für Erdöl und Erdgas erlebte die Wirtschaft einen neuen Aufschwung. Die eng mit dem Staat verbundenen Energiekonzerne übten über ihre Preis- und Lieferpolitik auch politischen Einfluss aus, was vor allem am Beispiel der Ukraine deutlich wurde.

Russland beansprucht wieder eine **Großmachtrolle** in der internationalen Politik und zeigt eine wachsende Konfliktbereitschaft auch gegenüber den USA. In der internationalen Politik deutet sich ein neues Kräftemessen an, wobei die Stärke der einzelnen Akteure und mögliche Absprachen unter ihnen noch unklar erscheinen. Während nach dem Wechsel der Präsidentschaft von Putin zu MEDWEDEW 2008 eine Fortsetzung der Politik Putins signalisiert wurde, ist für die Außenpolitik der USA nach dem Amtsantritt Obamas 2009 mit Änderungen zu rechnen.

B 3 Die russische „Doppelspitze" Medwedew-Putin, 2008

B 4 Barack Obama mit seiner Familie in Chicago nachdem am 4. November 2008 sein Wahlsieg feststand

ARBEITSAUFTRÄGE

1. Beschreiben Sie anhand der Karikatur von Felix Mussil die internationalen Kräfteverhältnisse Mitte der 1990er-Jahre.
2. Recherchieren Sie die Positionen der USA und Russlands zu aktuellen Fragen der internationalen Politik und charakterisieren Sie zusammenfassend das Verhältnis beider Staaten.

	Beziehungen USA – UdSSR	Internationale Beziehungen	Innenpolitik
1990	1991: Auflösung der UdSSR 1989/1990 Ende des Kalten Krieges 1987: INF-Abrüstungsvertrag für Mittelstreckenwaffen 1980: Sowjetische Invasion in Afghanistan 1979: NATO-Doppelbeschluss	1991: Auflösung des Warschauer Paktes 1980–1988: Iranisch-irakischer Krieg seit 1988: Reformbewegungen im Ostblock	1991 Auflösung der UdSSR 1985 (UdSSR): Gorbatschow übernimmt die Führung: Wirtschaftsreformen scheitern
1975	1975: KSZE-Schlussakte von Helsinki 1964–1973 Vietnamkrieg der USA; Sowjetunion unterstützt Nordvietnam, 1968 Niederschlagung des „Prager Frühlings" ab 1963: Atomteststopp-Abkommen als Beginn von Rüstungskontrollvereinbarungen 1962: Kuba-Krise	1973: „Ölkrise" 1956: Suez-Krise; Ungarn-Aufstand Mai 1945: Deutsche Kapitulation	1964: Rücktritt Chruschtschows; Beginn der Ära Breschnews (bis 1982); zunehmende Lähmung der sowjetischen Wirtschaft 1956 (UdSSR): XX. Parteitag; Entstalinisierung
1950	1950–1953: Korea-Krieg 1947: Eindämmungspolitik gegenüber der UdSSR (Truman-Doktrin) Sept. 1945: Kapitulation Japans Aug. 1945: Atombomben auf Hiroshima und Nagasaki; UdSSR beginnt Krieg gegen Japan, 2.8.1945: Potsdamer Abkommen Feb. 1945: Konferenz in Jalta: Regelungen für Deutschland und Polen Juni 1944: Alliierte Invasion in der Normandie Nov. 1943: Erste Konferenz der „Großen Drei" in Teheran Nov. 1941: US-Kongress beschließt Unterstützung der Sowjetunion 1933: Aufnahme diplomatischer Beziehungen	Dez. 1941: Eintritt der USA in den 2. Weltkrieg Aug. 1941: Atlantik-Charta Juni 1941: Deutscher Überfall auf die UdSSR 1.9.1939 Beginn des 2. Weltkriegs 1939: Hitler-Stalin-Pakt 1938: „Anschluss" Österreichs (März) Münchener Abkommen (Sept.) 1936–38: Spanischer Bürgerkrieg 1935: Italien überfällt Äthiopien 1933: Diktatur in Deutschland 1931: Japan besetzt die Mandschurei 1929: Weltwirtschaftskrise	1950–1954 (USA): antikommunistische Kampagnen (McCarthy) 1936–1938 (UdSSR): „Moskauer Prozesse"; stalinistische Säuberungswellen ab 1933 (USA): New-Deal-Reformprogramm 1929 (USA): „Schwarzer Freitag" – Börsenkrach 1928 (UdSSR): Beginn des 1. Fünfjahrplans, Kollektivierung in der Landwirtschaft
1920	1918–1920: Interventions- und Bürgerkrieg in Russland 3.3.1918: Frieden von Brest-Litowsk zwischen Deutschland und Russland 7.11. (russ.: 25.10.)1917: Oktoberrevolution in Russland 6.4.1917: Kriegserklärung der USA an Deutschland	1922: Vertrag von Rapallo zwischen Deutschland und der Sowjetunion März 1919: Gründung der Komintern Jan. 1919: Beginn der Versailler Friedenskonferenz Nov. 1918: Deutsche Kapitulation/Waffenstillstand	1925–1928 (UdSSR): „Aufbau des Sozialismus in einem Land": Stalin setzt sich gegen Opposition durch 1922 (UdSSR): „Neue Ökonomische Politik" (NEP) 1919/20: US-Kongress lehnt Versailler Vertrag ab; keine Beteiligung am Völkerbund

Zusammenfassung – Beziehungen zwischen USA und UdSSR im 20. Jahrhundert

Das Jahr 1917 hatte für beide Staaten eine besondere Bedeutung. Die USA führten mit ihrem Eintritt in den Ersten Weltkrieg die Entscheidung auf dem europäischen Kriegsschauplatz herbei und lösten Großbritannien als führende politische Macht ab. In Russland gründeten die Bolschewiki nach der Oktoberrevolution den ersten sozialistischen Staat in der Geschichte. Der Gegensatz beider Gesellschaftssysteme sollte zwischen 1917 und 1991 die globale Politik entscheidend prägen.

Nach einer kurzen Phase der Unentschiedenheit setzten sich in der US-Außenpolitik die Vertreter einer strikt antikommunistischen Russland-Politik durch. Die USA beteiligten sich als ausländische Interventionsmacht am russischen Bürgerkrieg und landeten Truppen in Sibirien. Auch nach dem Sieg der „Roten" im Bürgerkrieg und der Gründung der Sowjetunion bzw. UdSSR verwehrten die USA dem jungen Staat die Anerkennung und nahmen erst 1933 volle diplomatische Beziehungen auf. Die Sowjetunion hatte sich ihrerseits bemüht, ihre internationale Isolation zu durchbrechen. Ihr außenpolitischer Spielraum verbesserte sich vor allem nach dem Ausbruch der Weltwirtschaftskrise und dem eigenen wirtschaftlichen Aufstieg. Auf die aggressive Außenpolitik der faschistischen Staaten reagierten Großbritannien und Frankreich zunächst mit der Appeasement-Politik. Die USA verhielten sich neutral. Erst der japanische Überfall auf Pearl Harbor und die Kriegserklärung Hitlers an die USA führten 1941 zur Anti-Hitler-Koalition der „Großen Drei", die die Niederlage Deutschlands und Japans im Zweiten Weltkrieg besiegelte. Die Sowjetunion war – mit Abstand – hinter den USA zum zweitmächtigsten Staat der Erde aufgestiegen. Die Hoffnungen auf eine dauerhafte Kooperation von USA und UdSSR erfüllten sich jedoch nicht. Die unterschiedlichen welt-

politischen Interessen der USA und der UdSSR führten zum raschen Ende der Kriegsallianz und in die Epoche des Kalten Krieges.

Die Kubakrise verdeutlichte schockartig die Gefahren einer atomaren Zuspitzung und eröffnete eine neue Phase verstärkter diplomatischer Bemühungen. Rüstungskontrollverhandlungen und -vereinbarungen schufen eine partielle Entspannung, doch die Rivalität der Supermächte fand in „Stellvertreterkriegen" und im andauernden Wettrüsten ihre Fortsetzung. Es waren die systembedingten inneren Widersprüche, die schließlich zum Niedergang der Sowjetunion und zum Zusammenbruch des gesamten Ostblocks führten. Die USA hatten sich als überlegene Macht erwiesen – doch reichte ihre Stärke nicht zur Begründung einer neuen – amerikanischen – Weltordnung. Das neue Russland spielt wieder eine gewichtige Rolle in der internationalen Politik, die angesichts der globalen Finanz- und Wirtschaftskrise vor einem Umbruch steht.

ARBEITSAUFTRAG

1. Stellen Sie mithilfe eines Zeitstrahls die Geschichte der Beziehungen zwischen den USA und Russland/Sowjetunion zwischen 1917 und 1991 grafisch dar. Bewerten Sie wichtige Stationen mit einer Skala zwischen plus 5 und minus 5.

Check-up

Standard-Check: Das sollten Sie können!

1. Wichtige Arbeitsbegriffe
Hier sind wichtige Arbeitsbegriffe des Kapitels aufgelistet. Übertragen Sie diese in Ihr Heft und formulieren Sie zu jedem Begriff eine kurze Erläuterung.

Manifest Destiny	*Hitler-Stalin-Pakt*
Leninismus	*Anti-Hitler-Koalition*
Diktatur des Proletariats	*Kalter Krieg*
Interventionskrieg	*Entspannungspolitik*

1. ☺ ☺ ☹

2. Analyse eines Szenenfotos aus einem Film

2.1 Was erfahren Sie aus der Legende über den Film?

2.2 Schildern Sie die im Foto festgehaltene Szene.

2.3 Interpretieren Sie die Darstellung Lenins im Hinblick auf seine Rolle in der Revolution.

2.1 ☺ ☺ ☹

2.2 ☺ ☺ ☹

2.3 ☺ ☺ ☹

Lenin auf einem Panzerwagen. Szenenbild aus dem russischen Film „Oktober" (1927) von Sergej Eisenstein

3. Analyse einer Karikatur

3.1 Benennen Sie das Thema der Karikatur

3.2 Erläutern Sie, wie hier die Kuba-Krise zusammengefasst wird.

3.3 Inwiefern lässt sich die Karikatur auf den Kalten Krieg insgesamt übertragen?

3.1 ☺ ☺ ☹

3.2 ☺ ☺ ☹

3.3 ☺ ☺ ☹

Chruschtschow und Kennedy während der Kuba-Krise 1962.

Die Lösungen zu diesen Standard-Checkaufgaben finden Sie auf Seite 151.	Aber: Erst selbst lösen, dann überprüfen. Ihr Können können Sie bewerten (☺ ☺ ☹).	Ihre Leistungsbewertung zeigt Ihnen, was Sie noch einmal wiederholen sollten.

Das konnte ich
☺ = gut
☺ = mittel
☹ = noch nicht

Der Ost-West-Konflikt – Ursachen und Auswirkungen für Deutschland

Der von Deutschland entfesselte Zweite Weltkrieg endete in Europa am 8. Mai 1945 mit der deutschen Kapitulation. Die alliierten Siegermächte teilten das Land zunächst in Besatzungszonen. Aufbrechende Konflikte zwischen den Alliierten waren der Hauptgrund, der 1949 zur Teilung des Landes und zur Gründung zweier deutscher Staaten führte: der Bundesrepublik Deutschland und der Deutschen Demokratischen Republik. Beide Staaten gingen bis 1990 verschiedene Wege in Politik, Wirtschaft und Gesellschaft.

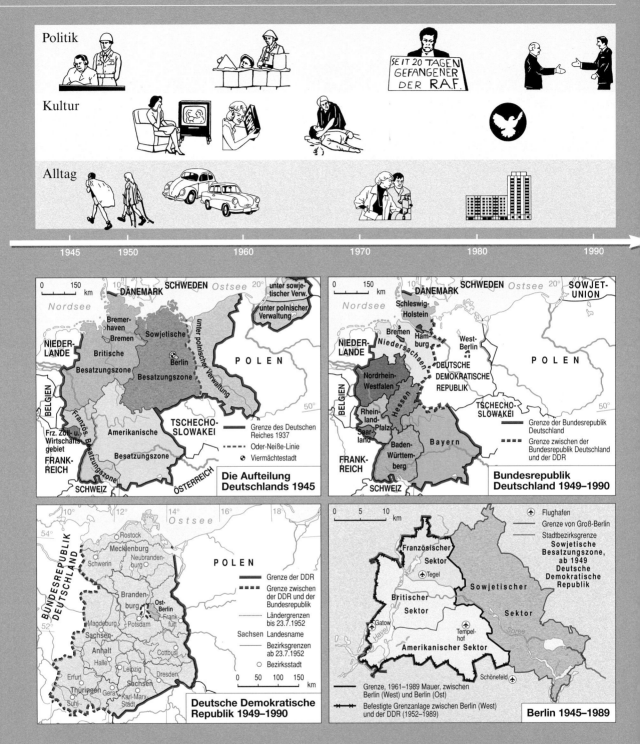

ARBEITSAUFTRAG

Erläutern Sie die Aufteilung des früheren deutschen Reiches im Jahr 1945 (oben links) und die staatliche Entwicklung Deutschlands zwischen 1949 und 1990 (oben rechts/unten links). Beschreiben Sie die Situation Berlins 1945 – 1989 (unten rechts).

Teil I: Entwicklungen von 1945 bis 1955

1. Die Pläne der Alliierten für Deutschland

Am 8. Mai 1945 endete der Zweite Weltkrieg in Europa mit der bedingungslosen Kapitulation der deutschen Wehrmacht. Die Souveränität über Deutschland war damit auf die alliierten Siegermächte USA, Sowjetunion und Großbritannien übergegangen. Welche Pläne hatten die Alliierten für Deutschland?

Deutschlandpläne der Alliierten – Bereits vor Kriegsende hatten sich die Allierten darauf verständigt, dass Deutschland nach der Kapitulation unter Beteiligung Frankreichs zunächst in **vier Besatzungszonen** geteilt und von einem **alliierten Kontrollrat** regiert werden sollte. Für Berlin war die Verwaltung durch eine Kommandantur der vier Mächte vorgesehen.
Vom 17. Juli bis 2. August 1945 kamen die „Großen Drei" – der britische Premierminister CHURCHILL (ab 28. 7. sein Nachfolger ATTLEE), der neue amerikanische Präsident TRUMAN sowie der sowjetische

Staats- und Parteichef STALIN – in Potsdam erneut zur Beratung zusammen. Im „**Potsdamer Abkommen**" einigten sie sich darauf, Deutschland als wirtschaftliche Einheit zu erhalten. Als weitere „politische Grundsätze" der gemeinsamen Besatzungspolitik wurden festgelegt:
– die **Demilitarisierung** (Abrüstung) Deutschlands. Deutschland sollte nie wieder den Frieden bedrohen können,
– die **Entflechtung von Großindustrie und Banken** sowie deren Kontrolle,
– die **Entnazifizierung** (Entfernung der Nazis aus allen öffentlichen Ämtern sowie deren Bestrafung),
– die **Demokratisierung** der deutschen Politik, Wirtschaft und Erziehung,
– die **Wiedergutmachung** (Reparationen) der verursachten Kriegsschäden.

In Potsdam traten aber auch erste Konflikte und Interessengegensätze zwischen den Alliierten zutage. Die Westmächte

Die „Großen Drei". während der Konferenz von Potsdam. Von links nach rechts: Churchill, Truman (Nachfolger Roosevelts) und Stalin

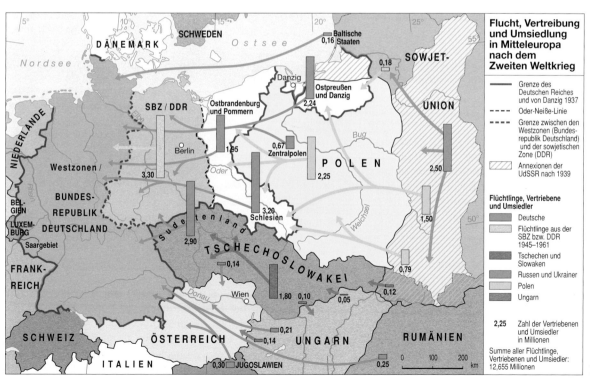

Flucht, Vertreibung und Umsiedlung in Mitteleuropa nach dem Zweiten Weltkrieg

— Grenze des Deutschen Reiches und von Danzig 1937
- - - - Oder-Neiße-Linie
– – – – Grenze zwischen den Westzonen (Bundesrepublik Deutschland) und der sowjetischen Zone (DDR)
▨ Annexionen der UdSSR nach 1939

Flüchtlinge, Vertriebene und Umsiedler
Deutsche
Flüchtlinge aus der SBZ bzw. DDR 1945–1961
Tschechen und Slowaken
Russen und Ukrainer
Polen
Ungarn

2,25 Zahl der Vertriebenen und Umsiedler in Millionen

Summe aller Flüchtlinge, Vertriebenen und Umsiedler: 12,655 Millionen

0   100   200 km

K 1

wollten verhindern, dass der Wiederaufbau der deutschen Wirtschaft wie nach dem Ersten Weltkrieg durch zu hohe Reparationsforderungen belastet würde. Die UdSSR, die selber sehr hohe Kriegsschäden zu beklagen hatte, wollte die Höhe der Reparationen davon unabhängig festlegen. Schließlich einigte man sich darauf, dass jede Besatzungsmacht die Reparationen aus ihrer Zone entnehmen solle. Aufgrund ihrer hohen Kriegsverluste wurden der UdSSR zusätzlich 25 Prozent der in den Westzonen demontierten Industrieanlagen zugesprochen.   **@**/1

Die polnisch-deutsche Grenze – Auch über die Frage der zukünftigen Ostgrenze Deutschlands entzündete sich in Potsdam eine Auseinandersetzung zwischen den Siegermächten. Bereits im Februar 1945 hatten die Kriegsalliierten einvernehmlich eine Verkleinerung Deutschlands beschlossen. Die im Hitler-Stalin-Pakt von 1939 der UdSSR zugesprochenen polnischen Gebiete sollten bei der UdSSR verbleiben und Polen dafür durch deutsche Gebiete entschädigt werden. Stalin hatte jedoch von dem durch die Rote Armee besetzten Gebiet ein größeres Territorium an Polen übertragen, als die westlichen Alliierten Polen ursprünglich zugestehen wollten. Schließlich einigte man sich darauf, dass die **Oder-Neiße-Grenze** „bis zur endgültigen Festlegung" durch einen Friedensvertrag mit Deutschland als Westgrenze Polens bzw. Ostgrenze Deutschlands gelten sollte.

Flucht und Vertreibung – Aufgrund der in Potsdam festgelegten Gebietsabtrennung musste die deutsche Bevölkerung die nun polnischen und sowjetischen Gebiete verlassen. Diese Umsiedlung, die laut Potsdamer Abkommen „auf eine geregelte und menschliche Weise" durchgeführt werden sollte, fand jedoch oft unter schrecklichen Bedingungen statt. Man schätzt, dass über 2 Millionen Menschen die Massenvertreibung nicht überlebten. Auch die deutsche Bevölkerung in Ungarn und der Tschechoslowakei musste ihre Heimat verlassen. Insgesamt waren über **11 Millionen Deutsche** betroffen.

Q 2 Aus dem Potsdamer Protokoll der Alliierten vom 2. August 1945:

1 Die Armeen der Alliierten haben ganz Deutschland besetzt. Das deutsche Volk hat begonnen, für die schrecklichen Verbrechen zu sühnen, die unter der Führung von Personen begangen worden sind, denen es
5 auf der Höhe ihres Erfolges offen zugestimmt und blind gehorcht hat […]. Militarismus und Nazismus werden in Deutschland ausgerottet werden und die Alliierten werden […] die Maßnahmen treffen, [damit] Deutschland weder seine Nachbarn noch den Weltfrieden jemals
10 wieder bedrohen kann. […] Es ist nicht die Absicht der Alliierten, das deutsche Volk zu vernichten oder zu einem Volk von Sklaven zu machen […], vielmehr […], dem deutschen Volk Gelegenheit zu bieten, sich auf eine spätere Erneuerung seines Lebens auf einer friedlichen,
15 demokratischen Grundlage vorzubereiten […].

(In: Geschichte in Quellen, Bd. 7, München 1980, S. 72 ff. Gekürzt)

B 3 Flüchtlinge aus den Ostgebieten treffen in Berlin ein, Foto 1945

ARBEITSAUFTRÄGE

1. Erarbeiten Sie mit der Karte oben links von Seite 34 sowie mit Q 2 die wichtigsten Bestimmungen des Potsdamer Abkommens und die Ziele der Alliierten.
2. Erläutern Sie mit K 1 sowie B 3 die Folgen der Potsdamer Bestimmungen für die deutsche Bevölkerung in den betroffenen Gebieten Ostmitteleuropas.

2. Politischer Neubeginn in den Besatzungszonen

Die gemeinsam formulierten Ziele wurden von den Alliierten in ihren Besatzungszonen unabhängig voneinander umgesetzt. Woran wurde dies deutlich?

Neugründung der Parteien – Bereits am 10. Juni erlaubte die sowjetische Militärverwaltung in ihrer Besatzungszone die „Bildung und Tätigkeit aller antifaschistischen Parteien". Eher zögernd folgten im Spätsommer Amerikaner und Briten, gegen Jahresende die Franzosen. In allen Zonen wurden vier Parteien zugelassen: **KPD, SPD,** die **Liberalen** unter verschiedenen Namen (**FDP, LDPD, DVP**) und die überkonfessionelle christliche **CDU** (in Bayern **CSU**).

In der sowjetischen Zone (SBZ) verbanden sich diese vier Parteien auf Veranlassung der sowjetischen Militärverwaltung (SMAD) im Juli 1945 zur **„Einheitsfront der antifaschistisch-demokratischen Parteien"** (später „Demokratischer Block"). Trotz massiver Unterstützung der SMAD war es nicht die KPD, sondern die SPD, die sich zur stärksten Partei der SBZ entwickelte. Daher setzten KPD und SMAD im Frühjahr 1946 die Vereinigung von SPD und KPD zur **Sozialistischen Einheitspartei Deutschlands** (SED) durch. Dabei wurde massiver Druck ausgeübt: Widerstrebende SPD-Mitglieder erhielten Redeverbot oder wurden verhaftet; andere wie OTTO GROTEWOHL, der führende SPD-Politiker in der sowjetischen Besatzungszone, ließen sich überreden. Obwohl vereinbart worden war, dass die Leitungsorgane der neuen Partei paritätisch (zu gleichen Teilen) mit Angehörigen beider Parteien besetzt sein sollten, verdrängten die Kommunisten im Laufe der nächsten Jahre fast alle früheren Sozialdemokraten aus der SED-Führung.

Länder und Zonenbehörden – In den vier Besatzungszonen wurden 1945/46 neue Länder mit eigenen Länderparlamenten und Landesverfassungen geschaffen. In der sowjetischen Zone wurden die wichtigen Entscheidungen jedoch durch die Zentralverwaltung in Berlin gefällt **(Zentralismus).** Auch die britische Zone war zunächst zentralistisch organisiert, orientierte sich aber seit 1947 am föderativen Modell der beiden anderen Westzonen.

Wahlplakat der SED von 1946.
Die SED war im Frühjahr 1946 in der sowjetischen Besatzungszone aus der Zwangsvereinigung von SPD und KPD hervorgegangen.

Q1 Aufruf der Kommunistischen Partei Deutschlands, 11. Juni 1945:

Wir sind der Auffassung, dass der Weg, Deutschland das Sowjetsystem aufzuzwingen, falsch wäre, [er] entspricht nicht den gegenwärtigen Entwicklungsbedingungen in Deutschland. [Wir wollen] eine parlamentarisch-demokratische Republik mit allen demokratischen Rechten und Freiheiten.

(In: W. Ulbricht, Zur Geschichte der neuesten Zeit, Bd. 1, Berlin 1955, S. 370f.)

Q2 Handlungsrichtlinien des KPD-Politikers Walter Ulbricht für den Aufbau der Verwaltungen in der SBZ, 1945:

1 Kommunisten als Bürgermeister können wir nicht brauchen […]. Die Bürgermeister sollen in den Arbeiterbezirken in der Regel Sozialdemokraten sein. In den bürgerlichen Vierteln […] müssen wir an die Spitze einen
5 bürgerlichen Mann stellen, einen, der früher dem Zentrum, den Demokraten oder der Deutschen Volkspartei angehört hat, […] er muss aber auch Antifaschist sein. […] Der erste stellvertretende Bürgermeister, der Dezernent für Personalfragen und der Dezernent für Volksbil-
10 dung – das müssen unsere Leute sein. Dann müsst ihr noch einen ganz verlässlichen Genossen in jedem Bezirk ausfindig machen, den wir für den Aufbau der Polizei brauchen […]. Es muss demokratisch aussehen, aber wir müssen alles in der Hand haben.

(In: W. Leonhard, Die Revolution entlässt ihre Kinder, Köln und Berlin 1955, S. 356. Gekürzt)

ARBEITSAUFTRÄGE

1. Vergleichen Sie den Aufruf der KPD vom Juni 1945 (Q1) mit den Aussagen in Q2. Interpretieren Sie die Unterschiede.
2. Informieren Sie sich über die Gründung der SED.   **e**/2

3. Sachsen in der sowjetischen Besatzungszone

Sachsen war flächenmäßig das kleinste Land der sowjetischen Besatzungszone. Andererseits war es mit seinen bedeutenden, aber stark kriegszerstörten Industriezentren das bevölkerungsstärkste Land der SBZ. Wie entwickelte sich Sachsen unter sowjetischer Besatzung?

Verordneter Neubeginn – Im Juli 1945 nahm die Sowjetische Militäradministration für Sachsen (SMAS) ihren Dienst auf. Zusammen mit KPD-Mitgliedern aus dem Moskauer Exil gab sie am 17.8.1945 eine Verordnung über die **Entnazifizierung** der öffentlichen Verwaltung heraus. Ehemalige Nationalsozialisten wurden entlassen; die Schlüsselpositionen in der Verwaltung sollten vor allem mit KPD-Mitgliedern neu besetzt werden. NS-Verbrecher kamen in sowjetische Internierungslager; nach der Zwangsvereinigung von KPD und SPD 1946 waren aber auch oppositionelle bürgerliche Politiker, Sozialdemokraten und selbst Kommunisten von Inhaftierung betroffen.

Bodenreform – In Übereinstimmung mit der SMAS begann am 10.9.1945 die entschädigungslose **Enteignung von „Groß-grundbesitzern"** (über 100 ha Besitz) sowie von ehemaligen Nationalsozialisten. Dies betraf insgesamt 260000 ha Land. Bereits im November 1945 war auf diesem Weg ein Achtel der Nutzfläche enteignet; im industrialisierten Sachsen war dies jedoch weniger als in anderen, stärker landwirtschaftlich geprägten Ländern der SBZ. Die Gutsbesitzer wurden meist mit Gewalt vertrieben. Wer sich wehrte, wurde inhaftiert. Etliche flohen in die Westzonen. Von vielen Menschen in Sachsen wurde die Bodenreform begrüßt: Über 13000 Kleinbauern, fast 25000 Landarbeiter und Kleinpächter sowie 7800 Umsiedler erhielten neues Land, das sie jedoch mit der Kollektivierung der Landwirtschaft ab 1952 wieder verloren.

Volksentscheid – Im Juni 1946 war die Bevölkerung aufgerufen, über Verstaatlichungen und **Enteignungen in Industrie und Bergbau** abzustimmen. Bei über 90 % Wahlbeteiligung stimmten in noch freier Wahl fast 80 % für die Verstaatlichung. Doch viele enteignete Betriebe blieben vorerst unter direkter sowjetischer Verwaltung und mussten später durch die DDR zurückgekauft werden.

PERSONENLEXIKON

DR. RUDOLF FRIEDRICHS, 1892–1947. SED-Politiker, 1946–1947 Ministerpräsident Sachsens

Q1 Brief der Firma V. Hänig & Co., Heidenau-Dresden, 29.11.1945

1 Infolge [der] Demontage unseres […] Betriebes durch die Rote Armee ist uns eine Bearbeitung Ihrer Anfrage zur Zeit unmöglich. Ob-
5 wohl wir uns ernstlich damit befassen, den Betrieb schnellstens wieder anlaufen zu lassen, Unterhandlungen wegen Anschaffung von Maschinen, Werkzeugen und Ma-
10 terialien schweben bereits, die behördliche Genehmigung ist erteilt, wird noch einige Zeit vergehen, ehe wir Ihnen mit Vorschlägen und Angeboten dienen können […].

(In: M. Judt [Hg.], DDR-Geschichte in Dokumenten, Bonn 1998, S. 106 f. Gekürzt)

B2 Propaganda zum Volksentscheid über die Enteignung von Industrie und Bergbau. Parteihaus der SED in Leipzig, Foto 1946

Eine neue Verfassung – Im September 1946 wurde erstmals wieder ein sächsischer Landtag gewählt. Die bürgerlichen Parteien LDPD* und CDU* waren durch die sowjetische Militäradministration bei den Wahlvorbereitungen benachteiligt worden, zum Beispiel bei der Papierzuteilung. Dennoch erhielt die SED* in der traditionellen Hochburg der Arbeiterparteien nur eine knappe Mehrheit. Zusammen mit der Vereinigung der Bauernhilfe (VdgB) und dem Kulturbund besaß sie eine Regierungsmehrheit von vier Stimmen. Erste Aufgabe der neuen Landesregierung unter Ministerpräsident Rudolf Friedrichs (SED) war die Ausarbeitung einer Verfassung, die 1947 angenommen wurde. Diese Verfassung lehnte sich an die demokratischen Traditionen der Weimarer Reichsverfassung an. Mit Artikel 8, Ziff. 2 und 3 eröffnete sie die Möglichkeit zur Ausgrenzung von Feinden der Demokratie. Auch politisch missliebige Gegner konnten nun ausgeschaltet werden. Mit der **Auflösung der Länder** durch die DDR-Regierung 1952 wurde Sachsen in Bezirke eingeteilt: Dresden, Chemnitz (1953 –90 Karl-Marx-Stadt) und Leipzig.

*LDPD: Liberaldemokratische Partei Deutschlands;

*CDU: Christlichdemokratische Union;

*SED: Sozialistische Einheitspartei Deutschlands.

D 3 Wahlergebnis und Mandate im sächsischen Landtag, Oktober 1946

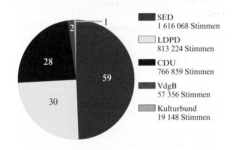

SED
1 616 068 Stimmen

LDPD
813 224 Stimmen

CDU
766 859 Stimmen

VdgB
57 356 Stimmen

Kulturbund
19 148 Stimmen

Q 4 Aufruf der Landesverwaltung zur Neulehrerausbildung, 20. 12. 1945:

1 Die demokratische Erneuerung des deutschen Schulwesens kann nur von einer Lehrerschaft durchgeführt werden, die fähig und ge-
5 willt ist, im Geiste der Völkerversöhnung und […] Demokratie zu erziehen. Großen Teilen der bisherigen Lehrerschaft kann diese Erziehungsaufgabe nicht übertragen
10 werden, weil sie während der letzten zwölf Jahre in der Schule Propagandisten des Dritten Reiches und außerhalb der Schule Aktivisten der Nazipartei waren. Im
15 Bundesland Sachsen fehlen 9000 Lehrer! [Daher] werden ab 1. Januar 1946 in allen Landesteilen […] Kurse für Neulehrer durchgeführt.

(In: Amtl. Nachrichten der Landesverwaltung Sachsen, 1. Jg., Nr. 17–29, Dez. 1945, S. 1. Gek.)

Q 5 Aus der Verfassung des Landes Sachsen, 28. 2. 1947:

1 Art. 7. Bei der Ausübung der Staatsgewalt, die dem Wohle des Volkes zu dienen hat, sind die […] Menschen- und Grundrechte zu wahren.
Art. 8. (1) Vor dem Gesetz sind alle gleich. (2) Alle Bürger
5 haben die gleichen staatsbürgerlichen Pflichten und Rechte, es sei denn, dass die staatsbürgerlichen Rechte ihnen […] wegen eines Verbrechens oder wegen nazistischer, faschistischer oder militaristischer Betätigung aberkannt worden sind. (3) Personen, die derartige Auffas-
10 sungen verbreiten oder unterstützen, sind aus den öffentlichen Diensten sowie aus allen leitenden Stellungen zu entfernen und vom Wahlrecht auszuschließen.
Art. 25. (1) Gesetzliche Bestimmungen, die infolge der aus der nazistischen Katastrophenpolitik entstandenen Not-
15 lage seit dem 8. Mai 1945 ergangen sind oder noch ergehen werden, können unerlässliche Eingriffe vornehmen in Grundrechte […]
Art. 26. (1) Der Landtag ist das höchste demokratische Organ des Landes. Ihm obliegt die Gesetzgebung. Er übt
20 die oberste Kontrolle über alle Regierungsmaßnahmen und […] [die] Rechtsprechung aus.

(In: S. Drehwald/Ch. Jestaedt, Sachsen als Verfassungsstaat, Leipzig 1998, S. 157 ff. Gekürzt)

ARBEITSAUFTRÄGE

1. Erläutern Sie den in Q 1 geschilderten Sachverhalt vor dem Hintergrund der Vereinbarungen der Alliierten.
2. Nennen und beurteilen Sie die in B 2 dargestellten Argumente für die Enteignung der Industrie- und Bergbaubetriebe.
3. Schätzen Sie mit D 3 das politische Gewicht der SED sowie der bürgerlichen Parteien in Sachsen ein.
4. Beurteilen Sie mit Q 4 die Maßnahme im Schulwesen.
5. Erörtern Sie mit Q 5, inwieweit die sächsischen Landesverfassung demokratisch und rechtsstaatlich war.

4. Alltag in den Besatzungszonen

Durch den Krieg waren viele deutsche Städte, insbesondere in den Industrie- und Ballungsgebieten, stark zerstört. Wie war der Alltag der Menschen in den Besatzungszonen?

Leben und Versorgung der Menschen – Die Aufräumarbeiten, die sofort mit dem Kriegsende begannen, wurden zum großen Teil von den **„Trümmerfrauen"** geleistet. Sie sammelten Ziegelsteine aus dem Schutt der zerstörten Gebäude und säuberten sie von Mörtel, damit sie wiederverwendet werden konnten. Zunächst mussten in großer Zahl **Notunterkünfte** errichtet werden, denn 25 bis 30 Millionen Menschen waren ohne Unterkunft. Dazu zählten 9 Millionen **Evakuierte,** die aus den am meisten zerstörten Städten in ländliche Gebiete gebracht worden waren, vor allem aber die etwa **12 Millionen Flüchtlinge, Vertriebenen und Zwangsaussiedler.** Die Menschen richteten sich ein, wo sie einen Platz fanden. Manchenorts mussten Baracken- und Wellblechlager eingerichtet werden.

Vor allem an Nahrungsmitteln und Brennstoffen herrschte Mangel. Die Militärbehörden behielten die aus den letzten Kriegsjahren stammenden Bezugsscheine und **Lebensmittelkarten** (Rationierung) bei, da das Nahrungsangebot zu gering war. Viele deutsche Familien wurden durch **„Care"-Pakete** amerikanischer Wohlfahrtsverbände vor dem Verhungern bewahrt; viele Kinder durch die Schulspeisungen. Die Bäume öffentlicher Anlagen dienten als Brennholz; die frei gewordenen Flächen wurden oft mit Feldfrüchten bebaut.

Q2   Erich Kästner 1946 über die Zerstörung Dresdens:

1 Das, was man früher unter Dresden verstand, existiert nicht mehr [...]. In dieser Steinwüste hat kein Mensch etwas zu suchen, er muss sie höchstens durchqueren [...]. Vom Nürnberger Platz weit hinter dem Hauptbahnhof bis
5 zum Albertsplatz in der Neustadt steht kein Haus mehr [...]. Kilometerweit kann er um sich blicken. Er sieht Hügel und Täler aus Schutt und Steinen. Eine verstaubte Ziegellandschaft [...]. Die vielen Kasernen sind natürlich stehen geblieben! [...] Hätte statt dessen nicht die Frauenkirche
10 leben bleiben können? [...] Oder wenigstens einer der frühen Renaissance-Erker in der Schlossstraße? Nein. Es mussten die Kasernen sein! Eine der schönsten Städte der Welt wurde [...] dem modernen Materialkrieg ausgeliefert. In einer Nacht wurde die Stadt vom Erdboden vertilgt.

(In: E. Kästner: Gesammelte Schriften für Erwachsene, Zürich 1969, S.34. Gek.)

B1 Wohnungselend 1945

B3 „Trümmerfrauen" beseitigen den Kriegsschutt, Foto 1945

Tauschwirtschaft und „Schwarzmarkt" – Die Reichsmark hatte nach Kriegsende fast keinen Wert mehr. An die Stelle der Geldwirtschaft war daher mehr und mehr die Tauschwirtschaft getreten. Wer noch Wertgegenstände besaß, tauschte sie beim Bauern gegen Lebensmittel ein. Andere fuhren zum „Hamstern" aufs Land, sammelten einzelne Ähren von den abgeernteten Feldern oder Bucheckern und Eicheln, für die es Margarinemarken gab. Vor allem die Frauen waren dauernd unterwegs, um etwas zu „organisieren". Denn viele Männer waren gefallen oder in Kriegsgefangenschaft, und neben der Aufbauarbeit mussten die Frauen ihre Kinder und andere Familienangehörige versorgen. In den Städten konnte man gegen viel Geld oder im Tauschhandel manches auf dem **Schwarzmarkt** bekommen. Eine große Rolle spielte die **„Zigarettenwährung".** Vor allem amerikanische Zigaretten wurden zur Verrechnungseinheit für andere Waren. Illegale Tierschlachtung und Schnapsbrennerei waren an der Tagesordnung. Die Behörden konnten oder wollten auch nichts dagegen unternehmen.

Q6 Über den Schwarzmarkt in Deutschland nach 1945:

1 In den Akten des amerikanischen Kongresses findet sich der Fall eines Bergarbeiters, der in der Woche 60 Reichsmark verdiente. Gleichzeitig besaß er ein Huhn, das in der Woche durchschnittlich fünf Eier legte. Eins
5 davon aß der Bergmann gewöhnlich selbst, die vier übrigen tauschte er gegen 20 Zigaretten ein. Diese stellten auf dem Schwarzen Markt bei einem Tagespreis von 8 RM einen Gegenwert von 160 RM dar. Das Huhn verdiente also mit seiner Leistung nahezu dreimal so viel
10 wie sein Besitzer.

(In: Th. Eschenburg, Jahre der Besatzung, Stuttgart 1983, S. 267)

T4 Offizielle Preise und Schwarzmarktpreise im Vergleich, 1946/47. RM = Reichsmark

Ware	Offizielle Preise 1947	Schwarzmarktpreise 1946/47
1 kg Fleisch	2,20 RM	60 – 80 RM
1 kg Brot	0,37 RM	20 – 30 RM
1 kg Kartoffeln	0,12 RM	4 – 12 RM
1 kg Zucker	1,07 RM	120 – 180 RM
1 kg Butter	4,00 RM	350 – 550 RM
20 Zigaretten	2,80 RM	70 – 100 RM
1 Stück Seife	0,35 RM	30 – 50 RM

(Nach: K. H. Rothenberger, Die Hungerjahre nach dem Zweiten Weltkrieg, Boppard 1980, S. 140)

B7 Die Tagesration eines Erwachsenen im Jahr 1947

B5 Kinder mit Hamstersäcken und Brennholz, Foto 1945

ARBEITSAUFTRÄGE

1. Erläutern und bewerten Sie mit Q2 und B3 die Situation in den kriegszerstörten Städten und die Arbeit der „Trümmerfrauen".
2. Schreiben Sie mit B1, B3, B5 und B7 eine kurze Reportage über die Probleme der unmittelbaren Nachkriegszeit.
3. Erklären Sie mit T4 und Q6 die Entstehung eines Schwarzmarkts in Deutschland nach 1945.

5. Abrechnung mit dem NS-Regime und Entnazifizierung

Zu den gemeinsamen Kriegszielen der Alliierten gehörte die Zerschlagung des deutschen Militarismus, die restlose Beseitigung des Nationalsozialismus und die Bestrafung der Täter. Wie setzten sie diese Ziele nach dem Krieg um?

Der Nürnberger Kriegsverbrecherprozess – Bereits am 8. August 1945 schlossen die Alliierten ein Abkommen über die Verfolgung und Bestrafung der Hauptkriegsverbrecher. In Nürnberg setzten sie einen Gerichtshof ein, der über die Anklage wegen **„Verbrechen gegen den Frieden und die Menschlichkeit"** und wegen Kriegsverbrechen zu urteilen hatte. Der **„Nürnberger Prozess"** begann am 14. November 1945. Angeklagt waren 22 Personen, darunter Parteiführer der NSDAP, Minister sowie Generäle der Wehrmacht, die gesamte NSDAP als Partei, die Gestapo und andere NS-Organisationen, die an Verbrechen beteiligt waren. Folgende Verbrechen sollten abgeurteilt werden:
– Verbrechen gegen den Frieden (Planung und Durchführung eines Angriffskrieges),
– Kriegsverbrechen gegen die Zivilbevölkerung (Mord, Misshandlung, Deportation, Zwangsarbeit),
– Verbrechen gegen die Menschlichkeit (Mord, Ausrottung, Versklavung, Deportation aus politischen, „rassischen" oder religiösen Motiven).

Nach einem Jahr verkündete das Gericht die Urteile: Zwölf der Hauptangeklagten wurden zum Tode, drei zu lebenslanger Haftstrafe verurteilt, vier erhielten Haftstrafen zwischen 10 und 20 Jahren, drei Angeklagte wurden freigesprochen. Die NSDAP, die Gestapo, die SS-Truppen, der SD (Sicherheitsdienst) wurden zu verbrecherischen Organisationen erklärt.

Obwohl der Nürnberger Prozess das ganze schreckliche Ausmaß der NS-Verbrechen allen Deutschen vor Augen führte, wurde der Prozess von Teilen der Bevölkerung als einseitige „Siegerjustiz" gewertet.

In Folgeprozessen wurden weitere 70 000 Personen wegen Kriegsverbrechen verurteilt. Wichtige Verfahren waren der **Auschwitz-Prozess** (1963 – 1965) und der **Majdanek-Prozess** (1975 – 1981).

Plakat zum Nürnberger Kriegsverbrecherprozess

B 1 „Er hat's mir doch befohlen." Karikatur von 1946

B 2 Nürnberger Prozess, 1945 – 1946. In den ersten Reihen vor der Brüstung die Verteidiger. Hinter der Brüstung in zwei Reihen die Angeklagten: Vorne (von links nach rechts): Hermann Göring, Rudolf Heß, Joachim von Ribbentrop, Wilhelm Keitel, Alfred Rosenberg, Hans Frank, Wilhelm Frick, Walther Funk, Julius Streicher

Entnazifizierung – 8,5 Millionen Deutsche waren Mitglieder der NSDAP gewesen. Die Alliierten stellten zunächst alle Parteifunktionäre und Inhaber öffentlicher Ämter unter Arrest: Ende 1945 saßen über 200 000 Personen in den **Internierungslagern** der Westalliierten. In der SBZ wurden in den ehemaligen KZ über 150 000 Personen interniert, von denen Tausende umkamen. Bis 1950 wurden in diesen KZ nicht nur NS-Funktionäre gefangen gehalten, sondern auch Gegner der Umgestaltung Ostdeutschlands nach sowjetischem Vorbild.

Ab Herbst 1945 musste jeder erwachsene Deutsche in den Westzonen einen **Fragebogen** zu seinem Verhalten während der NS-Zeit ausfüllen. **Spruchkammern** aus deutschen Laienrichtern teilten die Deutschen dann in fünf Gruppen ein: Hauptschuldige, Belastete, Minderbelastete, Mitläufer und Entlastete. Wegen der zahlreichen Freisprüche aufgrund fadenscheiniger Entlastungszeugnisse, sogenannter **Persilscheine**, galt das Verfahren als problematisch und ungerecht. In den Westzonen wurden nur etwa 2 % der Beschuldigten verurteilt; selbst schwer Belastete kamen mit leichten Strafen davon. Zu-

mindest wurden viele der als belastet eingestuften Verwaltungsbeamten, Richter, Lehrer, Polizisten etc. entlassen. Auch Industrieunternehmen mussten sich von früheren NS-Funktionären trennen.   ❷/3

In der SBZ wurde konsequenter zwischen bloßen Mitläufern und den aktiven Tätern unterschieden. Die Täter wurden eher bestraft als in den Westzonen; bis 1949 wurden in der SBZ etwa 500 000 Personen aus ihren Stellungen entfernt, darunter 80 % aller Juristen und etwa 50 % aller Lehrer. Die freien Stellen wurden meist mit Personen besetzt, die im Sinne der sozialistischen Umgestaltung der Gesellschaft handelten. Vermeintliche „Klassenfeinde" oder politische Gegner des Sozialismus wurden ausgeschaltet.

Q 4 Brief des Bürgermeisters von Doberlug an den brandenburgischen Regierungsausschuss, 30. Oktober 1947:

1 [Am] 16. 10. 1947 wurde dem Lebensmittelgeschäftsinhaber Helmut Linke wegen aktiver Betätigung in der ehemaligen NSDAP das Recht zur Weiterführung seines Geschäftes abgesprochen […]. Von der Fa. Linke ist be-
5 kannt, dass der Ortsgruppenleiter der NSDAP zum öffentlichen Boykott des Geschäftes aufgerufen hatte […]. Um schwere Schäden nicht nur für das Geschäft, sondern auch für die Familie abzuwenden, trat Linke 1938 als einfaches Mitglied der NSDAP bei […]. In den
10 darauffolgenden Jahren ist L. alles andere gewesen als ein Aktivist […]. Wenn L. [als] Aktivist gelten soll, so wurde von allen beteiligten Parteien und Antifaschisten festgestellt, dass es dann überhaupt keine Mitläufer gäbe […]. Ich muss daher feststellen, dass die Bevölkerung die
15 Aufhebung des ergangenen Urteils erwartet.

(In: M. Judt [Hg.], DDR-Geschichte in Dokumenten, Bonn 1998, S.112 f. Gek.)

B 3 Neulehreranwerbung in der SBZ, 1945

ARBEITSAUFTRÄGE

1. Erläutern Sie die historischen Zusammenhänge für B 1 und deuten Sie die Absicht des Karikaturisten.
2. Informieren Sie sich über die namentlich genannten Hauptangeklagten des Nürnberger Prozesses (B 2, Legende) und über deren Funktion innerhalb des NS-Systems.
3. Erläutern Sie die Wirkungsabsicht von B 3.
4. Schreibe Sie einen Antwortbrief der Regierungskommission zur Durchführung der Entnazifizierung. Begründen Sie ihre Entscheidung über das Gesuch in Q 4.

6. Die Hohnstein-Prozesse

Ein Teil der Abrechnung mit dem NS-Regime in Sachsen war die strafrechtliche Verfolgung der Verbrechen in den früheren sächsischen Konzentrationslagern (siehe Geschichte plus, Band 9, S. 136/137). Bereits Anfang 1947 fand ein erster Prozess statt. Der ehemalige SA-Oberscharführer Helmut Haupold wurde wegen **Verbrechen gegen die Menschlichkeit** zu 20 Jahren Zuchthausstrafe verurteilt, weil er im KZ Hohnstein Häftlinge misshandelt hatte. Strafverschärfend wirkte sich aus, dass Haupold nicht zum Wachpersonal gehört hatte, sondern als Kraftfahrer „ohne Befehl aus eigenem Entschluss und aus einer verruchten Gesinnung heraus" gehandelt hatte.

Bis März 1949 wurden weitere 86 Beschuldigte ermittelt, die meist in Dresden oder der näheren Umgebung wohnten. Der ehemalige Kommandant Jähnichen lebte im Westen und wurde nicht ausgeliefert.

Am 30. Mai 1949 begann der erste von drei Prozessen vor dem Landgericht Dresden. In den meisten Fällen wurden empfindliche **Freiheitsstrafen** verhängt, entgegen einigen staatsanwaltlichen Strafanträgen jedoch in keinem Fall die Todesstrafe. Die Durchführung der Prozesse war bereits stark von ideologischen und politischen Interessen der kommunistischen Machthaber geprägt, wie Q 2 zeigt. Was nicht bekannt wurde: Alfred Figelius, für den im 1. Hohnstein-Prozess die Todesstrafe beantragt und der zu 20 Jahren Zuchthaus verurteilt worden war, wurde 1956 von der Stasi angeworben und danach aus der Haft entlassen.

Q2 Aus dem Bericht von Staatsanwalt Welich an den sächsischen Generalstaatsanwalt über den 2. Hohnstein-Prozess vom 28. 7. 1949:

1 Der Prozess war sehr gut vorbereitet: Durch Plakatierung und Ausgabe von gedruckten Eintrittskarten, funktionierte die Organisation ausgezeichnet. Das öffentliche Interesse war außerordentlich groß. Obwohl 900 Plätze 5 zur Verfügung standen, reichten die an keinem Tage aus. […] Begründet war dieses Interesse durch die Tatsache, dass die Angeklagten zum großen Teil in Pirna und Umgebung ansässig sind und das Tätigkeitsgebiet des Sturmes 177/100 sich in dieser Gegend besonders unheilvoll 10 auswirkte. Die Übertragung durch die Rundfunkanlage war bedeutend besser als im 1. Hohnsteinprozess, sodass an jeder Stelle des Saales die Zuhörer dem Prozess folgen konnten. Die Berichterstattung über den Rundfunk erfolgte schnellstens und voll ausreichend. Desgleichen 15 kann diesmal von der Presse berichtet werden. Der Vertreter der VVN [= Vereinigung der Verfolgten des Naziregimes] hat durch geschickte Fragestellung in die Verhandlung eingegriffen. Leider hat er in seiner Tätigkeit eine zu starke parteipolitische Bindung erkennen lassen. 20 Durch diesen Umstand bestand die Gefahr, dass das Gericht in den Verdacht kommen würde, nicht genug überparteilich zu entscheiden. Der Gesamteindruck war trotz letzterem Umstand in der Öffentlichkeit wesentlich günstiger als im 1. Prozess. Das hatte seine Ursachen in 25 der Verhandlungsführung und in der Behandlung der Beweisanträge der Verteidigung, der im größten Ausmaße stattgegeben wurde und die Objektivität des Gerichts zur Wahrheitsfindung besonders unterstrich.

(Zit. nach: Carina Baganz, Erziehung zur „Volksgemeinschaft"? Die frühen Konzentrationslager in Sachsen 1933–34/37, Metropol Verlag, Berlin 2005, S. 302 f.)

B1 KZ Hohnstein: Dauermarsch um die Burglinde als sonntägliche Schikane

ARBEITSAUFTRAG

1. Erarbeiten Sie mit Q 2 die politischen Interessen hinter den Hohnstein-Prozessen.

7. Konflikte in der Wirtschafts- und Währungspolitik

Nach dem Kriegsende traten auch in den Besatzungszonen erkennbare Interessengegensätze zwischen den Westmächten und der UdSSR zutage. Welche Konflikte waren das und welche Folgen hatte dies für die Beziehungen der drei Westzonen und der sowjetische Zone untereinander?

Die Bildung der Bizone – Am 6. September 1946 kündigte der amerikanische Außenminister JAMES F. BYRNES in Stuttgart an, die Amerikaner wollten den Deutschen wieder zu einem „Platz unter den freien und friedliebenden Nationen" verhelfen. Ferner stellte er die Verschmelzung der Wirtschaft der amerikanischen und der britischen Besatzungszone in Aussicht. Die beiden anderen Besatzungsmächte lud er ein, sich der **„Bizone"** anzuschließen. Unter Aufsicht der Amerikaner und Briten nahm in der Bizone ein

Wirtschaftsrat aus gewählten Mitgliedern der jeweiligen Länderparlamente seine Arbeit auf. Er konnte Gesetze und Vorschriften für den Wiederaufbau der Wirtschaft erlassen. Unter seinem Direktor LUDWIG ERHARD legte der Wirtschaftsrat wichtige Grundsteine für die Einführung der **sozialen Marktwirtschaft** in den Westzonen und den wirtschaftlichen Aufschwung Westdeutschlands. Ab dem Frühjahr 1948 wurden auch die Grenzen zwischen der französischen Zone und der Bizone durchlässiger. Das Ziel der Westalliierten für Deutschland war nun klar erkennbar: ein marktwirtschaftlich orientierter, demokratischer Bundesstaat mit mehreren Bundesländern.

Q 1 Aus einem Memorandum des britischen Außenministers E. Bevin vom 22. 11. 1947:

1 Ich befürchte, so wie die Dinge im Moment aussehen, können wir nicht ernsthaft hoffen, dass die Russen wirklich mit uns zusam-
5 menarbeiten [...]. Im Gegenteil [...] sie werden alle Anstrengungen darauf konzentrieren, ihr Hauptziel zu erreichen, nämlich die politische und wirtschaftliche Einflussnahme
10 im Ruhrgebiet, während sie weiter dafür sorgen würden, dass ihnen in ihrer eigenen Zone niemand in die Quere kommen könnte. [...] Auf jeden Fall ist die wirtschaftliche
15 Spaltung Deutschlands politisch weniger gefährlich als eine deutsche Einheit, die es den Russen erlaubt, nicht nur auf die Wirtschaft, sondern auch auf die Ver-
20 waltung und Politik [ganz Deutschlands] Einfluss zu nehmen.

(In: R. Steininger [Hg.], Deutsche Geschichte 1945–1961, Darstellung und Dokumente I, Frankfurt/M. 1983, S. 242 f. Gekürzt)

T 2 Die Entwicklung der industriellen Produktion in Deutschland von Juli 1945 bis August 1949 (Angaben in Prozent; 1936=100 Prozent)

Jahr/Quartal	amerikanische Zone	britische Zone	französische Zone	sowjetische Zone
1945, III + IV	15,5	18,5	k. A.	22
1946	41,0	34,0	36	44
1947 (Bizone)	▲ 44,0 ▲		45	54
1948, I + II	55,5		52	60 (I–IV)
1948, III + IV	72,0		64	
1949 (Jan.–Aug.)	86,0		78	68

Q 3 Der westdeutsche Nationalökonom A. Müller-Armack über die soziale Marktwirtschaft, Mai 1948:

1 Die Lage unserer Wirtschaft zwingt uns zu der Erkenntnis, dass wir uns in Zukunft zwischen zwei grundsätzlich voneinander verschiedenen Wirtschaftssystemen zu entscheiden haben, nämlich dem System der
5 antimarktwirtschaftlichen Wirtschaftslenkung und dem System der auf freie Preisbildung, echten Leistungswettbewerb und soziale Gerechtigkeit gegründeten Marktwirtschaft. [Der] soziale Charakter [der Marktwirtschaft] liegt bereits in der Tatsache begründet, dass
10 sie in der Lage ist, eine größere und mannigfaltigere Gütermenge zu Preisen anzubieten, die der Konsument durch seine Nachfrage entscheidend mitbestimmt und die durch niedrige Preise den Realwert des Lohnes erhöht und dadurch eine größere und breitere Befrie-
15 digung der menschlichen Bedürfnisse erlaubt.

(In: Ch. Kleßmann, Die doppelte Staatsgründung, Bonn 1991, S. 428)

Widerstände der Sowjets – Die Sowjetunion hatte den Beitritt der SBZ zur geplanten Bizone im Sommer 1946 abgelehnt. Sie fürchtete, dass die Westmächte ihre überlegene Wirtschaftskraft in der SBZ als Instrument der Politik für sich nutzen wollten. Stattdessen setzte die Sowjetunion in der SBZ den Aufbau einer **sozialistischen Planwirtschaft** fort.

Bodenreform und Verstaatlichungen in der SBZ – Seit dem Herbst 1945 waren in der SBZ rund 14 000 Großgrundbesitzer und Großbauern enteignet worden. Die damit verbundene **Bodenreform** verhalf vielen Landarbeitern und Flüchtlingen aus den Ostgebieten zu eigenem Land. Darüber hinaus hatte sich die Bevölkerung Sachsens in einem Volksentscheid am 30. Juni 1946 mit großer Mehrheit für die **Enteignung von Betrieben und Unternehmen** ausgesprochen. Anfangs waren nur solche Betriebe betroffen, die Kriegsverbrechern gehörten oder die aktiv dem Kriegsverbrechen gedient hatten. Ohne dass es zu weiteren Volksabstimmungen kam, wurden bis 1948 auch in den anderen Ländern der SBZ etwa 10 000 Konzerne, Industriebetriebe und Banken verstaatlicht.

Die Währungsreform – Wichtigste Voraussetzung für den wirtschaftlichen Aufschwung war die Ersetzung der alten Reichsmark durch eine stabile Währung. Nur so konnte der Kampf gegen die fortschreitende Inflation (= Geldentwertung) und gegen den Schwarzmarkt gewonnen werden. Doch die Verhandlungen der Alliierten über eine gemeinsame Währungsreform für ganz Deutschland scheiterten im Frühjahr 1948. Unter strenger Geheimhaltung bereiteten die Westalliierten nun eine eigene **Währungsreform** für den 20. Juni 1948 vor: Jeder Bürger der Westzonen erhielt eine „Kopfquote" von 60 DM; Bargeld und Bankguthaben wurden im Verhältnis 100 RM : 6,50 DM umgetauscht. Die **neue D-Mark** wurde schnell akzeptiert, da auch das Angebot an Waren rapide anstieg.

Um nicht von der wertlos gewordenen Reichsmark überschwemmt zu werden, führte die UdSSR am 22. Juni 1948 auch in der SBZ eine **neue Ostmark** ein. Damit war die wirtschaftliche Einheit Deutschlands praktisch zu Ende.

Plakat der KPD, 1945

B 5 Volles Schaufenster im Westen nach der Währungsreform, 1948

ARBEITSAUFTRÄGE

1. Erläutern Sie, wie der britische Außenminister die Politik der UdSSR bewertet und welche Konsequenzen er zieht (Q 1).
2. Erläutern Sie mit Q 3 das Prinzip der sozialen Marktwirtschaft.
3. Erklären Sie die Haltung der SED zur Währungsreform (Q 4).
4. Beschreiben Sie mit T 2 die Entwicklung der Industrieproduktion 1945 – 1949 und die Wirkung der Währungsreformen.

8. Marshall-Plan und Blockbildung

US-Präsident Truman hatte im Frühjahr 1947 Wirtschaftshilfen als Maßnahme zur Sicherung und Unterstützung demokratischer Verhältnisse in Europa angekündigt. Wie wurde dies realisiert?

Marshall-Plan – Im Juni 1947 kündigte US-Außenminister MARSHALL ein Wirtschafts- und Wiederaufbauprogramm für ganz Europa an: den **Marshall-Plan.** Dieses Angebot einer Finanzhilfe für den Wiederaufbau war auch an die Sowjetunion und die übrigen osteuropäischen Staaten gerichtet.

Die sowjetische Führung lehnte den Marshall-Plan ab; sie musste befürchten, dass die USA ihre überlegene Wirtschaftskraft zur Stärkung des politischen Einflusses nutzen würden. Auch die Staaten Ost- und Mitteleuropa mussten auf Druck Moskaus den Marshall-Plan ablehnen. Auf die „Containment"-Politik reagierte Moskau mit der beschleunigten Sowjetisierung Ost- und Mitteleuropas: Die Wirtschafts- und Gesellschaftsordnung der besetzten Länder wurde nach dem Vorbild der UdSSR umgestaltet. In den sogenannten **Volksdemokratien** besetzten die kommunistischen Parteien alle Führungspositionen; Oppositionsparteien wurden ausgeschaltet.

Blockbildung – Die Blockade Westberlins (1948/49), der Bau der ersten sowjetischen Atombombe (1949) sowie die Gründung der kommunistischen Volksrepublik China (1949) steigerten die Furcht der Westmächte vor einem Krieg. Unter Führung der USA gründeten daher zwölf westliche Staaten 1949 ein Verteidigungsbündnis, die **NATO** (North Atlantic Treaty Organisation). Darin übernahmen die USA eine Sicherheitsgarantie für Westeuropa.
Auf den Marshall-Plan hatte die Sowjetunion 1949 mit der Gründung des **Rats für Gegenseitige Wirtschaftshilfe** (RGW) für die Länder Ost- und Mitteleuropas reagiert. Als 1955 die Bundesrepublik Deutschland in das westliche Bündnis der NATO aufgenommen wurde, gründete die UdSSR einen eigenen Militärblock, den **Warschauer Pakt.** Das Beistandsbündnis sicherte aber auch die Anwesenheit sowjetischer Truppen in den Mitgliedsstaaten.

GEORGE MARSHALL, 1880–1959. US-Außenminister 1947–1949; arbeitete den Marshall-Plan aus

T3 Wirtschaftshilfe durch den Marshall-Plan (in Mio. US-$)

Großbrit.:	3 443
Frankreich:	2 806
Italien:	1 548
Westdeutschl.:	1 413
Benelux:	1 079
Griechenland:	694
Türkei:	243
weitere zehn Länder:	2 684
Insgesamt:	**13 910**

Q1 US-Außenminister Marshall über den Plan der Wirtschaftshilfe, 1947:

1 Unsere Politik richtet sich nicht gegen irgendein Land oder irgendeine Doktrin, sondern gegen Hunger, Armut, Verzweiflung und
5 Chaos. Ihr Zweck ist die Wiederbelebung einer funktionierenden Weltwirtschaft, damit die Entstehung politischer und sozialer Bedingungen ermöglicht wird, un-
10 ter denen freie Institutionen existieren können […].
Jeder Regierung, die bereit ist, beim Wiederaufbau zu helfen, wird die volle Unterstützung der Regie-
15 rung der Vereinigten Staaten gewährt werden.

(In: Europa-Archiv, Bonn 1947, S. 821 f. Gekürzt)

B2 Der Marshall-Plan aus sowjetischer Sicht, Karikatur von 1948

ARBEITSAUFTRÄGE

1. Beurteilen Sie Ziele und Motive des Marshall-Plans (Q1).
2. Erklären Sie die propagandistische Absicht von B2. Vgl. T3.

9. Die Blockade Berlins

In Berlin führten die beiden Währungsumstellungen zu einer schweren Krise. Was waren die Ursachen?

Blockade und Luftbrücke – Der sowjetische Stadtkommandant hatte am 19. Juni 1948, einen Tag vor der Währungsumstellung in den Westzonen, den Gebrauch der D-Mark in Berlin verboten. Stattdessen sollte in ganz Berlin die für den 23. Juni angekündigte Ostmark der SBZ gelten. Doch dagegen protestierten die Westmächte und führten nun die D-Mark in den drei Westsektoren Berlins ein.

Die Sowjetunion nahm den Konflikt zum Anlass für eine **Blockade:** Am 24. Juni 1948 sperrte sie sämtliche Straßen, Eisenbahnlinien und Wasserwege zwischen West-Berlin und den Westzonen. Gleichzeitig unterband sie die Lieferung von Strom, Kohle, Gas und Lebensmitteln. Als einzige Verbindung der Westzonen nach Berlin blieb der Luftweg. Daraufhin beschlossen die USA und Großbritannien, West-Berlin über eine **Luftbrücke** zu versorgen. Nach einem Plan des US-Generals Lucius D. Clay flogen amerikanische und britische Flugzeuge, von der Berliner Bevölkerung liebevoll „**Rosinenbomber**" genannt, 213 000 Mal Berlin an

und versorgten die eingeschlossene Stadt mit Lebensmitteln, Kohle, Maschinen und allen anderen Gütern des täglichen Bedarfs. Erst am 12. Mai 1949 brach die sowjetische Führung die fehlgeschlagene Blockade Berlins ab.   📄/4

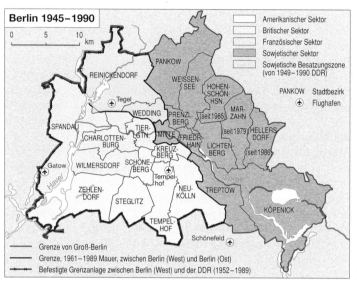

K 2

B 3   Am Flughafen Tempelhof während der Blockade Berlins, 1948

Q 1   Berlins Oberbürgermeister E. Reuter am 9. September 1948:

1 Ihr Völker der Welt! Schaut auf diese Stadt und erkennt, dass ihr diese Stadt und dieses Volk nicht preisgeben dürft! […] Helft uns in
5 der Zeit, die vor uns steht, […] mit dem standhaften und unzerstörbaren Einstehen für die gemeinsamen Ideale, die allein unsere Zukunft und die allein eure Zukunft
10 sichern können! […] Und Volk von Berlin, sei dessen gewiss, diesen Kampf, den wollen, […] den werden wir gewinnen.

(In: A. M. Birke, Nation ohne Haus, Berlin 1998, S. 198. Gekürzt)

ARBEITSAUFTRÄGE

1. Beschreiben Sie mit den Karten auf S. 34 die besondere Lage Berlins und erläutern Sie mit K 2 die Probleme, die eine gemeinsame Verwaltung Berlins durch die Alliierten mit sich brachte.
2. Verfassen Sie eine Reportage zu Q 1 und B 3, in der Sie die Atmosphäre in Berlin zur Zeit der Luftbrücke schildern.

10. Die Gründung zweier deutscher Staaten

Nach dem Ende des Zweiten Weltkriegs hatte Deutschland seine staatliche Souveränität verloren; alle Entscheidungen über die Politik und Wirtschaft des Landes lagen in den Händen der Siegermächte. Von 1949 bis 1990 bestanden dann zwei deutsche Staaten nebeneinander. Wie kam es zu dieser Teilung Deutschlands?

Die Spaltung Deutschlands – Kurz nach Kriegsende traten weltweit die Interessengegensätze der Alliierten zutage; insbesondere zwischen den Westmächten und der UdSSR. Der von tiefem Misstrauen geprägte Konflikt bestimmte fortan die Deutschlandpolitik der Siegermächte. Deren Uneinigkeit hatte zunächst dazu geführt, dass die vier Besatzungszonen weitgehend unabhängig voneinander verwaltet wurden. Anfang 1947 schlossen die Amerikaner und Briten ihre Zonen wirtschaftlich zusammen; im Juni 1948 folgte die französische Zone. Eine einheitliche Wirtschaftspolitik der vier Zonen war schon 1947 endgültig gescheitert, als die sowjetische Zone auf Druck Moskaus die **Marshall-Plan**-Hilfe zum Wiederaufbau Europas ablehnte.

Seit Mitte 1947 zeichnete sich die Errichtung zweier deutscher Teilstaaten immer deutlicher ab. Im Juni 1948 einigten sich die Westmächte auf der **Londoner Sechs-Mächte-Konferenz** (USA, Großbritannien, Frankreich und die Beneluxländer) auf die Gründung eines deutschen Weststaates. Daraufhin verließ die UdSSR den Alliierten Kontrollrat für Deutschland. Die Blockade Berlins durch die UdSSR im Juni 1948, mit der sie die Einbeziehung Berlins in die westdeutsche Währungsreform verhindern wollte, beschleunigte den politischen Zusammenschluss der Westzonen zusätzlich. Und die Westdeutschen empfanden die Besatzungsmächte nun als Beschützer. Aus Siegern und Besiegten wurden Freunde und Verbündete.   🖱/5

Q2 Aus den Beschlüssen der Koblenzer Ministerpräsidentenkonferenz, 10.7.1948:

1 Die Ministerpräsidenten [der Westzonen] begrüßen es, dass die Besatzungsmächte entschlossen sind, die [ihnen] unterstehenden Gebietsteile Deutschlands zu einem einheitlichen Gebiet zusammenzufassen [...] [Sie]
5 glauben jedoch, dass alles vermieden werden müsste, was dem zu schaffenden Gebilde den Charakter eines Staates verleihen würde [...] [und] was geeignet sein könnte, die Spaltung zwischen Ost und West weiter zu vertiefen [...].

(In: Geschichte in Quellen, Bd. 7, München 1980, S. 149. Gekürzt)

Q1 Umfrage des Magazins „Der Spiegel" in den Westzonen, 5.3.1949

1 Sollen die Deutschen
a) einen westdeutschen Staat bilden und die Ostzone erst später einbeziehen (Ja-Stimmen: 54 %)
5 b) nur dann einen Staat bilden, wenn die Ostzone mitmachen kann (Ja-Stimmen: 13 %)
c) keinen Staat bilden, solange noch eine Besatzungsmacht auf
10 deutschem Boden ist? (Ja-Stimmen: 33 %)

(In: Chronik 1949, Dortmund 1988, S. 49)

B3 Parlamentarischer Rat: Schlussabstimmung über das Grundgesetz der BRD, Mai 1949. Die beiden KPD-Abgeordneten bleiben sitzen.

Bundesrepublik Deutschland – Im Juli 1948 wurden die westdeutschen Ministerpräsidenten von den Alliierten aufgefordert, eine verfassunggebende Versammlung einzuberufen. Der **Parlamentarische Rat** begann am 1. September 1948 mit der Ausarbeitung eines **Grundgesetzes.** Entsprechend den Stimmenverhältnissen in den Landtagen gehörten dem Gremium Vertreter aller Parteien an, darunter zwei Parlamentarier der KPD. Die bürgerlichen Parteien verfügten gegenüber der SPD über die Mehrheit. Doch allen war wichtig, eine möglichst große Übereinstimmung zu erzielen.

Um die Schwächen der Weimarer Verfassung zu vermeiden, wurde die Stellung von Regierung und Parlament gegenüber der des Bundespräsidenten gestärkt. Die Rolle des Präsidenten wurde weitgehend auf Repräsentationsaufgaben beschränkt. Die Regierung kann nur gestürzt werden,

wenn die Opposition über eine Mehrheit zur Wahl eines neuen Regierungschefs verfügt (= **konstruktives Misstrauen**). Die Länder sollten eine starke Stellung gegenüber der Zentralregierung erhalten.

Am **8. Mai 1949** wurde das Grundgesetz vom Parlamentarischen Rat verabschiedet. Nach der Genehmigung durch die Alliierten und der Zustimmung der Landtage (außer Bayern) trat es am 23. Mai in Kraft. Am 14. August 1949 fanden die Wahlen zum Bundestag statt. Dieser wählte Konrad Adenauer (CDU) am 15. September 1949 mit einer Stimme Mehrheit zum Bundeskanzler.

Theodor Heuss, 1884–1963. 1946 Mitbegründer der FDP, Bundespräsident 1949–1959

Q4 Das Besatzungsstatut der Alliierten für die Bundesrepublik von 1949:

1 Um sicherzustellen, dass die Grundziele der Besetzung erreicht werden, bleiben auf folgenden Gebieten Befugnisse ausdrücklich
5 vorbehalten [...]: a) Abrüstung und Entmilitarisierung, [...] Verbote und Beschränkungen der Industrie [...], zivile Luftfahrt; b) Reparationen, Entflechtung, [...] c) auswärtige An-
10 gelegenheiten, einschließlich internationaler Abkommen [...].
Die Besatzungsbehörden behalten sich das Recht vor, die Ausübung der vollen Gewalt ganz oder teilwei-
15 se wieder zu übernehmen, wenn sie dies als wesentlich ansehen für die Sicherheit oder die Aufrechterhaltung der demokratischen Regierung in Deutschland. [...] Jede
20 Änderung des Grundgesetzes bedarf vor ihrem Inkrafttreten der ausdrücklichen Zustimmung der Besatzungsbehörden.

(In: Geschichte in Quellen, Bd. 7, München 1980, S. 192. Gekürzt)

D5 Sitzverteilung im ersten deutschen Bundestag

- KPD
- SPD
- Zentrum
- Bayernpartei
- CDU/CSU
- Deutsche Partei
- FDP
- Sonstige
- Regierungskoalition

Gesamtzahl der Sitze: 402, ohne Berliner Abgeordnete, davon 28 Frauen; Wahlbeteiligung: 78 %

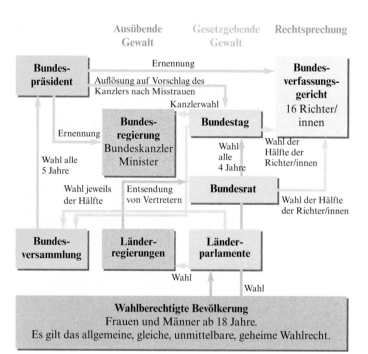

B6 Staatsaufbau der Bundesrepublik Deutschland

Deutsche Demokratische Republik – Die Sowjetunion wollte zunächst in ganz Deutschland eine „Volksdemokratie" nach osteuropäischem Muster errichten. Ende 1947 beauftragte sie die SED, mit der **Volkskongressbewegung** eine „gesamtdeutsche Volksvertretung" zu schaffen. Im März 1948 wählte der Volkskongress den **„Deutschen Volksrat"** (400 Mitglieder), der über eine Verfassung beraten sollte. Das Ergebnis entsprach weitgehend einem Entwurf der SED von 1946.

Mitte Mai 1949 wurde in der SBZ ein neuer Volkskongress gewählt. Zur „Wahl" stand aber nur noch eine **Einheitsliste** mit vorher **festgelegter Mandatsverteilung.** Dieser Volkskongress wählte seinerseits den „Zweiten Deutschen Volksrat", der sich am 7. Oktober 1949 zur „Provisori-

schen Volkskammer" erklärte und die **Verfassungs der Deutschen Demokratischen Republik** in Kraft setzte. WILHELM PIECK (SED) wurde Staatspräsident, OTTO GROTEWOHL (SED) Ministerpräsident der DDR. Die wirkliche Machtzentrale war jedoch das SED-Politbüro.
Die Verfassung der DDR sah das Prinzip der Gewaltenteilung nicht vor. Die Grundrechte waren zwar festgeschrieben, aber wegen der fehlenden Unabhängigkeit der Justiz stark eingeschränkt.

WILHELM PIECK,
1876–1960.
KPD/SED-
Politiker, 1949–1960
Präsident der DDR

Q 7 Die Ost-Berliner Zeitung „Neues Deutschland" am 7.9.1949:

Der sogenannte Bundestag […] ist ein Spalterparlament, das gegen die Interessen des deutschen Volkes gerichtet ist […]. Dieser Bundestag und eine kommende Regierung haben keine Rechtsgültigkeit. Sie sind das Resultat der Verletzung der Potsdamer Beschlüsse durch die anglo-amerikanischen Kriegstreiber.

(In: Geschichte in Quellen, Bd. 7, S. 198. Gek.)

Q 8 Der amerikanische Außenminister, 12.10.1949:

Die sogenannte „Deutsche Demokratische Republik" [beruht] nicht auf legalen Grundlagen und [kann] sich nicht auf den Willen der Bevölkerung berufen. Diese neue Regierung wurde durch ein sowjetisches […] Machtwort geschaffen. Sie wurde durch einen „Volksrat" geschaffen, der selbst nicht aus freien […] Wahlen hervorging

(In: H. Krieger [Hg], Die Welt seit 1945, Frankfurt/M. 1983, S. 212. Gekürzt)

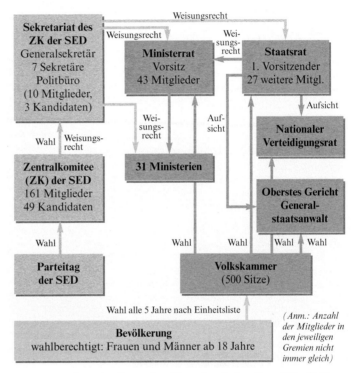

B 9 Staatsaufbau der Deutschen Demokratischen Republik, 1968

ARBEITSAUFTRÄGE

1. Diskutieren Sie mithilfe von Q 1 und Q 2 das Für und Wider der Gründung eines westdeutschen Teilstaates.
2. Beurteilen Sie, ob die Bundesrepublik bzw. die DDR 1949 schon souveräne Staaten waren (Q 4/Text).
3. Erklären Sie mit B 6 und B 9 den Staatsaufbau der Bundesrepublik und den Staatsaufbau der DDR. Stellen Sie die Unterschiede zusammen. Bewerten Sie beide Verfassungen unter den Gesichtspunkten a) demokratisches Wahlrecht, b) demokratische Gesetzgebung, c) Gewaltenteilung.
4. Diskutieren Sie, ob die in Q 7/Q 8 zum Ausdruck gebrachte Kritik des jeweiligen politischen Gegners gerechtfertigt war.

11. Wirtschaftliche Grundentscheidungen in Ost und West

In den ersten Nachkriegsjahren waren die Weichen für die wirtschaftliche Entwicklung der DDR und der Bundesrepublik gestellt worden. Welche Entscheidungen waren das und wie wirkten sie sich aus?

Startbedingungen in Ostdeutschland – Auf der Basis der Beschlüsse der Potsdamer Konferenz hatte die Sowjetunion in den ersten Nachkriegsjahren mehr als 2000 Betriebe der SBZ demontiert und in die stark kriegsverwüstete UdSSR gebracht. Dadurch verringerte sich die Industriekapazität der SBZ um über 40 Prozent. Die UdSSR entnahm darüber hinaus auch **Reparationen** aus der laufenden Produktion. Insgesamt musste die SBZ weit mehr Reparationen leisten als jede der drei Westzonen. Die Westalliierten hatten in ihren Zonen auch weniger Industriebetriebe demontiert und abtransportiert. In der SBZ kam erschwerend hinzu, dass sie über **wenige Rohstoffe** verfügte und von den gewachsenen Wirtschaftsbeziehungen zum Westen abgeschnitten war.

Zentrale Planwirtschaft in der DDR – Der Großgrundbesitz, Banken und wichtige Industriebetriebe wurden schon in der SBZ verstaatlicht. Nach Gründung der DDR plante und überwachte eine staat-

B2/B3 Maschinenhalle vor und nach der Demontage, 1945

BAUTEN DES FÜNFJAHRPLANES

EISENHÜTTENKOMBINAT OST (EKO)
Aus sowjetischem Erz und polnischer Kohle wird deutscher Friedensstahl

B 1 Plakat zum 1. DDR-Fünfjahrplan 1952

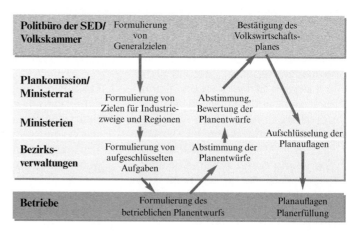

B 4 Modell der sozialistischen Planwirtschaft

liche **Plankommission** alle Wirtschaftsabläufe. Sie sollte Fehlinvestitionen vermeiden helfen und Schwerpunkte der Wirtschaftsentwicklung setzen. Diese Planungsbürokratie erwies sich jedoch auf Dauer als zu unbeweglich, um die komplizierten Wirtschaftsprozesse zu steuern: Produktions- und Versorgungsengpässe waren die Folgen. Der erste **Fünfjahrplan** der DDR von 1951 räumte dem **Aufbau der Schwerindustrie** den unbedingten Vorrang ein; Konsumgüter blieben für die DDR-Bevölkerung lange Mangelware.

Q5 Rede des SPD-Politikers Nölting auf dem SPD-Parteitag, 1.4.1951:

1 Wir sind überhaupt nicht prinzipielle Gegner jeder Marktwirtschaft […]. Die Frage nach der wirtschaftspolitischen Methode ist für uns eine
5 [der] Zweckmäßigkeit […]. Es ist ja gerade die kritiklose Idealisierung der freien Marktwirtschaft gewesen, der Wahnglaube, dass man bei Entfesselung der Wirtschaftskräfte die
10 soziale Harmonie automatisch herbeiführen könne wie einen Hobelspan, der in der Werkstatt abfällt, dass die freie Marktwirtschaft von selbst zu einer sozialen werde, die
15 blind gegen die offenbaren Mängel dieser Wirtschaftsordnung gemacht hat […].

(In: Geschichte in Quellen, Bd. 7, S. 216. Gekürzt)

Voraussetzungen im Westen – LUDWIG ERHARD, Direktor des Wirtschaftsrats der Bizone, setzte 1948 die Neuordnung der Wirtschaft durch. Die Aufhebung zahlreicher Maßnahmen der Zwangswirtschaft durch die Militärregierungen leitete den Übergang zur **Marktwirtschaft** ein.

Soziale Marktwirtschaft – Der Parlamentarische Rat hatte im Grundgesetz festgeschrieben, dass die Bundesrepublik ein **Sozialstaat** sei. In der Auseinandersetzung zwischen Befürwortern einer marktwirtschaftlichen und denen einer sozialistischen Ausrichtung hatten selbst einige CDU-Politiker bis Ende der 1940er-Jahre die Verstaatlichung von Schlüsselindustrien gefordert. Als es Anfang 1951 zu einem Anstieg der **Arbeitslosenzahlen** und der Lebenshaltungskosten kam, geriet Erhards Wirtschaftskurs in die Kritik. Zunächst widerstrebend korrigierte Erhard – seit 1949 Wirtschaftsminister der Bundesrepublik – seinen Kurs im Sinne einer **sozialen Marktwirtschaft:** Es wurden Arbeitsbeschaffungsmaßnahmen und Investitionen zugunsten der Kohle- und Stahlindustrie sowie Importbeschränkungen beschlossen. Ab 1952 erholte sich die westdeutsche Wirtschaft: Die Weichen für das „**Wirtschaftswunder**" waren gestellt.

LUDWIG ERHARD, 1897–1977. CDU-Politiker. Er bereitete 1948 die Währungsreform in der Bizone vor; 1948/49 Direktor für Wirtschaft in der Dreizonenverwaltung in Frankfurt/ M.; 1949–1963 Bundeswirtschaftsminister; 1963–1966 Bundeskanzler. Begründer der sozialen Marktwirtschaft   **🔲/6**

D6 Bruttosozialprodukt* pro Kopf in US-$

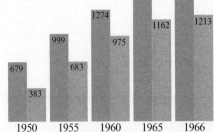

■ Bundesrepublik Deutschland
■ Deutsche Demokratische Republik

	1950	1955	1960	1965	1966
BRD	679	999	1274	1642	1737
DDR	383	683	975	1162	1213

* Bruttosozialprodukt = Summe der in einem Jahr in einer Volkswirtschaft geschaffenen Werte

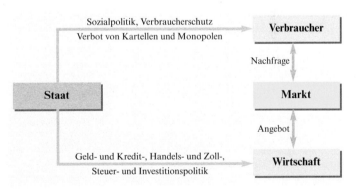

B7 Modell der sozialen Marktwirtschaft

ARBEITSAUFTRÄGE

1. Erläutern Sie die Wirtschaftskonzepte der DDR und der Bundesrepublik (B1, B4, B7). Beurteilen Sie deren Erfolge (D6).
2. Erklären Sie mit B2/B3, welche Auswirkungen die Demontagen für die Nachkriegswirtschaft hatten.

12. Eingliederung in die militärischen Bündnissysteme

Nur zehn Jahre nach Kriegsende wurden in beiden deutschen Staaten wieder Truppen aufgestellt. Eingebunden in verfeindete Militärbündnisse standen sie sich bewaffnet gegenüber. Wie vollzog sich diese Integration in die Bündnissysteme?

Westintegration der Bundesrepublik – Der Regierung Adenauer schienen eine stabile wirtschaftliche Entwicklung und die Sicherheit der Bundesrepublik nur durch eine Einbindung in das westliche Staaten- und Verteidigungssystem möglich. Auch die Wiedervereinigung war für Adenauer nur nach der Westintegration und aus einer Politik militärischer Stärke gegenüber der UdSSR vorstellbar.

Das westliche Militärbündnis NATO war 1949 ohne westdeutsche Beteiligung gegründet worden. Eine **Wiederaufrüstung** der Bundesrepublik Deutschland und Beteiligung an der NATO schien aufgrund der Erfahrungen des Zweiten Weltkriegs zunächst vollkommen ausgeschlossen. Nicht nur bei den Nachbarstaaten fürchtete man einen neuen deutschen Militarismus, auch in der Bundesrepublik selbst gab es eine deutliche Ablehnung.
Die gerade neu gegründete Bundesrepublik Deutschland besaß bei ihrer Gründung nur eine eingeschränkte Souveränität. In einer Reihe wichtiger Fragen konnte sie nicht selbst bestimmen, sondern musste sich nach übergeordneten Rechten der westlichen Alliierten richten, die im sogenannten **Besatzungsstatut** festgelegt waren. Dazu gehörten Bereiche wie z. B. die Industrieproduktion, der Außenhandel und die Außenpolitik, ganz besonders aber der gesamte militärische Komplex. Ein erneuter Aufbau von Streitkräften war nur mit Zustimmung der Westmächte möglich.

Der **Ausbruch des Koreakriegs** 1950 stärkte in den USA die Überzeugung, dass die Bundesrepublik einen wichtigen Beitrag zur westeuropäischen Verteidigung leisten sollte. Dies war vor allem für die

B 1 „Hinter Ihnen geht einer, dreh'n Sie sich nicht um." Karikatur von David Low, Daily Herald, London, März 1952

Franzosen alarmierend, die besondere Befürchtungen hinsichtlich eines deutschen Alleingangs zu neuer wirtschaftlicher und militärisch-machtpolitischer Stärke hegten. Angesichts des Drängens der USA auf eine westdeutsche „Wiederbewaffnung" entwickelte Frankreich selbst eine Initiative für eine **Europäische Verteidigungsgemeinschaft (EVG).**
Nach dem Modell der **Montanunion,** dem gemeinsamen Markt für Kohle, Eisen und Stahl, sollte nun die noch zu schaffende westdeutsche Militärorganisation in eine übergreifende europäische Organisation integriert und dadurch „entschärft" werden.

Die Stalin-Noten – Während sich die Verhandlungen über die Europäische Verteidigungsgemeinschaft einen positiven Abschluss näherten, trat die Sowjetunion mit einem deutschlandpolitischen Vorstoß an die Öffentlichkeit. In diplomatischen Schreiben, sogenannten Noten, an die westlichen Siegermächte unterbreitete Stalin den Vorschlag einer Wiedervereinigung Deutschlands unter der Bedingung strikter Neutralität. Das wiedervereinigte Deutschland sollte keinem Militärbündnis angehören dürfen.
Bundeskanzler Adenauer und die Westalliierten sahen jedoch in Stalins Vorschlag ein Störmanöver, um die Westintegration der Bundesrepublik zu verhin-

dern. Da Stalin auf die Forderung nach freien Wahlen ausweichend antwortete, lehnten sie das Angebot ab (siehe dazu auch die folgende Doppelseite).

Beitritt der Bundesrepublik zur NATO – Im Mai 1952 hoben die westlichen Siegermächte im „Deutschlandvertrag" das Besatzungsstatut für die ehemaligen Westzonen auf. Die EVG wurde zwar zunächst beschlossen, scheiterte aber an der Ablehnung des französischen Parlaments. Dafür wurde in den **Pariser Verträgen** von 1954 das Verteidigungsbündnis **Westeuropäische Union** (WEU) ins Leben gerufen. Die WEU sah den Beitritt der Bundesrepublik zur NATO sowie die Stationierung ausländischer Truppen auf Bundesgebiet vor. In der Bundesrepublik wurde nun mit dem **Aufbau der Bundeswehr** begonnen. Sie verpflichtete sich aber, auf die Produktion atomarer, biologischer und chemischer Waffen zu verzichten.

Ostintegration der DDR – Wie die anderen osteuropäischen Staaten wurde die DDR durch einen bilateralen Vertrag an die UdSSR gebunden. 1950 trat die DDR dem **Rat für gegenseitige Wirtschaftshilfe** (RGW) der osteuropäischen Länder bei. Den Aufbau militärischer Organisationen im Westen und die Aufnahme der Bundesrepublik in die NATO beantwortete die Sowjetunion mit einem eigenen Militärbündnis: 1955 gehörte die DDR zu den Gründungsmitgliedern des **Warschauer Pakts**. Aus der bereits 1952 gegründeten „Kasernierten Volkspolizei" wurde nun die **Nationale Volksarmee** (NVA). Aufgrund geheimer Vorbereitungen standen schon im gleichen Jahr 120 000 DDR-Soldaten unter Waffen.

Nach der Westintegration der Bundesrepublik änderte die Sowjetunion ihre gesamtdeutsche Politik. Sie ging jetzt von der dauerhaften Teilung Deutschlands aus; die DDR wurde ein souveräner Staat im sozialistischen Lager.

Q 2 Aus dem „Deutschen Manifest" (Frankfurter Paulskirche), Bundesrepublik 29. 1. 1955:

1 Wir [sind davon] überzeugt, dass jetzt die Stunde gekommen ist, Volk und Regierung in feierlicher Form zu entschlossenem Wider-
5 stand gegen die sich immer stärker abzeichnenden Tendenzen einer endgültigen Zerreißung unseres Volkes aufzurufen […].
Die Aufstellung deutscher Streit-
10 kräfte in der Bundesrepublik und in der Sowjetzone muss die Chancen der Wiedervereinigung für unabsehbare Zeit auslöschen und die Spannung zwischen Ost und West
15 verstärken […].
Das furchtbare Schicksal, dass sich Geschwister einer Familie in verschiedenen Armeen mit der Waffe in der Hand gegenüberstehen,
20 würde Wirklichkeit werden […].

(In: H. Krieger, Handbuch des Geschichtsunterrichts, Bd.6, Frankfurt/M. 1983, S. 269 f. Gekürzt)

B 3 Plakat einer Bürgervereinigung, Bundesrepublik 1953

B 4 Plakat der SED, DDR 1954

ARBEITSAUFTRÄGE

1. Interpretieren Sie die Karikatur B 1. Erläutern Sie mit ihrer Hilfe die politische Konstellation im Frühjahr 1952. Warum soll Adenauer (der Politiker mit dem Rücken zum Fenster) sich nicht umdrehen?
2. Führen Sie aus der Sicht der Jahre 1954/55 und mithilfe von Q 2, B 3 und B 4 eine Podiumsdiskussion zum Thema: Sollen Deutsche wieder Waffen tragen?

13. Die Stalin-Noten von 1952

Mit seiner deutschlandpolitischen Initiative wollte Stalin die bevorstehende Integration der Bundesrepublik Deutschland in ein europäisches Verteidigungssystem verhindern. Dafür stellte Stalin die Möglichkeit einer baldigen deutschen Wiedervereinigung unter der Bedingung in Aussicht, dass ein wiedervereinigtes Deutschland neutral bleibe.

Im westlichen Lager löste der erste Vorstoß Stalins vom 10. März 1952 beträchtliche politische Erschütterungen aus. Eine Reihe grundlegender Fragen tat sich auf. Wenn das Angebot ernst gemeint war, welchen Stellenwert hatte dann die Chance auf die Wiedervereinigung gegenüber der angestrebten Westintegration? Ein wiedervereinigtes Deutschland hätte die Regelung der deutschen Ost-

grenzen durch das Potsdamer Abkommen als endgültig anerkennen müssen. Für viele Flüchtlinge und Vertriebene schien das 1952 ganz undenkbar. Bestand weiterhin nicht die Gefahr, dass ein neutrales Gesamtdeutschland doch auf Dauer ein Opfer der Sowjetunion werden könnte? Andererseits: Würde ein Nichteingehen auf Stalins Vorschläge nicht die Spaltung Deutschlands auf unabsehbare Zeit verlängern?

Die Westmächte formulierten – nachdrücklich unterstützt vom Bundeskanzler Adenauer – Gegenforderungen, die für Stalin unannehmbar waren, und schufen noch während des Notenwechsels die vertraglichen Grundlagen für eine weitergehende Bindung der Bundesrepublik an den Westen. Zu konkreten Ver-

Q1 Aus der Note Stalins an die Westmächte vom 10. 3. 1952:

1   1. Deutschland wird als einheitlicher Staat wiederhergestellt [...]
2. Sämtliche Streitkräfte der Besatzungsmächte müssen spätestens
5   ein Jahr nach Inkrafttreten des Friedensvertrages aus Deutschland abgezogen werden [...]
3. Dem deutschen Volke müssen die demokratischen Rechte [...], die
10   Menschenrechte und die Grundfreiheiten [gewährt werden] [...]
4. In Deutschland muss die freie Betätigung der demokratischen Parteien und Organisationen ge-
15   währleistet sein [...]
5. In Deutschland dürfen Organisationen, die der Demokratie und der Sache des Friedens feindlich sind, nicht bestehen [...]
20   7. Deutschland verpflichtet sich, keinerlei [...] Militärbündnisse einzugehen, die sich gegen einen Staat richten, der mit seinen Streitkräften am Kriege gegen
25   Deutschland teilgenommen hat.

(In: Europa-Archiv 7 [1952], 7. Folge, S. 4832 f.)

Q2 Adenauers Reaktion auf die Stalin-Note, 27. 4. 1952:

1   Ich bin seit Jahr und Tag bei meiner ganzen Politik davon ausgegangen, dass das Ziel Sowjetrusslands ist, im Weg der Neutralisierung Deutschlands die Integration Europas zunichte zu machen [...] und damit die USA aus
5   Europa wegzubekommen und im Wege des Kalten Krieges Deutschland, die Bundesrepublik, und damit auch Europa in seine Machtsphäre zu bringen.

(In: H. A. Winkler, Der lange Weg nach Westen, Bd. 2, München 2000, S. 148)

B3 DDR-Plakat zur Stalin-Note, 1952

B4 Plakat gegen die Stalin-Note, Bundesrepublik 1952

handlungen mit Stalin kam es gar nicht, der Notenwechsel blieb eine Episode – aber der Streit um seine Bewertung fand kein Ende. Das Jahr 1952 brachte wichtige Weichenstellungen für die Verankerung der Bundesrepublik Deutschland im Westen, die staatliche Teilung Deutschlands wurde aber damit zementiert.

Q5 Der Historiker Rolf Steininger (1990):

1 1952 gab es eine Chance zur Wiedervereinigung – abgesehen von ein paar Neutralisten war aber im Westen niemand daran interes-
5 siert. Nach allem, was wir über die sowjetische Politik wissen, war das Angebot Stalins ernst gemeint. Da auch die Westmächte nach anfänglichem Zögern davon
10 überzeugt waren, ist ihre Reaktion besonders interessant. Sie waren nicht bereit, diese „besonders gefährliche" Lösung der deutschen Frage zu akzeptieren. Sie wollten
15 kein neutralisiertes Gesamtdeutschland, da dies zu große Risiken und Nachteile mit sich brachte. Die Westintegration der Bundesrepublik war in jedem Fall
20 die bessere Lösung, die im Frühjahr 1952 mit Nachdruck betrieben wurde, auch um vollendete Tatsachen zu schaffen. Entsprechend lautete ihre Forderung: freie Wah-
25 len und Handlungsfreiheit einer gesamtdeutschen Regierung. Über den ersten Punkt hätte Stalin möglicherweise mit sich reden lassen, der zweite war unannehmbar,
30 denn damit wäre für ganz Deutschland das möglich geworden, was er mit seinem Angebot ja schon für die Bundesrepublik hatte verhindern wollen: die Integration in den
35 Westen. So waren die Positionen von Ost und West von Anfang an unvereinbar.

(In: Rolf Steininger: Deutsche Geschichte 1946–1961. Darstellungen und Dokumente in zwei Bänden. Bd. 2. Frankfurt/M. 1990, S. 427)

B6 Karikatur von David Low, Daily Herald, London, Mai 1952

Q7 Der Historiker Heinrich August Winkler (2000):

1 Wenn die Deutschen in der Bundesrepublik auf den nationalen Köder anbissen, den Stalin ihnen zuwarf, hätte das für ihn bereits einen großen Erfolg bedeutet. Die Verhandlungen über ein integriertes westeuropäisches Ver-
5 teidigungssystem wären ins Stocken geraten, vielleicht gescheitert. Adenauer hätte einen solchen Fehlschlag politisch nicht überlebt, und sein Sturz war Stalins Nahziel. Mit einer „national" gesinnten Bonner Regierung hätten die USA es sehr viel schwerer, die Sowjetunion
10 sehr viel leichter gehabt.
Am Ende wäre, wenn sich die Bundesrepublik dem westlichen Militärsystem verweigert hätte, die amerikanische Position in Westeuropa insgesamt in Gefahr geraten, und nichts konnte Stalin so erwünscht sein wie dieser
15 Triumph.

(In: H. A. Winkler: Der lange Weg nach Westen. Bd. 2. München 2000, S. 148)

ARBEITSAUFTRÄGE

1. Fassen Sie kurz die politische Lage zum Zeitpunkt der ersten Stalin-Note zusammen.
2. Nennen Sie mit Q1 die Kernpunkte von Stalins Initiative.
3. Erläutern Sie mit Q7 Stalins Beweggründe.
4. Beurteilen Sie Adenauers Einschätzung der sowjetischen Ziele. Diskutieren Sie mögliche Alternativen im politischen Vorgehen des Westens.
5. Interpretieren Sie die Karikatur B6. Welche Einschätzung des westlichen Vorgehens liegt ihr zugrunde?
6. Prüfen Sie die Einschätzung von Q5, dass die Positionen von Ost und West „von Anfang an unvereinbar" waren.

Teil II: Grundzüge der Entwicklung beider deutscher Staaten 1949–1989

1. Die Bundesrepublik in der „Ära Adenauer"

Die deutsche Teilung sowie das Bemühen um Wiedergutmachung der Verbrechen des nationalsozialistischen Deutschlands waren für die Bundesrepublik Deutschland wichtige Bezugsgrößen der Außenpolitik. Wie wurde diese Politik gestaltet?

Westintegration und Versöhnung – Zentrale Figur der Innen- und Außenpolitik der frühen Bundesrepublik war der erste Bundeskanzler KONRAD ADENAUER. Der frühere Kölner Oberbürgermeister hatte nach dem Krieg zu den Gründungsmitgliedern der CDU gehört.

Bereits früh war Adenauer von einer künftigen Teilung Deutschlands überzeugt. Sein Ziel war es daher, die Bundesrepublik als souveränen (unabhängigen) Staat zu etablieren und in die westliche Staatengemeinschaft zu integrieren. Nur an der Seite der Westmächte und aus einer Position der Stärke heraus konnte nach Adenauers Meinung die Wiedervereinigung eines demokratischen, freiheitlichen Deutschlands gelingen. Die **West-integration** und die europäische Einigung

waren nur gemeinsam mit Frankreich möglich. Adenauer verfolgte daher beharrlich eine **Politik der Versöhnung** mit dem französischen Nachbarn.

Aussöhnung mit Frankreich – Nicht ohne Widerstände waren in Frankreich anfangs die Gründung der Bundesrepublik und die deutsche Wiederbewaffnung aufgenommen worden. Auch die ungeklärte Zukunft des Saargebiets belastete noch das Verhältnis der beiden Nachbarstaaten. Doch nach einer Volksabstimmung im Saarland machte Frankreich 1955 den Weg für den **Beitritt des Saarlandes zur Bundesrepublik** frei. Die Aussöhnung der früheren „Erbfeinde" wurde 1963 im **deutsch-französischen Freundschaftsvertrag** dokumentiert.

Keine Experimente!
Konrad Adenauer CDU

CDU-Wahlplakat 1957

Q 1 Adenauer über die Westorientierung der Bundesrepublik:

1 Wir mussten uns eng mit dem Westen verbinden. Wir mussten ein gleichberechtigter Partner der Westmächte werden, zu dem sie
5 Vertrauen haben, genauso wie wir […] zu ihnen […]. Auf uns allein gestellt, würden wir nichts erreichen, mit dem Westen vereinigt, würden wir – das war meine Überzeugung – unsere Freiheit behalten und die Wiedervereinigung Deutschlands in Frieden und Freiheit im Laufe der Zeit verwirklichen.

(In: K. Adenauer, Erinnerungen 1953–1955, Stuttgart 1966, S. 86. Gekürzt)

B 2 Adenauer und Frankreichs Staatspräsident de Gaulle anlässlich der Unterzeichnung des deutsch-französischen Freundschaftsvertrags, 1963

B 3 Heimkehrer aus sowjetischer Kriegsgefangenschaft, 1955

Aussöhnung mit Israel – Neben den freundschaftlichen Beziehungen zu Frankreich war für Adenauer auch die **Aussöhnung mit Israel** und die Wiedergutmachung der NS-Verbrechen von großer Bedeutung. 1952 schloss die Bundesrepublik mit Israel einen Vertrag über die Entschädigung jüdischer NS-Opfer.

Beziehungen zur UdSSR – Im September 1955 erreichte Adenauer in Moskau die Freilassung der letzten 10 000 deutschen Kriegsgefangenen. Im Gegenzug hatte er der Aufnahme **diplomatischer Beziehungen mit der UdSSR** zugestimmt. Das Ergebnis wurde in Deutschland als großer persönlicher Erfolg Adenauers gefeiert.

In der UdSSR gab es nun neben der DDR-Botschaft eine zweite deutsche Botschaft. Doch das sollte nach dem Willen der Bundesregierung eine Ausnahme bleiben. Denn seit 1949 beharrte sie auf einem **„Alleinvertretungsanspruch"** für alle Deutschen. Die Regierung der DDR sei nicht aus freien Wahlen hervorgegangen und daher nicht legitimiert, für die dortige Bevölkerung zu sprechen. Außenpolitisch kam dieser „Alleinvertretungsanspruch" durch die sogenannte **Hallstein-Doktrin** zum Ausdruck: Die Bundesrepublik drohte allen Staaten mit dem Abbruch der diplomatischen Beziehungen, falls sie die DDR als eigenständigen Staat anerkannten. So gelang es zwar, die DDR für einige Jahre international zu isolieren. Andererseits musste die Bundesrepublik auf diplomatische Beziehungen zu ihren östlichen Nachbarn verzichten.

Ende der Ära Adenauer – 1962 erschütterte die **„Spiegel-Affäre"** die Bundesrepublik. Nachdem das Nachrichtenmagazin „Der Spiegel" Ende 1962 über Mängel bei der Bundeswehr berichtet hatte, wurden der Herausgeber RUDOLF AUGSTEIN und mehrere Redakteure verhaftet, die Verlagsräume wurden von Polizeikräften besetzt, Unterlagen wurden beschlagnahmt. Das Vorgehen der Regierung war gesetzwidrig und wurde in der Öffentlichkeit als Angriff auf die Pressefreiheit gewertet. Als sich Adenau-

er anfangs weigerte, den für die Affäre verantwortlichen Verteidigungsminister FRANZ-JOSEF STRAUSS (CSU) zu entlassen, zog die FDP ihre Minister aus der Koalitionsregierung mit der CDU/ CSU zurück. 1963 wurde Adenauer durch den populären Wirtschaftsminister Ludwig Erhard als Bundeskanzler abgelöst.

Q 4 Regierungserklärung Adenauers zum „Alleinvertretungsanspruch" der Bundesrepublik, 22. 9. 1955:

1 Ich muss unzweideutig feststellen, dass die Bundesregierung auch künftig die Aufnahme diplomatischer Beziehungen mit der „DDR" durch dritte Staaten, mit denen sie offizielle Beziehungen unterhält, als einen
5 unfreundlichen Akt ansehen würde, da er geeignet wäre, die Spaltung zu vertiefen.

(In: M. Görtemaker, Geschichte der Bundesrepublik Deutschland, 1999, S. 227 f.)

B 5 Proteste gegen die Durchsuchung der „Spiegel"-Redaktion, 1962

ARBEITSAUFTRÄGE

1. Erläutern und beurteilen Sie mit Q 1 die Position Adenauers zur deutschen Wiedervereinigung.
2. Erörtern Sie mit B 3, was die Rückkehr der Kriegsgefangenen nach so langer Abwesenheit für die Familien bedeutete.
3. Erläutern Sie mit Q 4 den „Alleinvertretungsanspruch" der Bundesrepublik und nennen Sie mögliche Konsequenzen für das Verhältnis zur DDR und zu anderen Staaten Osteuropas.
4. Fassen Sie die Außenpolitik der Regierung Adenauer gegenüber den Westmächten zusammen (Q 1, B 2, Darstellungstext).
5. Beurteilen Sie mit B 5 die politische Bedeutung der „Spiegel-Affäre". Nennen Sie mögliche Gründe für den Bürgerprotest.

2. „Wirtschaftswunderland" Bundesrepublik

Seit Mitte der 1950er-Jahre erlebten die Menschen in der Bundesrepublik das sogenannte Wirtschaftswunder. Nach Jahren der Entbehrung konnten breite Schichten einen neuen Wohlstand genießen. Wie gestalteten sie ihr Leben?

„Es geht wieder aufwärts!" – Durch Kriegseinwirkungen und Flucht hatten viele Familien ihren Hausrat ganz oder teilweise verloren. Daher gab es eine große Nachfrage nach allen Gütern des täglichen Bedarfs: Möbel, Kleidung und besonders nach Wohnungen. Im Vergleich zum Wirtschaftswachstum waren die Löhne zunächst noch niedrig, verdoppelten sich aber bis etwa 1960.

Da die Mieten wegen einer **gesetzlichen Mietpreisbindung** während dieser Zeit stabil blieben, hatten die Haushalte nun mehr Geld für **Konsumartikel** zur Verfügung. Viele Menschen sparten, um sich besondere Wünsche erfüllen zu können: eine eigene Wohnung, ein Fernsehgerät oder sogar ein Auto. Wenngleich viele Wünsche vorerst unbezahlbar blieben, so hatten die Menschen nun, nach Jahren des Hungers und der Entbehrungen, wieder ein Ziel vor Augen.

Alltag der Wohlstandsgesellschaft – In den 1950er-Jahren konzentrierten sich viele Menschen auf ihren privaten Bereich. Für politische Fragen hatten sie nur geringes Interesse. Viele Familien genossen nach der Gängelung während des NS-Systems, nach Krieg, Ausbombung und Evakuierung die familiäre Gemeinschaft und waren damit zufrieden. Im Zentrum des Feierabends stand anfangs das **Radio,** bis es vom **Fernseher** verdrängt wurde. Zu den wichtigen Freizeitbeschäftigungen außer Haus gehörten Sport und Kino; sonntags oft der Kirchgang.

Anders viele Jugendliche: Begierig nahmen sie neue Musik- und Modetrends auf. Das war – noch – kein Ausbruch aus der Familienidylle, aber ein erster Versuch der Abgrenzung vom als „altbacken" empfundenen Lebensstil der Eltern.

VW-Käfer: Symbol des Wirtschaftsaufschwungs, Foto Anfang der 1950er-Jahre

Q 2 Erna W., geb. 1918, über ihren ersten Familienurlaub:

1 1953 konnten wir uns einen gebrauchten VW kaufen. Mein Mann verdiente als Handelsvertreter ganz gut. Die Kinder waren jetzt 13 und 11, als wir sagten: Jetzt können wir es wagen! […] Omi sollte auch unbedingt mit. Es war heiß 5 und eng und es dauerte drei Tage von Essen bis zu unserem Campingplatz an der Adria. Dort habe ich übrigens die ersten Bikinis gesehen. Bei englischen Urlauberinnen war das. Die haben uns allerdings z. T. als Nazis beschimpft. Die fanden es sicher überraschend, 10 dass die Deutschen schon wieder in Scharen reisen konnten. Schließlich war der Krieg erst zehn Jahre aus.

(In: H. Mögenburg, Kalter Krieg und Wirtschaftswunder, Frankfurt/M. 1993, S. 144 f. Gekürzt)

T 1 Ausstattung west- und ostdeutscher Haushalte mit Konsumgütern, 1955–1970; in %							
	1955		1960		1965		1970
	West	Ost	West	Ost	West	Ost	West	Ost
Fernseher	k.A.	1,2	37	18,5	61	49	85	69,1
Waschmaschine	10	0,5	34	6,2	50	28	75	53,6
Telefon	k.A.	k.A.	14	k.A.	21	k.A.	31	9,7
Auto	3,9	0,2	17	3,2	33	8,2	44	15,6

B 3 Wohnzimmer, Bundesrepublik Ende der 1950er-Jahre

Marktwirtschaft plus Sozialstaat – Das Wohnungsbaugesetz von 1950 legte den Grundstein für den Bau von mehr als 3 Millionen **staatlich geförderter Sozialwohnungen**. Die wurden dringend benötigt, unter anderem für die etwa 7 Millionen Flüchtlinge und Vertriebenen. Auch das **Lastenausgleichsgesetz** von 1952 trug zur Eingliederung der Flüchtlinge und Vertriebenen bei. Dieser Lastenausgleich basierte auf einer 5-prozentigen Abgabe auf alle Vermögen, die bei der Währungsreform 1948 mehr als 5000,– DM betragen hatten. Nutznießer waren die Kriegsgeschädigten und Vertriebenen.

Viele Westdeutsche fürchteten anfangs, dass der große Zustrom der Vertriebenen die soziale Stabilität gefährde. Doch schon bald zeigte sich, dass gerade deren Arbeitskraft wesentlich zum Wirtschaftsaufschwung der Bundesrepublik beitrug. Auch das **Sozialversicherungssystem** wurde verbessert. Besonders wichtig war die **Neuregelung des Rentensystems:** 1957 wurden die Altersrenten dynamisiert, das heißt an die Entwicklung der Löhne angekoppelt.

Q4 CDU-Familienminister
Wuermeling zum Muttertag 1959:

1 Die Doppelbelastung unserer Hausfrauen und Mütter in Familie und Beruf ist keine „fortschrittliche Lösung", sondern erzwungenes Un-
5 heil […]. Mutterberuf ist Hauptberuf und wichtiger als jeder Erwerbsberuf. Mutterberuf ist Berufung […]. Sobald die Mutter fehlt oder ihren Platz in Familie und Erziehung nicht
10 mehr voll ausfüllen kann, sind gefährliche Rückwirkungen auf Geist und Gesinnung der nächsten Generation unvermeidlich […]. Eine Mutter daheim ersetzt vielfach alle
15 Fernsehgeräte, Autos […] Auslandsreisen, die doch allzu oft mit ihrer den Kindern gestohlenen Zeit bezahlt werden.

(In: Ch. Kleßmann, Zwei Staaten, eine Nation, Bonn 1997, S. 492 f. Gekürzt)

Q5 Teenagerzeit in einer hessischen Kleinstadt, 1950er-Jahre

1 Ich kann mich noch gut an meinen 13. Geburtstag erinnern, weil ich jetzt endlich […] ein „Teenager" geworden war – und das war schick!
5 Schon das Wort war es, das meine Omi zeit ihres Lebens nicht begriff. Sie nannte mich ab vierzehn einen „Backfisch" […]. Ich fand das furchtbar altdeutsch […]. Wir wollten
10 anders sein, so wie die Teenager in den Musikfilmen von Peter Kraus oder in der Zeitschrift „Bravo": So mit Petticoats, […] Pferdeschwanz, Lippenstift, Nylonstrümpfen ohne
15 Rückennaht […]. Schminken mussten Elke und ich uns [noch] lange heimlich auf einer Parkbank […].

(In: H. Mögenburg, a.a. O., S. 144 f. Gekürzt)

Elvis Presley, Jugendidol Ende der 1950er-Jahre

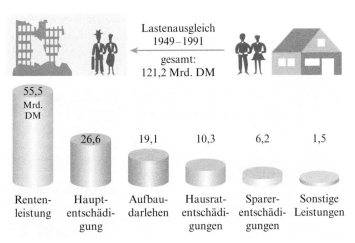

B6 Entschädigungsregel für Vertriebene und Kriegsgeschädigte, 1952

ARBEITSAUFTRÄGE

1. Erklären Sie mit T1 und Q2 die Zufriedenheit der Bevölkerung mit dem „Wirtschaftswunderland" Bundesrepublik.
2. Beschreiben Sie die Familienszene von B3. Vergleichen Sie früher und heute.
3. Diskutieren Sie das Familien- und Frauenbild, das Minister Wuermeling in Q4 formuliert.
4. Beschreiben Sie mit Q5 die Situation von Jugendlichen in der Bundesrepublik der 1950er-Jahre. Vergleichen Sie mit heute.
5. Erklären und bewerten Sie mit B6 die Bedeutung des Gesetzes zum Lastenausgleich von 1952.

3. Außerparlamentarische Opposition und „68er-Bewegung"

Eine heftige Kontroverse um Notstandsgesetze sowie die amerikanische Kriegführung in Vietnam hatten 1967/68 in der Bundesrepublik zur Entstehung einer studentischen Protestbewegung beigetragen. Was waren die Ziele der Proteste?

Außerparlamentarische Opposition – Um ihrem Protest gegen tatsächliche oder vermeintliche Missstände Ausdruck zu geben, formierten sich überwiegend Studenten in einer **Außerparlamentarischen Opposition** (APO). Als Vorbild diente die amerikanische Bürgerrechtsbewegung. Die Studenten übten vor allem Kritik an der wachsenden Konsumorientierung der Gesellschaft, an der mangelnden Aufarbeitung der NS-Zeit, dem „Meinungsmonopol" des Springer-Pressekonzerns, am Rüstungswettlauf sowie an der Ausbeutung der Entwicklungsländer. Die bisherigen Wertvorstellungen und Autoritäten – Staat, Eltern, Kirchen, Schule – wurden in Frage gestellt. Durch lange Haare, auffällige Kleidung, einen neuen Musikstil, neue Wohnformen (Wohngemeinschaften) und mit dem Ideal einer antiautoritären Erziehung wollten sich große Teile der jungen Generation von ihren Eltern und Großeltern abgrenzen. Diese Ablehnung des „Establishments" ging jedoch oft einher mit einer recht kritiklosen Verehrung kommunistischer Führer wie Mao Tsetung aus China oder Ho Chi Minh aus Nordvietnam.   🕮/7

„Marsch durch die Institutionen" – Das Verhältnis zwischen APO und Staat war sehr angespannt. Als im Juni 1967 der Student Benno Ohnesorg in Berlin bei einer Demonstration von einem Polizisten erschossen wurde, kam es bis weit in das Jahr 1968 zu schweren Unruhen.
Die Mehrzahl der sogenannten „68er" wählte später „normale" Berufe und Lebensformen. Viele versuchten, die Gesellschaft allmählich „von innen" zu verändern. Langfristig führte die Protestbewegung zu einer bis heute nachwirkenden Modernisierung der Gesellschaft.

Q 1 „Nicht Ursache und Wirkung verwechseln", B. Z. vom 5.6.1967 über den Tod Benno Ohnesorgs:

1 Radikalinskis haben die Polizei provoziert. Sie haben angegriffen. Sie haben Steine gegen die Beamten geworfen. Und sie haben sich ge-
5 genseitig schon Tage vorher gegen die Polizei aufgeputscht. Das Opfer dieses Terrors ist der Student Benno Ohnesorg geworden. Das sollten seine Kommilitonen endlich be-
10 greifen. Die Schuldigen, die jetzt mit schwarzen Fahnen durch die Straßen fahren und „Haltet den Dieb!" rufen. Berlins Bürger wollen Ruhe haben und ihren Pflichten
15 nachgehen. […] [Sie sind] nicht bereit […], sich von einer Handvoll lautstarker Rabauken terrorisieren zu lassen.

(In: B.Z. vom 5.6.1967. Gekürzt)

PERSONENLEXIKON

RUDI DUTSCHKE, 1940–1979.
Einer der Studentenführer der Außerparlamentarischen Opposition (APO). Dutschke starb an den Spätfolgen eines Attentats, das im April 1968 ein 18-jähriger NPD-Anhänger verübte.

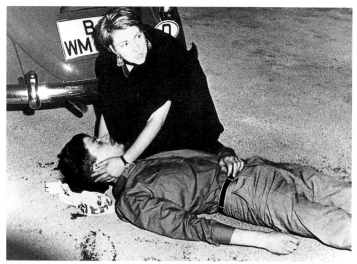

B 2 Der Student Benno Ohnesorg wird bei einer Demonstration in West-Berlin von einem Polizisten erschossen, 2. Juni 1967

ARBEITSAUFTRAG

Geben Sie die Position des B.Z.-Artikels von Q 1 wieder und vergleichen Sie dazu Q 3 von der Methodenseite.

Methode

Arbeit mit Zeitungsartikeln

„Ich werde mich so lange frei fühlen, wie mir drei [verschiedene] Zeitungen ein und dasselbe Geschehen auf drei verschiedene Weisen berichten." Mit diesem Satz beschrieb der Schriftsteller LUCIANO DE CRESCENZO einmal, was er unter **Meinungs- und Pressefreiheit** versteht: In den Zeitungen müssen kontroverse Darstellungen zum selben Vorgang zu finden sein; der Leser soll die Möglichkeit haben, sich eine eigene Meinung anhand unterschiedlicher Darstellungen und Bewertungen zu bilden.

Dieses Verständnis von Meinungs- und Pressefreiheit erkennt an, dass niemand – auch keine Zeitung – im Besitz „der" Wahrheit ist oder für sich in Anspruch nehmen kann, stets objektiv und vorurteilsfrei zu berichten. Um die Meinungsvielfalt zu sichern, besitzen Meinungs- und Pressefreiheit im **Grundgesetz** der Bundesrepublik Deutschland (Art. 5 GG) daher einen zentralen Stellenwert.

Zeitungen sind auch **historische Quellen**: Als „Zeitzeugen" können sie einen alltagsnahen Zugang zu politischen, wirtschaftlichen oder kulturellen Ereignissen einer Zeit vermitteln. Sie müssen jedoch kritisch gelesen und ihre Aussagen in den Kontext der Zeit- und Begleitumstände eingeordnet werden. Für die **Analyse eines Zeitungsartikels** hat der amerikanische Soziologe LASSWELL das Prinzip der „**6 W-Fragen**" formuliert: „**Wer** sagt **was wie** zu **wem warum** mit **welcher Wirkung**?" Außerdem muss bei der Analyse einer Zeitung zwischen **Nachrichten** und **Kommentaren** unterschieden werden. Während die Nachricht den Anspruch erhebt, möglichst objektiv über die „Fakten" zu berichten, gibt der Kommentar erkennbar eine Bewertung, eine Meinung wider.

Die beiden Zeitungsartikel, die in Auszügen auf dieser bzw. auf der gegenüberliegenden Seite abgedruckt sind, beziehen sich auf die Erschießung des Studenten Benno Ohnesorg durch einen Polizisten.

Der Vorfall ereignete sich während einer Demonstration gegen den Schah von Persien in West-Berlin am 2. Juni 1967.

Q 3 „Langjähriger Hass hat sich blutig entladen" Kommentar der Frankfurter Rundschau, 5. 6. 1967:

1 Die anhaltende Auseinandersetzung zwischen der linken, meist von Studenten getragenen Opposition in West-Berlin und den amtlichen Behörden hat mit der Erschießung eines Studenten ihren Höhepunkt erreicht. Es hat sich erwiesen,
5 dass Demokratie, dass es demokratischen Geist, wie ihn andere westeuropäische Länder kennen, in West-Berlin kaum gibt. Eine so schwerwiegende Behauptung wird nicht leichtfertig aufgestellt; sie beruht auf langen Beobachtungen der Verhältnisse und Entwicklungen in dieser
10 Stadt. Die Polizeiaktionen vom Freitagabend [...] sind der Ausdruck eines Hasses gewesen, in den sich die Massenmedien, die politischen Kräfte und ein Großteil der Bevölkerung gegenseitig hochgesteigert haben, teils absichtsvoll, teils aus mangelnder Einsicht.

(In: Frankfurter Rundschau, 5. 6. 1967)

WORAUF SIE ACHTEN MÜSSEN

1. Informieren Sie sich über das politische Profil der beiden Zeitungen und über deren Leserschaft/Zielgruppen. **?**/8
2. Überprüfen Sie, ob es sich bei den beiden Artikeln Q 1 und Q 3 um eine Nachricht oder um einen Kommentar handelt.
3. Stellen Sie die wichtigsten Aussagen der beiden Autoren zusammen und vergleichen Sie diese mit Ihrem eigenen Wissen über die Ereignisse des 2. Juni 1967 und die Begleitumstände.
4. Untersuchen Sie die Argumentationsweise der Autoren (Ist sie eher sachlich oder eher emotional? Welche sprachlichen Mittel werden eingesetzt? Wie leitet die Überschrift ein?)
5. Versuchen Sie sich an einer Analyse der beiden Zeitungsartikel nach dem Prinzip der „6 W-Fragen".

4. Die sozialistische Umgestaltung der DDR

Auf der 2. Parteikonferenz der SED im Juli 1952 bezeichnete Ulbricht *„den planmäßigen Aufbau des Sozialismus"* in der DDR als Hauptaufgabe der Zukunft. Wie sollte der Sozialismus verwirklicht werden?

Stalinismus und demokratischer Zentralismus – Wie in den anderen „Volksdemokratien" Ostmitteleuropas wurde auch in der DDR ein stalinistisches Herrschaftssystem durchgesetzt. Zwar gab es neben der SED mit CDU, LDPD, DBD und NDPD auch noch andere Parteien, in Wirklichkeit existierte aber eine **Einparteienherrschaft:** Die SED beanspruchte die Führung gegenüber den anderen politischen und gesellschaftlichen Organisationen. Die sogenannten Blockparteien CDU, LDPD, DBD und NDPD wurden kontrolliert, widerständige Funktionäre ausgeschlossen, z. T. strafrechtlich verfolgt. Massenorganisationen wie der **Freie Deutsche Gewerkschaftsbund** (FDGB) oder die

Freie Deutsche Jugend (FDJ) wurden an die SED angebunden. Für die interne Parteiorganisation galt das Lenin'sche Prinzip des **„demokratischen Zentralismus":** Die Schlüsselpositionen der Parteigremien wurden formal zwar gewählt, faktisch aber von oben besetzt. Innerhalb der Partei wurden „Abweichungen" nicht geduldet, Gegner des Parteikurses ausgeschlossen.

Entwicklung des Staatsaufbaus – Nach und nach dehnte die SED ihre Herrschaft auf alle Bereiche des Staates aus. Trotz des in der Verfassung festgelegten freien und geheimen Wahlrechts wurde die Volkskammer nach einer **Einheitsliste** gewählt: Die Sitzverteilung war vorab von der SED festgelegt. Die so gewählte Volkskammer musste die von der SED-Führung festgelegten Ziele umsetzen. Im Juli 1952 wurden die fünf Länder aufgelöst und durch **15 Bezirke** ersetzt; die DDR war nun ein sozialistischer Zentralstaat.

Verfassungsänderungen – Im Jahre 1968 wurde eine neue Verfassung angenommen. Die zentrale Planwirtschaft und die Einbindung der DDR in den Ostblock waren darin nun festgeschrieben. Die neue Verfassung garantierte nach wie vor die bürgerlichen Grundrechte wie Meinungs-, Versammlungs- und Organisationsfreiheit. Da die Verfassung aber von einer grundsätzlichen Interessengleich-

PERSONENLEXIKON

WALTER ULBRICHT, 1893 – 1973.
1928 – 1933 Reichstagsabgeordneter der KPD; 1933 ins Ausland emigriert, ab 1938 in der UdSSR; seit 1945 Aufbau der KPD/SED in der SBZ; 1950 – 1953 Generalsekretär der SED; 1953 – 1971 Erster Sekretär des ZK der SED; 1960 – 1971 Vorsitzender des Staatsrats

Q 1 „Die nächsten Aufgaben der SED", Parteikonferenz 1949:

1 Die Parteidiskussion hat Klarheit darüber geschaffen, dass wir auf dem Wege zu einer Partei neuen Typus, d. h. einer Kampfpartei des
5 Marxismus-Leninismus sind. [Sie] beruht auf dem Grundsatz des demokratischen Zentralismus [...].

Die Parteibeschlüsse haben ausnahmslos für alle Parteimitglieder
10 Gültigkeit, insbesondere für die in Parlamenten, Regierungen, Verwaltungsorganen und in den Leitungen der Massenorganisationen
15 tätigen Parteimitglieder [...]. Die Duldung von Fraktionen und Gruppierungen innerhalb der Partei ist unvereinbar mit ihrem marxistisch-leninistischen Charakter.

(In: Protokolle der 1. Parteikonferenz der SED, Berlin (Ost) 1949, S. 524. Gekürzt)

D2 Die seit 1950 festgelegte Zusammensetzung der DDR-Volkskammer

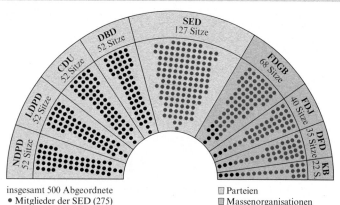

insgesamt 500 Abgeordnete
• Mitglieder der SED (275)

☐ Parteien
☐ Massenorganisationen

heit zwischen Bürgern und Staat ausging, waren die Grundrechte an die Anerkennung der Grundsätze des Sozialismus und des SED-Regimes gebunden.

WALTER ULBRICHT, der seit 1950 amtierende **Generalsekretär der SED,** besetzte nach dem Tod von Wilhelm Pieck 1960 auch die Position des **Staatsoberhauptes,** übernahm den Vorsitz im neu geschaffenen **Staatsrat** und im **Nationalen Verteidi-**

gungsrat. Er vereinte nun in seiner Person alle entscheidenden Ämter von Staat und Partei.

B5 Walter Ulbricht mit Jungen Pionieren, um 1960

Q3 Artikel 1 der DDR-Verfassungen der Jahre 1949, 1968, 1974:

1 **1949**: Deutschland ist eine unteilbare demokratische Republik; sie baut sich auf den deutschen Ländern auf […]. Es gibt nur eine deut-
5 sche Staatsangehörigkeit.
1968: Die Deutsche Demokratische Republik ist ein sozialistischer Staat deutscher Nation. Sie ist die politische Organisation der Werktäti-
10 gen, die gemeinsam unter Führung der Arbeiterklasse und ihrer marxistisch-leninistischen Partei den Sozialismus verwirklichen.
1974: Die Deutsche Demokrati-
15 sche Republik ist ein sozialistischer Staat der Arbeiter und Bauern. Sie ist die politische Organisation der Werktätigen […] unter Führung der Arbeiterklasse und ihrer
20 marxistisch-leninistischen Partei.

(In: Informationen zur politischen Bildung, Heft 231, S. 21. Gekürzt)

Q4 Art. 6 der Verfassung von 1949:

1 Boykotthetze gegen demokratische Einrichtungen und Organisationen, Mordhetze gegen demokratische Politiker, Bekundung von
5 Glaubens-, Rassen-, Völkerhass, militaristische Propaganda sowie Kriegshetze und alle sonstigen Handlungen […] gegen die Gleichberechtigung sind Verbrechen im
10 Sinne des Strafgesetzbuches.

(In: Geschichte in Quellen, Bd. 7, S. 272. Gekürzt)

D6 Die Organisation der SED-Parteispitze

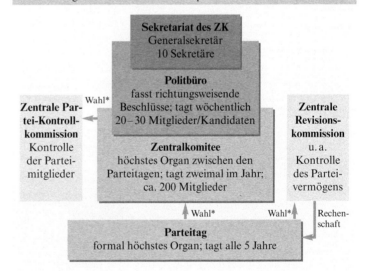

ARBEITSAUFTRÄGE

1. Erklären Sie mit Q1, wie die SED sich selbst sah. Beurteilen Sie die Bedeutung des „demokratischen Zentralismus" und das Verbot von Fraktionsbildungen für die Partei.
2. Beurteilen Sie die Zusammensetzung der Volkskammer (D2).
3. Analysieren Sie mit Q3 die Änderungen der DDR-Verfassung. Achten Sie auf das Staatsverständnis und die Stellung der SED.
4. Beurteilen Sie die Wirkung der Darstellung Ulbrichts in B5.
5. Beschreiben Sie die Machtverteilung innerhalb der SED (D6).

5. Der 17. Juni 1953: Volksaufstand oder „Konterrevolution"?

Am 17. Juni 1953 brach in der DDR spontan ein Aufstand aus. Etwa 1 000 000 Menschen an über 700 Orten beteiligten sich an Streiks, mehr als 400 000 an Demonstrationen. Wie kam es zu diesem Aufstand und welche Forderungen erhob die protestierende Bevölkerung?

Anlass der Unruhe – Unter der Parole „Aufbau des Sozialismus" hatte die SED seit 1952 die politische und wirtschaftliche Umgestaltung der DDR erzwungen. Die ehrgeizigen Ziele zum Aufbau der Schwerindustrie hatten einen anhaltenden Mangel an Konsumgütern sowie steigende Preise zur Folge. Auch die Zwangsmaßnahmen gegen Bauern und selbstständige Gewerbetreibende, die die Kollektivierung (= Übergang von der privaten zur genos-

senschaftlichen Bewirtschaftung) ablehnten, trugen zur Verschlechterung der Stimmung bei. Sichtbarster Ausdruck waren die Flüchtlingszahlen: Allein 1952 verließen 182 000 Menschen die DDR.

Nach Stalins Tod im März 1953 forderte die neue Moskauer Führung daher von der Staatsführung der DDR eine realistischere Einschätzung sowie einen „**Neuen Kurs**" in Politik und Wirtschaft. Insbesondere sollte sie größere Rücksicht auf die Bedürfnisse der Bevölkerung nehmen. Die SED-Führung gestand zwar Fehler ein und stellte eine bessere Konsumgüterversorgung in Aussicht; auch Preiserhöhungen wurden zurückgenommen. Aber gegenüber der Forderung der Arbeiter, die im Mai 1953 um 10 % erhöhten **Arbeitsnormen** zu mindern, blieb die SED hart.

Q1 Telegramm der Streikleitung in Bitterfeld an die DDR-Regierung:

1 Wir Werktätigen des Kreises Bitterfeld fordern von Ihnen:
   1. Rücktritt der sogenannten Deutschen Demokratischen Regie-
5   rung, die sich durch Wahlmanöver an die Macht gebracht hat,
   2. Bildung einer provisorischen Regierung aus den fortschrittlichen Werktätigen,
10   3. Zulassung sämtlicher großer demokratischer Parteien Westdeutschlands,
   4. Freie, geheime, direkte Wahlen in vier Monaten,
15   5. Freilassung aller politischen Gefangenen […],
   6. Sofortige Abschaffung der Zonengrenze und Zurückziehung der Vopo [Volkspolizei],
20   7. Sofortige Normalisierung des sozialen Lebensstandards,
   8. Sofortige Auflösung der sogenannten Nationalarmee,
   9. Keine Repressalien gegen Streikende […].
25

(In: I. Spittmann, 17. Juni 1953, Köln 1982, S. 15)

Ursachen und Verlauf des Aufstands – Am 16. Juni 1953 traten die Bauarbeiter des Projekts „Sozialistische Wohnkultur" an der Stalinallee in Berlin in den Ausstand. Vor dem Haus der Ministerien demonstrierten sie gegen die Erhöhung der Arbeitsnormen und damit gegen die Verlängerung ihrer Arbeitszeit. Durch Kuriere und westliche Medien wurde die Nachricht von dem Berliner Streik schnell ver-

B2 Sowjetische Panzer gegen Demonstranten, Ostberlin, 17. Juni 1953

breitet. Obwohl die überraschte SED-Führung nun die Normerhöhung zurücknahm, weitete sich der Streik innerhalb kurzer Zeit zu einer großen Protestwelle aus: An mehr als 700 Orten der DDR fanden Demonstrationen statt. Neben wirtschaftlichen und sozialpolitischen wurden vor allem **politische Forderungen** gestellt. Am Mittag des 17. Juni griffen sowjetische Truppen mit Panzern ein. In 160 Stadt- und Landkreisen wurde der Ausnahmezustand verhängt, Versammlungen waren verboten, es galt das Kriegsrecht. Nach wenigen Tagen war der Aufstand gewaltsam niedergeschlagen.

Folgen und Bewertung – Bei der Niederschlagung des Aufstands kamen mehr als 50 Menschen ums Leben; 3000 Demonstranten wurden von der Sowjetarmee und etwa 13 000 durch die DDR-Behörden festgenommen. Die SED brandmarkte die Ereignisse als „faschistischen, konterrevolutionären Putsch".
Um ihre Macht zu sichern, wurde nun der Überwachungsapparat, das **Ministerium für Staatssicherheit,** weiter ausgebaut. Die SED wurde rigoros von Kritikern „gesäubert": Etwa 70 % der SED-Bezirks- und Kreissekretäre verloren ihre Ämter.   ⊕/9

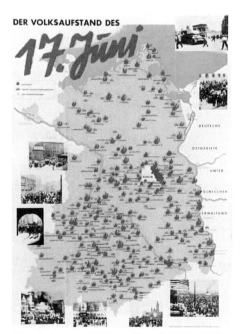

B 3 Plakat zum Volksaufstand, BRD 1953

Q 4 Urteil des Bezirksgerichts Leipzig vom 14. 7. 1953:

Bei allen Angeklagten handelt es sich um Arbeiter, die
1 kein Klassenbewusstsein besitzen und die in den letzten Jahren völlig teilnahmslos und desinteressiert dem demokratischen Neuaufbau gegenüberstanden, jedoch unter dem Einfluss des RIAS [West-Berliner Radio-
5 sender] oder anderer staatsfeindlicher Elemente sofort hemmungslos bereit waren, sich in die faschistische Provokation zu stürzen. […]

(In: I. Spittmann, 17. Juni 1953, Köln 1982, S. 77)

Q 5 Eine westdeutsche Journalistin, 25. 6. 1953:

1 Jener 17. Juni hat ein Bild enthüllt, das nicht mehr wegzuwischen ist: die […] Gesichter jener Deutschen, die seit Jahren in Sorge und Knechtschaft leben und die plötzlich […] freie Wahlen zur Wiedervereinigung forderten
5 […]. Der 17. Juni hat unwiderlegbar bewiesen, dass die Einheit Deutschlands eine historische Notwendigkeit ist. Wir wissen jetzt, dass der Tag kommen wird, an dem Berlin wieder die deutsche Hauptstadt ist.

(M. Gräfin Dönhoff in: DIE ZEIT, Hamburg, 25. Juni 1953)

Q 6 Gedicht des Schriftstellers Bertolt Brecht: Die Lösung (1953)

1 Nach dem Aufstand des 17. Juni
Ließ der Sekretär des Schriftstellerverbandes
In der Stalinallee Flugblätter verteilen,
Auf denen zu lesen war, daß das Volk
5 Das Vertrauen der Regierung verscherzt habe
Und es nur durch verdoppelte Arbeit
Zurückerobern könne. Wäre es da
Nicht einfacher, die Regierung
Löste das Volk auf und wählte ein anderes?

(In: B. Brecht, Gesammelte Werke 10, Frankfurt/M. 1967, S. 1009 f.)

ARBEITSAUFTRÄGE

1. Erläutern Sie mit Q 1 die Forderungen der Demonstranten und beschreiben Sie mit B 3 den Umfang des Aufstandes.
2. Beurteilen Sie anhand von B 2 das Vorgehen der Sowjets. Schreiben Sie den Tagebuchbericht eines Augenzeugen (Demonstrant, Volkspolizist oder Besucher aus dem Westen).
3. Erläutern und beurteilen Sie mit Q 4, wie die Ereignisse des 17. Juni 1953 durch DDR-Gerichte dargestellt wurden.
4. Diskutieren Sie, ob der Aufstand von 1953 als Vorläufer der friedlichen Revolution von 1989 gelten kann (Q 5, Q 6).

6. Wirtschaftsentwicklung in der DDR: 1950er-/60er-Jahre

Seit 1950 gehörte die DDR dem Wirtschaftsverbund der sozialistischen Länder an: dem Rat für Gegenseitige Wirtschaftshilfe (RGW). Die Übernahme der sowjetischen Wirtschaftsordnung mit zentraler Planung, Lenkung und Kontrolle wurde danach beschleunigt. Wie verlief die Wirtschaftsentwicklung in der DDR?

Wirtschaftlicher Aufbau des Sozialismus – Die Zeit bis Mitte der 1950er-Jahre war geprägt durch den Wiederaufbau und die nun beginnende Umstrukturierung der Volkswirtschaft. Als Hemmnisse wirkten dabei die Demontage nicht kriegszerstörter Betriebe durch die sowjetische Besatzungsmacht sowie die hohen Reparationszahlungen. Ferner mussten Millionen Vertriebene aus den früheren Ostgebieten integriert werden. Da in den Städten nicht genügend Wohnraum zur Verfügung stand, erfolgte die Ansiedlung der Vertriebenen vor allem in ländlichen Regionen. In Mecklenburg-Vorpommern betrug im Jahr 1949 ihr Anteil an der Gesamtbevölkerung 46,5 Prozent, in Brandenburg 27,6 Prozent.

Aufgrund der geforderten Reparationslieferungen erfolgte der Aufbau der Industrie nach Vorgaben der UdSSR vor allem in der **Schwerindustrie**. Die damit einhergehende **Vernachlässigung der Konsumgüterproduktion** war einer der Grün-

de dafür, dass sich der Lebensstandard der Bevölkerung nur langsam verbesserte.

Die **Bodenreform von 1945** hatte zu einer Umwälzung der Eigentumsverhältnisse in der Landwirtschaft geführt. Die jahrhundertealte Agrarverfassung, die besonders in Mecklenburg und Brandenburg eine Dominanz der Gutsherrschaft bedeutet hatte, war damit beseitigt worden. Doch 1952 setzte im Zuge des weiteren „Aufbaus des Sozialismus" die **Kollektivierung der Landwirtschaft** ein, das heißt der Zusammenschluss vormals privater Bauernhöfe zu Landwirtschaftlichen Produktionsgenossenschaften (LPG). Die Kollek-

---

T2 Belastungen der Ostzone/DDR und der Westzonen/Bundesrepublik durch **Demontage** und durch **Reparationsleistungen** 1945 bis 1953

Demontage gesamt 1945 bis 1953:

Westzonen (in Mrd. RM, Preisstand 1944)	2,70 Mrd. RM
(= % des ges. Volksvermögens der Westzonen)	(0,995 %)
Ostzone (in Mrd. RM, Preisstand 1944)	6,10 Mrd. RM
(= % des ges. Volksvermögens der Ostzone)	(5,674 %)

Reparationszahlungen gesamt 1945 bis 1953:

Westzonen/BRD (in Mrd. RM, Preisstand 1944)	34,20 Mrd. RM
(= % des durchschnittlichen BSP* 1945–1953)	(7,548 %)
Ostzone/DDR (in Mrd. RM, Preisstand 1944)	38,10 Mrd. RM
(= % des durchschnittlichen BSP* 1945–1953)	(24,935 %)

* BSP = Bruttosozialprodukt. Gesamtwert aller produzierten Güter und Dienstleistungen eines Landes pro Jahr. / Mrd. = Milliarden / RM = Reichsmark (Nach: R. Karlsch, Allein bezahlt? Die Reparationsleistungen der SBZ/DDR 1945–1953, Berlin 1993, S. 231 ff.)

D1 Aufnahme von Vertriebenen in der Sowjetischen Besatzungszone bzw. in der DDR

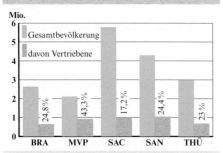

(M. Wille, Zur Integration der Vertriebenen in der SBZ, In: Geschichte, Erziehung, Politik, 3/1992, S. 163)

Q3 Bericht eines nach Westen geflüchteten Landwirts:

1 Seit Januar 1960 wurde ich laufend aufgefordert, in die LPG (Landwirtschaftliche Produktionsgenossenschaft) [...] einzutreten. Die ersten Werbungen verliefen harmlos. Der eigentliche Druck setzte erst am 6. März 1960 ein [...].
5 Oft kamen sie täglich zwei- bis dreimal oder blieben bis nachts zwei Uhr [...] Pauken, Trompeten, Sprechchöre, Flugblätter wurden beim Einsatz verwendet [...]. Mein Sohn studierte an der TH Dresden, und sie äußerten sich dahingehend, dass mein Sohn im Falle einer Weigerung
10 von der Hochschule entlassen würde.

(In: Bundesministerium für gesamtdeutsche Fragen, Die Flucht aus der Sowjetzone, Bonn 1961, S. 50. Gekürzt)

tivierung sollte zunächst freiwillig sein, wurde aber seit Ende der 1950er-Jahre erzwungen. Doch statt der vom Staat propagierten Steigerung führte die Kollektivierung der Höfe zu sinkenden Produktionsleistungen in der Landwirtschaft.

Verstaatlichung der Betriebe – Bereits seit 1946 war mit der Verstaatlichung großer Industriebetriebe und des Großhandels zu sogenannten **Volkseigenen Betrieben** (VEB) begonnen worden. In den 1950er-Jahren setzte auch die weitgehende **Verstaatlichung** der kleinen Einzelhandels- und Handwerksbetriebe ein. Viele Menschen verloren dabei ihr Eigentum durch zwangsweise Enteignungen.

Seit dem Ende der 1950er-Jahre wurden in der DDR etwa 90 % aller landwirtschaftlichen, industriellen und gewerblichen Produkte sowie Dienstleistungen durch die VEB und LPG erwirtschaftet. Grundlage dafür waren die zentral vorgegebenen **Fünfjahrpläne.** Zwar konnte 1958 die Rationierung von Lebensmitteln aufgehoben werden. Doch Wirtschaftskraft und privater Lebensstandard der DDR blieben trotz hoher Arbeitsleistung der Menschen deutlich hinter der Bundesrepublik zurück.

Wirtschaftlicher Reformversuch – Auf die Flucht vieler, vor allem junger Menschen in die Bundesrepublik und die zahlreichen Produktions- und Versorgungsengpässe reagierte die DDR-Staatsführung 1963 mit Wirtschaftsreformen. Durch das **„Neue ökonomische System der Planung und Leitung"** (NÖSPL) sollte das Wirtschafts- und Wohlstandsniveau der Bundesrepublik binnen weniger Jahre überholt werden. Das NÖSPL zielte auf eine Dezentralisierung der wirtschaftlichen Entscheidungen, größere Eigenverantwortung der Betriebe sowie finanzielle Anreize für besondere Leistungen. Doch trotz messbarer Erfolge kehrte die SED-Führung Ende 1965 zum starren System der zentralistischen Planwirtschaft zurück.

Modell eines Trabants

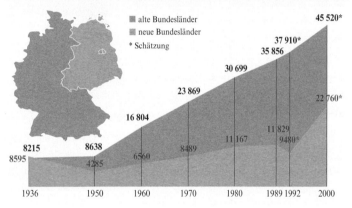

D5 Entwicklung der Wirtschaftsleistung/Kopf (Bruttoinlandsprodukt) in Preisen von 1989; getrennt nach Gebieten der BRD/alte Bundesländer und der DDR/neue Bundesländer; für die Jahre 1936 – 2000

B4 DDR-Plakat zur Kollektivierung, 1958

ARBEITSAUFTRÄGE

1. Erläutern Sie mit D1 und T2 die schwierigen Ausgangsbedingungen für die Entwicklung der DDR-Wirtschaft nach 1945.
2. Beschreiben Sie mit Q3 und B4 die Mittel, mit denen Bauern zum Beitritt in eine LPG „überzeugt" werden sollten.
3. Vergleichen Sie die Ausstattung der Privathaushalte mit Konsumgütern in der DDR und in der Bundesrepublik (T1, S. 60) und diskutieren Sie mögliche Gründe für die Unterschiede.
4. Erläutern Sie mit D5 die unterschiedliche Wirtschaftsentwicklung in der DDR und in der Bundesrepublik 1949–1989. Nennen Sie mögliche Ursachen. Diskutieren Sie in der Klasse die These: *„Nicht der Mensch, sondern das System war dafür verantwortlich, dass die Wirtschaftsleistung der DDR hinter der Wirtschaftsleistung der Bundesrepublik zurückblieb."*

7. Mauerbau und „Zwei-Staaten-Theorie"

1952 hatte die DDR die Grenzen zur Bundesrepublik geschlossen. Nur noch in Berlin gab es die Möglichkeit, ungehindert in den Westen zu gelangen. Hier prallten die gegensätzlichen Wirtschafts- und Gesellschaftssysteme unmittelbar aufeinander. Jährlich verließen mehr als hunderttausend Menschen die DDR durch dieses „Tor in den Westen" für immer. Wie reagierte die SED-Führung auf diese „Abstimmung mit den Füßen"?

Bau der Berliner Mauer – Die Flucht der meist jungen und qualifizierten Personen hatte verheerende Auswirkungen auf die Wirtschaft der DDR. Mit Genehmigung der sowjetischen Führung entschloss sich die SED deshalb, den letzten Fluchtweg abzuriegeln. In der Nacht zum **13. August 1961** bauten Einheiten der NVA und der „Kampfgruppen der Arbeiterklasse" Stacheldrahtverhaue und Panzersperren entlang der Berliner Sektorengrenze. Wenig später wurde dort eine Mauer, von der SED-Propaganda als „antifaschistischer Schutzwall" bezeichnet, errichtet. Ohnmächtig mussten die Berliner zusehen, wie sie von Verwandten und Freunden getrennt wurden. Auch die anderen Grenzen zur Bundesrepublik wurden nun hermetisch gesichert. **„Republikflucht"** stand unter schwerer Strafe und war nur unter Einsatz des Lebens möglich. Von 1961 bis 1989 kamen fast 1000 Menschen bei Fluchtversuchen ums Leben.

Reaktion der Westmächte – Der sowjetische Staatschef Chruschtschow hatte 1958 die Umwandlung Westberlins in eine entmilitarisierte, von der Bundesrepublik staatlich losgelöste Stadt gefordert; im Juni 1961 wiederholte er seine Forderung. US-Präsident Kennedy lehnte dies ab. Zugleich machte er aber die **Grenze des amerikanischen Engagements** deutlich: Ost-Berlin betrachtete er als dem sowjetischen Machtbereich zugehörig. So protestierten die Westmächte zwar gegen die Einmauerung Ost-Berlins, ihre Sicherheitsgarantie galt jedoch nur für West-Berlin.

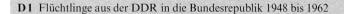

D1 Flüchtlinge aus der DDR in die Bundesrepublik 1948 bis 1962

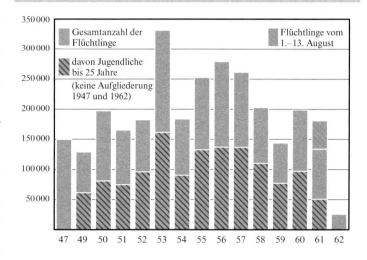

Gesamtanzahl der Flüchtlinge

davon Jugendliche bis 25 Jahre
(keine Aufgliederung 1947 und 1962)

Flüchtlinge vom 1.–13. August

Q2 Die Einschätzung von US-Präsident Kennedy kurz vor dem Mauerbau, 27. Juli 1961:

1 [Am 26./27. Juli] traf sich Kennedys Abrüstungsberater John McCloy […] mit Chruschtschow in dessen Urlaubsort Sotschi am Schwarzen Meer […]. Chruschtschow habe McCloy „in groben Zügen" über das Bevorstehende
5 informiert. Kennedy gab diese […] Hinweise an Walt Rostow weiter: „Chruschtschow steht vor einer unerträglichen Situation. Ostdeutschland blutet aus. Als Folge gerät der ganze Ostblock in Gefahr […]. Vielleicht baut er eine Mauer."

(In: DIE WOCHE vom 6. Juli 2001. Gekürzt)

B3 Bau der Berliner Mauer, 13. August 1961

Mauerbau und SED-Deutschlandpolitik – Die mit dem Mauerbau vollzogene Absperrung nach Westen und die Einmauerung der eigenen Bevölkerung standen im Widerspruch zur bisherigen Deutschlandpolitik der DDR und dem Anspruch der ersten DDR-Verfassung. Dort war ausdrücklich von der „einen unteilbaren Republik" und von der „einen deutschen Staatsangehörigkeit" die Rede.

Nach dem Mauerbau veröffentlichte die Nationale Front daher 1962 ein „nationales Dokument", das den Sieg des Sozialismus als historische Gesetzmäßigkeit auch in Westdeutschland voraussagte. Erst danach sei die Einheit Deutschlands möglich, bis dahin stünden sich zwei deutsche Staaten gegenüber. 1967 wurde die gemeinsame Staatsbürgerschaft mit der Bundesrepublik gesetzlich außer Kraft gesetzt. In der neuen DDR-Verfassung von 1968 wurde diese **„Zwei-Staaten-Theorie"** festgeschrieben.

Auch für Bürger der Bundesrepublik war nun die Einreise in die DDR und nach Ost-Berlin sehr erschwert. Seit 1968 wurde wie im Auslandsverkehr Reisepass und Einreisevisum verlangt.

Die westdeutsche Regierung begann 1964 damit, politische Häftlinge aus der DDR freizukaufen; von 1964 bis 1989 über 30 000 Personen für insgesamt 3,5 Milliarden DM.

B 5 Am 17. August 1962 wurde der 22-jährige Ost-Berliner Peter Fechter beim Fluchtversuch von DDR-Grenzsoldaten erschossen

Q 6 Albert Norden, Mitglied des Politbüros des ZK der SED, über die „Republikflüchtlinge", 1963:

1 Ich sage, jeder Schuss aus der Maschinenpistole eines unserer Grenzsicherungsposten zur Abwehr solcher Verbrechen rettet in der Konsequenz Hunderten von Kameraden, rettet Tausenden von Bürgern der DDR das
5 Leben und sichert Millionenwerte an Volksvermögen. Ihr schießt nicht auf Bruder und Schwester, wenn ihr mit der Waffe den Grenzverletzer zum Halten bringt. Wie kann der euer Bruder sein, der die Republik verrät, […] der die Macht des Volkes antastet! Auch der ist nicht unser
10 Bruder, der zum Feinde desertieren will.

(In: Informationen zur politischen Bildung, H. 233, S. 5. Gekürzt)

B 4 Titelblatt der westdeutschen Zeitung „Bild" vom 16. 8. 1961

ARBEITSAUFTRÄGE

1. Prüfen Sie das Ausmaß der Fluchtbewegung (D 1). Beurteilen Sie die politischen und wirtschaftlichen Folgen für die DDR.
2. Beschreiben Sie mit B 3 die Durchführung des Mauerbaus.
3. Beurteilen Sie mit Q 2 und B 4 das Verhalten der Westalliierten. Diskutieren Sie, ob es andere Handlungsmöglichkeiten für sie gab. Erörtern Sie die möglichen Folgen.
4. Erläutern Sie mit Q 6, wie der Gebrauch der Schusswaffe gegenüber „Republikflüchtigen" gerechtfertigt wurde. Beurteilen Sie mit B 5 die Konsequenzen und nehmen Sie Stellung.

8. „Nischen"-Gesellschaft und Opposition in der DDR

Die Bürger der DDR wurden durch das SED-Regime regelmäßig politisch „belehrt" und sollten für politische und propagandistische Ziele mobilisiert werden. Deutlich wurde dies in politischen Losungen, Aktionsappellen und den verordneten Gewerkschaftsaktivitäten. Wie hat die Bevölkerung darauf reagiert?

Rückzug ins Private – Es war der SED trotz nahezu allgegenwärtiger Präsenz nicht möglich, die Bevölkerung total zu dirigieren. Zum Teil bewusst, vielfach auch unbewusst zogen sich viele Menschen aus dem politisierten Alltag zurück und schufen sich ihre „private Nische". Der Schrebergarten („Datsche"), ein enger Freundeskreis oder der Sportverein boten meist ein verlässliches Umfeld, in dem Hilfsbereitschaft eine wichtige Rolle spielte. Politische Witze dienten der psychologischen Entlastung und galten als Barometer für die öffentliche Stimmung.

Opposition in der DDR – Die Bildung echter Oppositionsparteien war durch die SED von Anfang an verhindert worden. Offene Kritik an der Politik der SED

Q1 Wolf Biermann, Ermutigung (1968)

1 [...] Du, lass dich nicht verbittern
In dieser bittren Zeit
Die Herrschenden erzittern
– sitzt du erst hinter Gittern –
5 Doch nicht vor deinem Leid
Du, lass dich nicht erschrecken
In dieser Schreckenszeit
Das wolln sie doch bezwecken
Dass wir die Waffen strecken
10 Schon vor dem großen Streit [...]
Wir wolln es nicht verschweigen
In dieser Schweigezeit
Das Grün bricht aus den Zweigen
Wir wolln das allen zeigen
15 Dann wissen sie Bescheid

(In: W. Biermann, Mit Marx- und Engelszungen, Berlin 1968. Gekürzt)

Q2 Aus dem Zentralorgan der SED „Neues Deutschland", 17.5.1957:

1 Manche Bürger fragen, warum es bei uns keine Opposition gibt, und meinen, zu einer richtigen Demokratie gehöre doch auch eine Opposition [...]. Eine Opposition könnte doch nur gegen die Politik unserer Regierung gerichtet 5 sein. Sie müsste sich also gegen die Einführung der 45-Stunden-Woche, gegen den Bau von zusätzlich hunderttausend Wohnungen [...] richten. Sie müsste sich gegen die Einheit der Arbeiterklasse, gegen unseren Arbeiter- und-Bauern-Staat richten. Sie müsste [...] für den NATO-10 Kriegspakt und die Vorbereitung eines Atomkrieges sein. Solch eine Opposition zu dulden wäre verbrecherisch.

(In: H. Weber, DDR, München 1986, S. 229. Gekürzt)

B3 Robert Havemann mit Sarah und Rainer Kirsch, Wolf Biermann, Helga Novak, Kurt Bartsch, Fritz Rudolf Fries, Gert Loschütz, Berlin 1965

ROBERT HAVEMANN, 1910–1982. Chemiker. 1933–1945 im Widerstand gegen den Nationalsozialismus. Anfangs SED-Mitglied, nach Kritik an der Partei folgten Parteiausschluss, Berufsverbot und Hausarrest; Engagement für die Friedens- und Ökologiebewegung

war für DDR-Bürger stets riskant. Doch als die UdSSR nach dem Tod Stalins 1953 eine Phase der Reformen durchlebte, war dies auch in der DDR spürbar. Bekannte Wissenschaftler wie ROBERT HAVEMANN oder WOLFGANG HARICH, beide überzeugte Kommunisten, traten für einen humanen Sozialismus ein: einen **„Dritten Weg"** zwischen Kapitalismus und Sozialismus sowjetischer Prägung. Doch die SED verhinderte diese Reformansätze und verfolgte die kritischen Wortführer. 1962 lockerte das SED-Regime den scharfen Kurs erneut. Ähnlich wie die Politik des NÖSPL eine Liberalisierung der Planwirtschaft vorsah, so sollten auch die Medien und Künstler mehr Freiräume erhalten. Aber schon 1965 wurden die zaghaften gesellschaftlichen Reformversuche zurückgenommen.

Als die Tschechoslowakei im Frühjahr 1968 einen reformkommunistischen Kurs einschlug, gab es bei vielen DDR-Bürgern Sympathien für den **„Prager Frühling"**. Doch im August 1968 beendete der Einmarsch von Truppen des Warschauer Pakts, darunter DDR-Soldaten, die Hoffnung der tschechoslowakischen Reformer. Der in Ost- und Westdeutschland bekannte Liedermacher WOLF BIERMANN erhielt als Vertreter der literarischen Opposition ein absolutes Auftritts- und Veröffentlichungsverbot. 1976 wurde er aus der DDR ausgebürgert. Zahlreiche Schriftsteller und Kulturschaffende, die

dagegen protestiert hatten, gerieten in einen scharfen Konflikt mit der SED. Auch die evangelische Kirche bestritt den totalen Machtanspruch der SED. Obwohl sie sich nicht als politische Opposition verstand und seit Ende der 1950er-Jahre eine **Gratwanderung zwischen Konfrontation und Kooperation** versuchte, wirkte die evangelische Kirche faktisch als Sammelbecken für regimekritische Bürger. Ihr Widerstand richtete sich vor allem gegen die Abschaffung des Religionsunterrichts und die Benachteiligung der in der „Jungen Gemeinde" zusammengeschlossenen jugendlichen Christen.

PERSONENLEXIKON

WOLF BIERMANN, geb. 1936. Liedermacher; 1965 Auftritts- und Publikationsverbot; 1976 Ausbürgerung aus der DDR

B 5 Rückzug ins Private, die „Datsche", Foto 1980er-Jahre

Q 4 Anpassung und Rückzug in „private Nischen"

1 Mit dem Bau der Mauer wurde gleichsam die Leibeigenschaft zur Staatsdoktrin erhoben, denn von nun an [gab es kein] Entweichen
5 [...]. Das Gefühl, wehrlos in der Falle zu sitzen, veränderte das Verhältnis zu diesem Staat [...]. Der Bürger dachte sich zwar immer noch seinen Teil, aber er konnte es
10 nicht wagen, dies auch auszusprechen [...]. Für alle, die auch im real existierenden Sozialismus das Leben [...] genießen wollten, die fröhlich sein und Kinder haben
15 wollten – für die wurde Anpassung von nun an zu einer Strategie des Überlebens.
Angst bewirkte [...] Rückzug in die viel beschriebenen Nischen der
20 DDR-Gesellschaft. Sehr selten bewirkte die Angst auch Protest.

(In: J. Gauck, Die Stasi-Akten. Reinbek 1991, S. 45 ff. Gekürzt)

Q 6 Ein politischer Witz aus der DDR, ca. 1955:

Parteitag in Moskau. Chruschtschow fragt Mao Tsetung:
1 „Wie viele politische Gegner habt ihr bei euch in China?" „Ich schätze so um die siebzehn Millionen." „Das ist nicht so arg", sagt Chruschtschow. Dann wendet er sich an Ulbricht: „Und ihr?" „Mehr werden es bei uns in der DDR
5 auch nicht sein."

ARBEITSAUFTRÄGE

1. Formulieren Sie mit eigenen Worten, was Wolf Biermann in dem Liedertext (Q 1) kritisiert und wozu er ermutigen will.
2. Informieren Sie sich über eine der in B 3 abgebildeten Personen.
3. Analysieren und beurteilen Sie die Argumente der SED, warum es in der DDR keine Opposition geben könne (Q 2).
4. Wie begründet der ostdeutsche Bürgerrechtler J. Gauck die Anpassung und den Rückzug vieler Bürger ins Private (Q 4)?
5. Beschreiben Sie mit B 5 und Q 6 verschiedene Formen, mit denen DDR-Bürger auf die politische Gängelung reagierten.

9. Jugend in der DDR

Kinder und Jugendliche genossen in der DDR große Aufmerksamkeit. Sie sollten für die Ziele der SED gewonnen und aktiv in den Aufbau des Sozialismus einbezogen werden. Erziehung und Bildung in Kindergarten und Schule, die Berufsausbildung und Hochschulen sowie die Freizeitgestaltung sollten dafür ideale Bedingungen schaffen. Wie gestaltete sich das Leben der Jugendlichen in der DDR?

Erziehung durch die FDJ – Die **Freie Deutsche Jugend** (FDJ) galt offiziell als unabhängig, faktisch war sie aber die Nachwuchsorganisation der SED und wurde von dieser straff geführt. Die Mitgliedschaft in der FDJ war freiwillig, aber wer Nachteile in der Schule oder beim Studium vermeiden wollte, der konnte sich kaum entziehen; daher waren etwa 80 Prozent aller Kinder und Jugendlichen Mitglieder. Aufgabe der FDJ war es, einen Beitrag zur **„Entwicklung der sozialistischen Persönlichkeit"** zu leisten und die jungen Menschen für den Sozialismus zu begeistern. Doch die vielfältigen Freizeitangebote – vom Zeltlager über die Jugendfeier bis zum Diskoprogramm und Rockkonzert – machten die FDJ für viele Jugendliche auch attraktiv, selbst wenn sie die Uniformierung und den politischen Drill ablehnten.

Für Kinder ab 6 Jahren gab es die „Jungpioniere", ab 10 Jahren die „Thälmann-Pioniere", für Jugendliche zwischen 14 und 25 Jahren die eigentliche FDJ.

Mädchen in FDJ-Bluse (aus dem Film „Sonnenallee" 1999)

Q 1 Die Entwicklung der „sozialistischen Persönlichkeit". Auszug aus dem DDR-Jugendgesetz von 1974:

1 Es ist ehrenvolle Pflicht der Jugend, die revolutionäre Tradition der Arbeiterklasse und die Errungenschaften des Sozialismus
5 zu achten und zu verteidigen, sich für Frieden und Völkerfreundschaft einzusetzen und antiimperialistische Solidarität zu üben. Alle jungen Menschen sollen sich
10 durch sozialistische Arbeitseinstellung und solides Wissen und Können auszeichnen, hohe moralische und kulturelle Werte ihr Eigen nennen und aktiv am gesell-
15 schaftlichen Leben, an der Leitung von Staat und Gesellschaft teilnehmen.

(In: Gesetzblatt der DDR 1974, S. 48)

Q 2 Bernd Rabehl über seine Erfahrungen als Jugendlicher in der FDJ:

1 Diese Mobilisierung der Jugendlichen löste durchaus Begeisterung aus. Wir kamen heraus aus dem Alltag der Kleinstädte. Wir
5 lernten das Land und Jugendliche aus anderen Regionen der Republik kennen. Wir waren unter uns, ohne die direkte Aufsicht der Lehrer oder der Partei. Erste Flirts wurden
10 den gewagt [...]. Trotzdem, das Misstrauen der Partei und der [...] FDJ-Sekretäre würgte die Begeisterung immer wieder ab.

(Zit. nach G. Eisenberg/H.-J. Linke [Hg.]: Fuffziger Jahre, Gießen 1980, S. 118. Gekürzt)

B 3 Zeltlager der FDJ

Schule und Ausbildung – Alle Schülerinnen und Schüler besuchten gemeinsam eine 10-jährige Polytechnische Oberschule (Gesamtschule). Dort wurde auch Wert gelegt auf technisch-handwerkliche Kenntnisse **(polytechnische Ausbildung).** Schülerinnen und Schüler mit sehr guten Leistungen und dem Nachweis der „politischen Zuverlässigkeit" konnten danach die Erweiterte Oberschule besuchen, die in zwei Jahren zum Abitur führte. Für Kinder aus christlichen oder regimekritischen Elternhäusern war der Zugang zur Erweiterten Oberschule erschwert.

Die Vermittlung ideologischer Bildungsinhalte erfolgte vor allem in den Fächern Staatsbürgerkunde (ab Klasse 7) sowie Wehrerziehung (ab Klasse 9). Die „Sozialistische Wehrerziehung" war seit 1978 fester Bestandteil des Lehrplans. 💻/10

Jugendpolitik der SED – Die Mehrzahl der DDR-Jugendlichen nahm mit 14 Jahren – meist im Klassenverband – an der **Jugendweihe** teil. Sie geht auf ein Fest der Arbeiterbewegung aus dem 19. Jahrhundert zurück. Die SED übernahm diese Tradition, um die christliche Konfirmation zurückzudrängen, und verband die Jugendweihe mit politischen Inhalten und einem Bekenntnis zum Sozialismus. Dennoch erlebten die meisten Jugendlichen ihre Jugendweihe als schönes Fest im Kreis ihrer Freunde und Familie.

B4 SED-Werbeplakat für die Jugendweihe

Seit Anfang der 1970er-Jahre versuchte die SED mit Jugendfestivals und einer insgesamt liberaleren Jugend- und Kulturpolitik den aufbrechenden Generationenkonflikt zu entschärfen. In dieser Zeit entstand eine DDR-Rockszene mit bekannten Bands wie Karat oder Puhdys.

B5 Polytechnischer Unterricht in der DDR

Q6 Rock-Song „versammlung" aus dem Rock-Stück „Paule-Panke" der DDR-Gruppe Pankow (1980er-Jahre):

1 zum feierabend gibt's noch 'n bonbon
  'ne versammlung um fünfzehn uhr dreissig
  […] da spricht wieder einer vom kampfauftrag
  und verliest so 'n langen bericht
5 mir schlafen wie immer die füße ein
  da ist doch kein ende in sicht
  ich sitze am tisch und langweile mich
  mathilde sitzt meilenweit weg von mir
  und ich komm nicht an sie ran
10 der redner meint dass die sonne scheint
  und dass wir alle stolz sein müssen
  mathilde sieht mich nicht einmal an
  und ich würde sie gerne küssen […]

ARBEITSAUFTRÄGE

1. Erörtern Sie mit Q1 die Bildungs- und Erziehungsziele der SED. Nutzen Sie auch B5.
2. Erläutern Sie mit Q2 und B3, warum viele Angebote der FDJ für Kinder und Jugendliche attraktiv waren.
3. Erklären Sie die Ziele, die die SED mit der Jugendweihe in der DDR verband (Text, B4). Diskutieren Sie, welche Bedeutung die Jugendweihe heute für Jugendliche haben kann.
4. Erläutern Sie, welche Kritik und welche Bedürfnisse in dem Rocksong (Q6) zum Ausdruck kommen.

10. Neue Ostpolitik nach Machtwechsel in Bonn

Nach der Bundestagwahl 1969 bildeten SPD und FDP die sozialliberale Koalition. Der SPD-Vorsitzende Willy Brandt wurde neuer Bundeskanzler, der FDP-Vorsitzende Walter Scheel übernahm das Außenministerium. Neben inneren Reformen, vor allem auf dem Bildungssektor, strebte die neue Regierung nach Normalisierung der Beziehungen zu den östlichen Nachbarn. Welche Schritte unternahm die Regierung Brandt/Scheel zur Verständigung und Aussöhnung?

Neue Ostpolitik und Ostverträge – Das oberste Ziel der Ostpolitik der Bundesregierung bestand darin, Vertrauen zu schaffen. Durch vertragliche **Garantien der Grenzen**, wie sie seit 1945 bestanden, und durch eine Politik des **strikten Gewaltverzichts** sollte den verständlichen Sicherheitsbedürfnissen der Länder Osteuropas Rechnung getragen werden.
Im **Moskauer Vertrag** vom 12. 8. 1970 erkannte die Bundesregierung alle Staatsgrenzen in Europa als unantastbar an. Das betraf auch die nach dem Zweiten Weltkrieg entstandene polnische Westgrenze an Oder und Neiße und die innerdeutsche Grenze. Die Sowjetunion weigerte sich jedoch, ein deutsches Recht auf staatliche Einheit in den Vertrag aufzunehmen. Außenminister Scheel formulierte daher den **deutschen Anspruch auf friedliche Wiedervereinigung** in einem gesonderten Begleitbrief zum Vertragstext.

Auch in Polen war die Erinnerung an den Zweiten Weltkrieg und die nationalsozialistischen Verbrechen noch lebendig. Dazu kam die Furcht vor deutschen Ansprüchen auf die ehemaligen deutschen Ostgebiete, die seit 1945 zu Polen gehörten. Im **Warschauer Vertrag** garantierte die Bundesregierung 1970 die territoriale Integrität (= Unverletzlichkeit) Polens.
Im deutsch-tschechoslowakischen **Vertrag von Prag** wurde das Münchener Abkommen von 1938 für unwirksam erklärt.

Garantien für Berlin – Mit dem Abschluss des **Viermächte-Abkommens über Berlin** am 3. 9. 1971 wurde die Freiheit West-Berlins und seiner Zugangswege vertraglich gesichert. Die Sowjetunion garantierte den ungehinderten Zugang zu den Westsektoren durch das Gebiet der DDR und bestätigte die besondere Bindung West-Berlins an die Bundesrepublik. Erstmals seit Jahren durften West-Berliner wieder

WILLY BRANDT, 1913 – 1992. SPD-Politiker, 1957 – 1966 Regierender Bürgermeister von Berlin, 1966–1969 Außenminister in der Großen Koalition, 1969–1974 deutscher Bundeskanzler. 1974 trat er wegen der Spionage-Affäre eines Mitarbeiters zurück. Brandt erhielt 1971 den Friedensnobelpreis für seine europäische Versöhnungspolitik.

Q 1 Der deutsch-polnische Vertrag

1 1 Die Bundesrepublik Deutschland und die Volksrepublik Polen stellen übereinstimmend fest, dass die bestehende
5 Grenzlinie [...] die westliche Staatsgrenze der Volksrepublik Polen bildet.
2 Sie bekräftigen die Unverletzlichkeit ihrer bestehenden Gren-
10 zen jetzt und in der Zukunft [...].
3 Sie erklären, dass sie gegeneinander keinerlei Gebietsansprüche haben und solche auch in der Zukunft nicht erheben wer-
15 den [...].

(In: Geschichte in Quellen 5, München 1980, S.563)

B 2 Willy Brandt vor dem Mahnmal des Warschauer Gettos, 1970

Verwandte und Freunde im Ostteil der Stadt besuchen. Ein **Transit-Abkommen** regelte den Straßen- und Schienenverkehr zwischen der Bundesrepublik und West-Berlin durch die DDR.

Misstrauensvotum gegen Brandt – Die Ostpolitik der Bundesregierung Brandt/Scheel hatte international große Anerkennung und bei großen Teilen der deutschen Bevölkerung Zustimmung gefunden. Im Frühjahr 1971 wurde Willy Brandt für seine Aussöhnungspolitik mit dem Friedensnobelpreis ausgezeichnet. Dennoch wurde die Ostpolitik von der CDU/CSU-Opposition scharf kritisiert. Als die knappe Mehrheit der Regierung im Bundestag durch Parteiübertritte abbröckelte, stellten CDU/CSU am 25. April 1972 einen Misstrauensantrag zur Abwahl von Bundeskanzler Willy Brandt. Doch der Misstrauensantrag scheiterte.

Stimmenthaltung – Bei der Abstimmung über die Verträge mit Moskau und Warschau enthielten sich die meisten CDU/CSU-Abgeordneten der Stimme; sie wollten das Viermächte-Abkommen für Berlin nicht gefährden.
Die vorgezogenen Bundestagswahlen im September 1972 wurden mit einer Rekordwahlbeteiligung von 91 Prozent zu

einer „Volksabstimmung" über die Ostverträge. Die SPD/FDP-Regierungskoalition setzte sich deutlich gegenüber CDU und CSU durch.

Q3 Der frühere Außenminister Gerhard Schröder (CDU) im Deutschen Bundestag, 1972:

1 Unsere Kritik an den Verträgen beruht daher auf der Befürchtung, dass die Teilung Deutschlands vertieft, die Verwirklichung des
5 Selbstbestimmungsrechts für alle Deutschen erschwert wird; dass das im Deutschland-Vertrag niedergelegte Engagement unserer drei großen westlichen Verbünde-
10 ten, zu einer freiheitlichen Lösung der deutschen Frage beizutragen, mit Sicherheit durch diese Verträge […] vermindert wird.

(In: K. Borcherding (Hg.), Die Deutsche Frage, Hannover 1982, S. 128. Gekürzt)

Q4 Der spätere Bundeskanzler Helmut Schmidt (SPD) im Deutschen Bundestag, 1972:

1 In der Bundesrepublik Deutschland hat es lange gedauert, ehe klar wurde, dass die beiden Teile der Nation nur dann wieder zueinander kommen können, wenn auch Europa wieder zusammenwächst. Vielen in unserem Lande fällt es
5 heute noch schwer zu begreifen, dass dies keineswegs von den Deutschen allein bewirkt werden kann, sondern dass ein Zusammenwachsen in Europa nur möglich ist, wenn beide Weltmächte und die ost- und westeuropäischen Staaten und das deutsche Volk in seinen beiden
10 Teilen dies wollen.

(In: K. v. Schubert (Hg.), Sicherheitspolitik der Bundesrepublik Deutschland. 1945–1977, T. 2, Köln 1978, S. 341 ff.)

B5 Demonstration von Gegnern der Ostverträge, Bonn 1972

ARBEITSAUFTRÄGE

1. Erklären Sie die geschichtliche Bedeutung von Willy Brandts Kniefall vor dem Mahnmal des Warschauer Gettos (B2).
2. Stellen Sie anhand von Q1 die Kernpunkte des Vertrages mit Polen zusammen. Welche Ängste der Polen sollten mit diesem Vertrag abgebaut werden?
3. Nennen Sie anhand von Q3 und Q4 Pro- und Kontra-Argumente zu den Ostverträgen. Formulieren Sie Ihre persönliche Meinung dazu und begründen Sie diese.
4. Betrachten Sie B5. Versuchen Sie, die Parolen der Demonstranten zu lesen und nennen Sie mögliche Gründe für den Widerstand gegen die Ostverträge.

11. Deutsch-deutsche Annäherung

Die SED-Führung hatte in den 1960er-Jahren das Ziel der deutschen Einheit aufgegeben. Sie strebte nun die internationale Anerkennung der DDR als souveräner Staat an. Die Regierung Brandt hatte zwar auf den Alleinvertretungsanspruch für ganz Deutschland verzichtet, nicht jedoch auf das langfristige Ziel der deutschen Wiedervereinigung. Ihre Deutschlandpolitik zielte daher auf Erleichterungen beim Zusammenleben und auf die Überwindung der deutschen Teilung im Rahmen einer gesamteuropäischen Friedensordnung. Wie versuchten beide Seiten, ihre Ziele zu erreichen?

Politik der menschlichen Erleichterungen – Die Konstrukteure der neuen bundesdeutschen Ostpolitik, Willy Brandt und Egon Bahr, hatten die Folgen des Mauerbaus in Berlin miterlebt: die Trennung von Familien, die Toten an der Mauer und die Angst vor der Aufgabe West-Berlins durch die Westalliierten. Die Folgen der Teilung zu mildern, zum Beispiel durch Fortschritte im Zusammenleben, durch die Möglichkeit von Besuchen, Telefongesprächen, Familienzusammenführungen und erleichterten Reiseverkehr, das waren zentrale Anliegen ihrer Politik.

Treffen in Erfurt und Kassel – In den Ostverträgen hatte die Bundesregierung die Unverletzlichkeit der Grenzen in Europa anerkannt. Diese Entspannungspolitik mit den osteuropäischen Nachbarn war zugleich eine Voraussetzung für die Aufnahme deutsch-deutscher Verhandlungen. Mit sowjetischer Vermittlung trafen sich 1970 erstmals die beiden deutschen Regierungschefs, Brandt und Stoph, in Erfurt und Kassel. Die DDR-Bevölkerung jubelte Willy Brandt zu. In seine Politik setzte sie große Hoffnungen.

EGON BAHR, geb. 1922. 1960 – 1966 Chef des Presse- und Informationsamtes des Landes Berlin, 1969 – 1972 Staatssekretär im Kanzleramt

---

Q1 Aus der Regierungserklärung Willy Brandts vom 28.10.1969:

1 20 Jahre nach Gründung der Bundesrepublik Deutschland und der DDR müssen wir ein weiteres Auseinanderleben der deutschen Na-
5 tion verhindern […]. Die Bundesregierung bietet dem Ministerrat der DDR erneut Verhandlungen […] an, die zu vertraglich vereinbarter Zusammenarbeit führen sollen. Ei-
10 ne völkerrechtliche Anerkennung der DDR durch die Bundesregierung kann nicht in Betracht kommen. Auch wenn zwei Staaten in Deutschland existieren, sind sie
15 doch füreinander nicht Ausland; ihre Beziehungen zueinander können nur von besonderer Art sein.

(In: Dokumente des geteilten Deutschland II, Stuttgart 1968, S.167 ff. Gekürzt)

Q2 Willi Stoph, Rede in Kassel am 21.5.1970:

1 Es widerspricht den Interessen des europäischen Friedens, wenn ein Staat […] einen Nachbarstaat nicht völkerrechtlich anerkennt und seine souveräne Gleichheit missachtet. Wer so an der Scheidelinie zwischen den gro-
5 ßen militärischen Gruppierungen die Grundfragen von Krieg oder Frieden offenhalten will, der beschwört […] die Gefahr ernster Konfliktsituationen herauf […]. Die völkerrechtliche Anerkennung der DDR durch die BRD ist […] ein Erfordernis für Frieden und Sicherheit in Europa.

(In: Dokumente des geteilten Deutschland II, Stuttgart 1968, S.207 ff. Gekürzt)

B3 West-Berliner besuchten im März 1972 erstmals seit 1966 Ost-Berlin

Im Jahr 1971 löste Erich Honecker Ulbricht als SED-Parteichef ab. Er machte die sofortige Aufnahme diplomatischer Beziehungen zwischen der Bundesrepublik und der DDR nicht länger zur Vorbedingung für die Aufnahme von Verhandlungen.

Bereitschaft zu Kompromissen – Nach schwierigen Verhandlungen fanden die Bundesrepublik und die DDR schließlich zu einem für beide Seiten vertretbaren Kompromiss. Im **Vertrag über die Grundlagen der Beziehungen** vom 21. 12. 1972 erkannte die Bundesrepublik die DDR als gleichberechtigten Staat an, vermied aber die Anerkennung der DDR als Ausland. Folglich wurden zwischen der DDR und der Bundesrepublik keine Botschaften, sondern „**Ständige Vertretungen**" eingerichtet. In der Präambel des Vertrages wurde die unterschiedliche Auffassung zur deutschen Einheit festgestellt. Auch das Problem der Staatsangehörigkeit blieb offen. In zusätzlichen Vereinbarungen wurden Verbesserungen bei der Familienzusammenführung, für Besuchs- und Reiseerleichterungen in dringenden Familienangelegenheiten – auch für DDR-Bürger – sowie bessere Arbeitsmöglichkeiten für Journalisten geregelt.

Die DDR-Führung erreichte mit dem Grundlagenvertrag ein wichtiges Ziel ihrer internationalen Politik: Der Vertrag mit der Bundesrepublik machte den Weg frei für die staatliche Anerkennung durch andere westliche Staaten. So wurden 1973 beide deutschen Staaten in die UNO aufgenommen. Dennoch blieben Differenzen: Während die DDR den Grundlagenvertrag als **völkerrechtliche Anerkennung** wertete und von einer eigenen **DDR-Staatsbürgerschaft** ausging, hielt die Bundesregierung an der Position fest, dass es nur **eine deutsche Nation** und nur eine deutsche Staatsangehörigkeit gebe.

B 4 „*Gewiß nicht komfortabel, aber statt des Seils doch immerhin schon ein Brett!*"
Karikatur von Eckart Munz, 11. 11. 1972

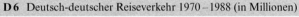
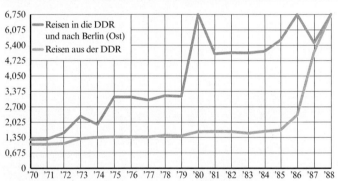

D 6 Deutsch-deutscher Reiseverkehr 1970 – 1988 (in Millionen)

Legende: — Reisen in die DDR und nach Berlin (Ost) — Reisen aus der DDR

T 5 Anerkennung der DDR durch östliche und westliche Staaten	
Bis 1971:	von 28 östlichen und blockfreien Staaten; von keinem westlichen Staat
1972:	Schweiz, Schweden, Österreich, Australien, Belgien, Finnland
1973:	Niederlande, Luxemburg, Spanien, Dänemark, Island, Norwegen, Italien, Großbritannien, Frankreich, Griechenland, Liechtenstein
1974:	Türkei, Portugal, USA

ARBEITSAUFTRÄGE

1. Legen Sie mit Q 1 und Q 2 die unterschiedlichen Zielsetzungen dar, mit denen beide Seiten die Verhandlungen aufnahmen.
2. Erörtern Sie am Beispiel des Reiseverkehrs (B 3, D 6), ob bzw. in welchem Umfang die neue Deutschlandpolitik Chancen für eine Überwindung der deutschen Teilung eröffnete.
3. Geben Sie die Position des Karikaturisten von B 4 wieder.
4. Erläutern Sie mit T 5 die Bedeutung des Grundlagenvertrags für die Verbesserung des völkerrechtlichen Status der DDR.
5. Beurteilen Sie am Beispiel des Reiseverkehrs (D 6) bundesdeutsche Zielsetzungen und Ergebnisse des Grundlagenvertrags.

12. Krise und Kontinuität – die Bundesrepublik bis 1989

Im weiteren Verlauf der 1970er-Jahre durchlebte die Bundesrepublik mehrere Krisen. Eine Serie brutaler Terroranschläge erschütterte die Republik. Amtsmüde und geschockt durch die Enttarnung seines Referenten Günter Guillaume als DDR-Spion, trat Willy Brandt 1974 als Bundeskanzler zurück. Sein Nachfolger wurde HELMUT SCHMIDT (SPD), neuer Außenminister HANS-DIETRICH GENSCHER (FDP). Ausgelöst durch den drastischen Anstieg der Erdölpreise kam die lange Phase des Wirtschaftswachstums in der Bundesrepublik zum Erliegen. Wie wurden die Krisen bewältigt?

Herausforderung Terrorismus – In Anlehnung an die russische Revolutionsarmee hatte sich eine extremistische Splittergruppe der 68er-Studentenbewegung den Namen **Rote Armee Fraktion** (RAF) gegeben. Ihr Ziel war der Kampf gegen den Staat Bundesrepublik, dem die RAF kapitalistische Ausbeutung und Unterdrückung vorwarf. Nach einer Ausbildung in Militärlagern der palästinensischen PLO verübte die RAF in den 1970/80er-Jahren zahlreiche brutale Terroranschläge, denen mehr als 30 Personen zum Opfer fielen, darunter prominente Politiker und Wirtschaftsführer.

Der bundesdeutsche Rechtsstaat war besonders herausgefordert, als ein Kommando der RAF den Arbeitgeberpräsidenten HANNS-MARTIN SCHLEYER und – mithilfe palästinensischer Terroristen – ein deutsches Flugzeug mit 87 Insassen entführte. Die Entführer verlangten von der Regierung die Freilassung von elf inhaftierten Terroristen. Als die dem Erpressungsversuch nicht nachgab, ermordeten die Terroristen den entführten Arbeitgeberpräsidenten. Die Passagiere des entführten Flugzeugs konnten durch eine Einheit des Bundesgrenzschutzes unverletzt befreit werden. Einige der inhaftierten Terroristen, darunter Andreas Baader und Gudrun Ensslin, begingen daraufhin Selbstmord.

PERSONENLEXIKON

HELMUT SCHMIDT, geb. 1918. Mitglied der SPD, 1974 – 1982 Kanzler der Bundesrepublik Deutschland

Q 2 Helmut Schmidt in einer Regierungserklärung zur Bekämpfung des Terrorismus, 20.10.1977:

1 Die drei Maximen, die unser Handeln bestimmen sollten […]:
1. Dr. Schleyer lebend zu befreien; […] ebenso die 82 Passagiere und 5 Besatzungsmitglieder […] in dem entführten Lufthansa-Flugzeug.
5 2. Die Täter zu ergreifen und vor Gericht zu stellen.
3. Die Fähigkeit des Staates, seine Bürger vor Gefahren zu schützen […] und das Vertrauen der Bürger in diese Schutzfunktion […] zu wahren.
Von Anfang an [war] klar […], dass die Erfüllung jeder
10 einzelnen der drei Maximen […] die Erfüllung der übrigen Maximen einschränken oder gar gefährden musste. In dieser unausweichlichen Gewissheit hatten wir unsere Entscheidungen zu treffen.

(In: Archiv der Gegenwart, 20.10.1977, S. 21 307. Gekürzt)

B 1 1977 entführte und ermordete die RAF den Präsidenten des Arbeitgeberverbandes Hanns-Martin Schleyer

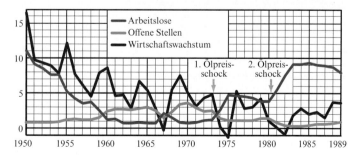

D 3 Der Arbeitsmarkt in der Bundesrepublik 1950–1989 (in Prozent)

— Arbeitslose
— Offene Stellen
— Wirtschaftswachstum

1. Ölpreisschock
2. Ölpreisschock

„Ölpreisschock" und Wirtschaftskrise – Der Anstieg des Ölpreises um 172 Prozent in den Jahren 1973/74, eine Krise der US-Wirtschaft sowie Lohnerhöhungen über den Produktivitätszuwachs hinaus hatten in der Bundesrepublik zu einer Wirtschaftskrise geführt. Die Arbeitslosigkeit stieg auf 1,1 Millionen Menschen. Die Regierung nahm zusätzliche Kredite auf und finanzierte ein staatliches Wirtschaftsförderungsprogramm. Obwohl die Wirksamkeit des Förderprogramms umstritten war, kam die Wirtschaft 1976 allmählich wieder in Schwung.

Ende der sozialliberalen Koalition – Ende der 1970er-, Anfang der 1980er-Jahre schienen die Gemeinsamkeiten der SPD/FDP-Koalition aufgebraucht zu sein. Hinzu kam, dass eine zweite Welle von Ölpreiserhöhungen die Wirtschaft erneut ins Stocken gebracht hatte. Vor allem in der Wirtschaftspolitik zeichneten sich nun grundsätzliche Differenzen in der Regierungskoalition ab. Die FDP kritisierte die wachsende Staatsverschuldung und forderte den Abbau von Sozialleistungen sowie Steuererleichterungen zur Ankurbelung der Wirtschaft. Der Streit der Regierungskoalition und die erneut steigende Zahl der Arbeitslosen ließen bei den Bürgern das Ansehen der Regierung und das Vertrauen in sie sinken.

Regierungswechsel in Bonn – Den Streit zwischen SPD und FDP nutzte die Opposition für ein **konstruktives Misstrauensvotum:** Am 1. Oktober 1982 wurde der CDU-Vorsitzende HELMUT KOHL von den Abgeordneten des Bundestages mit den Stimmen von CDU/CSU und FDP zum Bundeskanzler gewählt; damit war die Regierung Schmidt gestürzt. Nicht das Wählervotum, sondern eine Mehrheitsentscheidung im Parlament hatte zu dem Regierungswechsel geführt. Helmut Kohl rief zu einer „Politik der geistig-moralischen Wende" auf und appellierte an die Eigenverantwortlichkeit in der Gesellschaft. Begünstigt durch eine positive Weltkonjunktur, gelang der Wirtschaftsaufschwung tatsächlich. Aber die Staatsverschuldung konnte nicht dauerhaft gesenkt werden. Auch die hohe Arbeitslosigkeit blieb bestehen und ist ein bis heute andauerndes Strukturproblem.

Bei der Deutschland- und Europapolitik setzte die neue Regierung aus CDU/CSU und FDP die bisherige Politik der sozialliberalen Koalition fort.

Q 4 Regierungserklärung Helmut Kohls vom 13. 10. 1982:

1 Die geistig-politische Krise. Wir stecken nicht nur in einer wirtschaftlichen Krise [...]. Die Frage der Zukunft lautet nicht, wie viel mehr der Staat für seine Bürger tun kann, [sondern] wie sich Freiheit, Dynamik und Selbstverant-
5 wortung neu entfalten können [...]. Zu viele haben zu lange auf Kosten anderer gelebt: der Staat auf Kosten der Bürger, Bürger auf Kosten von Mitbürgern und wir alle auf Kosten der nachwachsenden Generationen. Es ist jetzt auch ein Gebot des sozialen Friedens und der sozialen
10 Gerechtigkeit, dass wir der Ehrlichkeit, Leistung und Selbstverantwortung eine neue Chance geben.

(In: Bulletin des Presse- und Informationsamtes der Bundesregierung, 93/14.10.1982, S. 854 ff. Gekürzt)

B 5 Helmut Kohl empfängt am 7. September 1987 DDR-Staats- und Parteichef Erich Honecker zu einem Arbeitsbesuch in Bonn. Das Musikkorps der Bundeswehr spielte beide Nationalhymnen.

ARBEITSAUFTRÄGE

1. Diskutieren Sie die Konfliktsituation, in der die Bundesregierung 1977 bei der Terrorismusbekämpfung steckte (B 1, Q 2). Hätte sie die Forderungen der Terroristen erfüllen sollen?
2. Analysieren Sie die Zusammenhänge zwischen Ölpreisentwicklung, Wirtschaftsentwicklung und Arbeitslosigkeit (D 3).
4. Analysieren Sie mit Q 4 die politischen Ziele Helmut Kohls.
5. Beurteilen Sie mit B 5 die deutsch-deutschen Beziehungen.

13. Die Entwicklung in der DDR 1970 bis 1989

SED-Generalsekretär Walter Ulbricht geriet 1970 in einen Konflikt mit der Sowjetunion und deren Führungsanspruch in der kommunistischen Welt. Am 3. Mai 1971 wurde Ulbricht durch seinen Stellvertreter ERICH HONECKER abgelöst. Welchen politischen Kurs verfolgte der neue SED-Generalsekretär?

Die sozialistische Nation – Honecker erkannte die verbindliche Führungsrolle der UdSSR an. Im Verhältnis zur Bundesrepublik und der internationalen Staatengemeinschaft betonte die DDR ihre staatliche Souveränität. Das Bekenntnis zur einen deutschen Nation wurde 1974 aus der Verfassung gestrichen und durch die **„Zwei-Staaten-Theorie"** ersetzt.

Die Schlussakte von Helsinki – Zusammen mit 35 weiteren europäischen Staaten unterzeichneten die DDR und die Bundesrepublik 1975 in Helsinki die **Schlussakte der Konferenz für Sicherheit und Zusammenarbeit in Europa** (KSZE). In der „Schlussakte" wurden 10 Prinzipien für die zwischenstaatlichen Beziehungen der europäischen Länder, aber auch für die Einhaltung der Menschen- und Bürgerrechte in den einzelnen Staaten vereinbart. Die Prinzipien der „Schlussakte von Helsinki" waren für die Bürgerrechtsbewegungen der Ostblockstaaten eine große Ermutigung, politische Unterdrückung und die Verletzung der Menschenrechte anzuklagen. Auch die 1972 im Grundlagenvertrag zwischen der Bundesrepublik und der DDR vereinbarte Gewährung größerer Freizügigkeit, von Reiseerleichterung, von Familienzusammenführung sowie die Verbesserung von Arbeitsmöglichkeiten für Journalisten trugen dazu bei. Die Zahl der **Ausreiseanträge** stieg nach 1975 sprunghaft an.

Neugewichtung von Konsumbedürfnissen – Mit Honecker setzte sich ein neuer wirtschaftspolitischer Kurs durch: Die Wirtschaftspolitik der DDR nahm Abschied von der reinen Industrieförderung; statt dessen rückte die Befriedigung von Konsumentenbedürfnissen stärker in den Vordergrund. Wirtschafts- und Sozialpolitik wurden als Einheit betrachtet. In den folgenden Jahren stiegen die Realeinkom-

ERICH HONECKER, 1912–1994. Seit 1971 Erster Sekretär des ZK der SED und seit 1976 Vorsitzender des DDR-Staatsrats. 1989 wurde er aller Ämter enthoben.

Q 1 Prinzipien der Schlussakte der Konferenz für Sicherheit und Zusammenarbeit in Europa (KSZE), 1975:

1. Souveräne Gleichheit, wechselseitige Achtung der Souveränität […]
2. Keine Androhung oder Anwendung von Gewalt zwischen den Teilnehmerstaaten der Konferenz […]
3. Unverletzlichkeit der Grenzen […]
4. Territoriale Integrität der Staaten
5. Friedliche Regelung von Streitfällen […]
6. Nichteinmischung in die inneren Angelegenheiten […]
7. Achtung der Menschenrechte und Grundfreiheiten, einschließlich der Gewissens-, Religions- oder Überzeugungsfreiheit […]
8. Gleichberechtigung und Selbstbestimmungsrecht der Völker […]
9. Zusammenarbeit zwischen den Staaten […]
10. Erfüllung völkerrechtlicher Verpflichtungen […]

(In: Europa-Archiv, 30. Jg.1977, S. D 438 ff.)

T2 1983 erforderliche Arbeitszeit zum Kauf/zur Bezahlung (in Std:Min)

monatliches Nettoeinkommen:	Bundesrepublik 2160 DM	DDR 969 Mark
Herrenschuhe	5:55	27:53
Damenkleid	5:20	40:23
Kühlschrank	40:00	293:23
Farbfernsehgerät	96:13	846:09
Pkw	607:24	3807:42
Eisenbahnwochenkarte	1:47	0:29
Monatsmiete einer 80 m²-Wohnung	62:15	16:45
Roggenbrot	0:13	0:06
Blumenkohl	0:10	0:21
Schokolade	0:54	0:44

(Aus: Bundesministerium für innerdeutsche Beziehungen [Hg.], Zahlenspiegel, Bonn 1986, S. 75 f., 86)

men um 30 Prozent. Die schrittweise Einführung der 40-Stunden-Woche und ein verlängerter Erholungsurlaub gehörten zu einem Maßnahmenpaket, das die SED-Führung 1976 beschloss. Auch der Ausbau von Schulen und Kinderhorten und die Familienförderung erhielten einen hohen Stellenwert.

Wohnungsbaupolitik – 1974 beschloss die SED, die „Wohnungsfrage" bis 1990 zu lösen. In den Außenbezirken der Städte entstanden gigantische Betonburgen, vom DDR-Witz als „Arbeiterschließfächer" oder „Schnarchsilos" bezeichnet. Wegen ihres vergleichsweise modernen Wohnstandards wurden diese Plattenbauten jedoch von der Bevölkerung geschätzt. Die Kehrseite dieser staatlich

für Nahrungsmittel	46 %	54 %
für Verkehrsleistungen	65 %	35 %
für Wohnungsmieten	70 %	30 %

■ durch Subventionen gedeckt
■ von Verbrauchern gezahlt

B 3 DDR-Subventionswirtschaft

B 4 Die Altstadt von Halberstadt

geförderten Wohnungsbaupolitik war der Verfall der Innenstädte. Die geringen Wohnungsmieten zwischen 0,80 bis 1,25 Mark pro Quadratmeter machten den Erhalt und die Sanierung älterer Häuser und Wohnungen fast unmöglich. So verfielen etwa 50 Prozent des vor 1945 erbauten Wohnungsbestandes.

Wirtschaftliche Stagnation – Die Subventionspolitik der SED hatte tief greifende wirtschaftliche Konsequenzen. Schon die weltweite Ölpreiskrise des Jahres 1973 traf die DDR hart, da die Preise für Rohstoffimporte drastisch stiegen. Doch die SED-Führung gab die höheren Kosten nur zum Teil an die Bevölkerung weiter und subventionierte für viele Konsumgüter und Dienstleistungen die Preise. Dafür nahm sie eine ständig wachsende Staatsverschuldung in Kauf. Bis 1989 hatte die Verschuldung eine Höhe von ca. 26,5 Milliarden Dollar erreicht; der wirtschaftliche Kollaps war absehbar. Allerdings kannten nur wenig DDR-Bürger das ganze Ausmaß der Misere.

B 5 Käuferschlange vor einem Gemüseladen in Bitterfeld, Foto 1989

ARBEITSAUFTRÄGE

1. Erörtern Sie mit Q 1 die Bedeutung der „Schlussakte von Helsinki" für das Entstehen der DDR-Bürgerbewegung.
2. Erläutern Sie mit T 2 und B 3 die Schwerpunkte der DDR-Subventionspolitik. Diskutieren Sie mögliche Vorteile und Nachteile für die Bevölkerung sowie für die Gesamtwirtschaft. Ziehen Sie auch B 4 und B 5 hinzu.

14. Frauen in beiden Teilen Deutschlands

Die Gleichberechtigung von Frau und Mann war in den Verfassungen der DDR und der Bundesrepublik festgelegt. Doch die gesellschaftliche Wirklichkeit entsprach dem nur zum Teil. Familie und Berufstätigkeit ließen sich für Frauen in Ost und West oft nicht leicht vereinbaren. Welche Wege gingen die beiden deutschen Staaten, um das Problem zu lösen?

DDR: Berufstätigkeit als Grundlage – Als Voraussetzung für die Gleichberechtigung der Frau galt in der DDR ihre Berufstätigkeit. Seit den 1950er-Jahren wurde die Berufstätigkeit lediger und verheirateter Frauen systematisch gefördert; auch deshalb, weil ihre Arbeitskraft für die ökonomische Entwicklung der DDR dringend benötigt wurde. In den 1960er-Jahren wurden auch die Bedingungen der beruflichen Qualifizierung von Frauen verbessert. Um berufstätige Mütter zu entlasten, wurden die **Angebote zur Kinderbetreuung** ausgebaut. Dadurch konnten Frauen in der DDR in der Regel ohne Unterbrechung erwerbstätig sein. Neben

bezahltem Schwangerschaftsurlaub gab es die Möglichkeit, ein **bezahltes Babyjahr** zu nehmen. Frauen standen alle beruflichen Bereiche offen. Sie gelangten jedoch in einigen Berufen seltener als Männer in Führungspositionen. „Typische" Frauenberufe wurden, wie auch in der Bundesrepublik, oft schlechter bezahlt als Männerberufe.

B 2 Abteilungsleiterin im VEB Kabelwerk Oberspree, DDR 1985

Q 1 Zuschrift einer Architektin an die DDR-Frauenzeitschrift „Für Dich"

1 Ich bin nach der Arbeit um 17.00 Uhr zu Hause. Bis 18.00 Uhr dann Einkäufe, Dienstleistungen, Schulsachen angucken. Jeden Abend
5 wasche ich nur Dinge, die die Wäscherei nicht annimmt. Beim Kleinen muss ich jeden Abend die Hausaufgaben kontrollieren. Etwa um 18.00 Uhr gibt es Abendbrot.
10 Bis 19.00 Uhr ist Familientreff. Anschließend waschen sich die Kinder. Andreas (der Ehemann) macht die nötige Hausarbeit. Dann wird gespielt, Würfelspiele
15 oder Vorlesen […]. Um 20 Uhr geht Achim ins Bett, eine halbe Stunde später Sebastian. Ab 21.00 Uhr verfügen wir über unsere Zeit […].

(In: Für Dich 20/1988, S. 26f. Gekürzt)

D 3 Anteil erwerbstätiger Frauen an allen Erwerbstätigen in Prozent

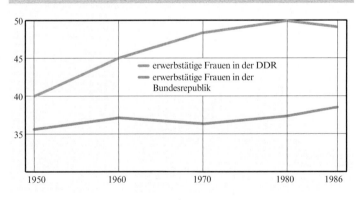

erwerbstätige Frauen in der DDR
erwerbstätige Frauen in der Bundesrepublik

T 4 Die Gleichstellung von Frauen in den achtziger Jahren im Vergleich

Frauenanteil in Bildung, Beruf, Politik (in Prozent)	BRD	DDR
Studierende an Hochschulen (1989)	41	59
Promotionen (1988)	26	38
Habilitationen (1988)	9	15
Richterinnen (1989)	18	50
Schuldirektorinnen (1988 bzw. 1982)	20	32
Betriebsrat-/BGL-Vorsitz (1986/1987)	21	50

(In: Informationen zur politischen Bildung, Nr. 270/2001)

Bundesrepublik: Hausfrau und Mutter als Ideal? – Anfang der 1950er-Jahre kehrten viele Kriegsgefangene zurück und Millionen Flüchtlinge zogen in das Gebiet der Bundesrepublik. Viele berufstätige Frauen wurden nun aus sogenannten Männerberufen verdrängt, in denen sie seit dem Zweiten Weltkrieg gearbeitet hatten. Verheirateten Beamtinnen konnte gekündigt werden, wenn auch ihr Ehemann im Öffentlichen Dienst beschäftigt war. Alte Familienstrukturen und Rollenmuster wurden wiederhergestellt. So bekräftigte das Gleichberechtigungsgesetz von 1958 die im Bürgerlichen Gesetzbuch verankerte sogenannte **Hausfrauenehe** und ordnete die Erwerbstätigkeit der Frau ihren Pflichten in Ehe und Familie unter. Doch viele Familien konnten es sich gar nicht leisten, auf den Verdienst der Frauen zu verzichten. Das Einkommen arbeitender Frauen lag bei gleicher Qualifikation und Leistung meist niedriger als das von Männern. Auch ihre Ausbildungschancen waren schlechter.

Emanzipation – In den 1970er-Jahren entstand in der Bundesrepublik eine von Parteien unabhängige **Frauenbewegung,** in der Frauen für die Verwirklichung der Gleichberechtigung kämpften. Sie kritisierten die einseitige Arbeitsteilung zwischen Männern und Frauen und lehnten die traditionelle Rolle als „Hausfrau und Mutter" ab. Frauen kämpften auch gegen das **Verbot der Abtreibung,** die gemäß § 218 des Strafgesetzbuchs bis 1974 mit Gefängnis bestraft wurde. Erst Ende der 1970er-Jahre wurde das Leitbild der Hausfrauenehe aufgegeben. In den 1980er-Jahren wurden in Parteien, Verbänden und im Öffentlichen Dienst die sogenannten **Quotenregelungen** eingeführt: Bei gleicher Qualifikation sollen Frauen ihren männlichen Mitbewerbern so lange vorgezogen werden, bis die vereinbarte Quote an Frauen erreicht ist.

B 6 Titelseite der Zeitschrift „stern", BRD, 6. Juni 1971

ARBEITSAUFTRÄGE

1. Beschreiben Sie anhand von Q 1 die Doppelbelastung berufstätiger Frauen.
2. Formulieren Sie eine These, wie das Selbstverständnis der Frauen in der DDR durch die Berufstätigkeit geprägt wurde (B 2).
3. Erläutern Sie mit D 3 und D 5 die unterschiedliche Entwicklung der Berufstätigkeit von Frauen in beiden Ländern.
4. Vergleichen Sie anhand von T 4 den Anteil von Frauen in höheren Positionen in beiden Ländern und diskutieren Sie Vor- und Nachteile einer Quotenregelung.
5. Erörtern Sie die Bedeutung der Aktion in B 6 für die Frauen in der Bundesrepublik. Informieren Sie sich über die Regelung zum Schwangerschaftsabbruch in der DDR.

D 5 Kinderbetreuung um 1989

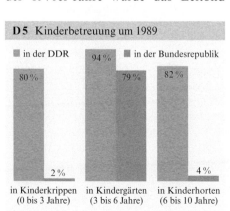

in der DDR / in der Bundesrepublik

- in Kinderkrippen (0 bis 3 Jahre): 80 % / 2 %
- in Kindergärten (3 bis 6 Jahre): 94 % / 79 %
- in Kinderhorten (6 bis 10 Jahre): 82 % / 4 %

	Politik	Kultur	Alltag/Wirtschaft
1985	1987: Staatsbesuch Honeckers in der Bundesrepublik; 1982: Regierungswechsel in Bonn: H. Kohl wird Kanzler	1980 ff.: Entstehung einer Friedensbewegung in beiden Teilen Deutschlands	1981 ff.: starker Anstieg der Ausreiseanträge in der DDR 1980er-Jahre: wirtschaftliche Stagnation und Staatsverschuldung in der DDR
1975	1975: KSZE-Schlussakte von Helsinki; 1972: Grundlagenvertrag zwischen der DDR und der Bundesrepublik; 1971: in der DDR löst E. Honecker W. Ulbricht ab 1970/71: Ostverträge; 1969: Regierungswechsel in Bonn, W. Brandt wird Bundeskanzler; 1967 ff. Entstehung einer Außerparlamentarischen Opposition (APO), v. a. Studenten 1963:L. Erhard wird Nachfolger Adenauers als Kanzler der Bundesrepublik 13. 8. 1961: verschärfte Abgrenzung der DDR zum Westen, Bau der Berliner Mauer	1976: Ausbürgerung des Liedermachers W. Biermann aus der DDR 1967 ff.: Studentenproteste in der Bundesrepublik (APO); 1964: „Deutschlandtreffen der Jugend" in Ost-Berlin 1963 ff.: Entstehung einer Oppositionsbewegung in der DDR; 1962: „Spiegelaffäre"/ Diskussion über Pressefreiheit in der Bundesrepublik 1955 ff.: Zunahme der Urlaubsreisen von Bundesbürgern; Rückzug ins Private	1975/77: Terroranschläge und Entführungen in der Bundesrepublik durch die RAF 1974/76: wirtschaftliches Reformprogramm in der DDR 1973: Erster Ölpreisschock 1972 ff.: der innerdeutsche Reiseverkehr steigt mit Abschluss des Grundlagenvertrags; 1955 ff.: Anwerbung von „Gastarbeitern in der BRD; 1955 ff.: Arbeitskräftemangel in der DDR durch zunehmende Flucht v. a. junger Menschen; 1953 ff.: schlechte Konsumgüterversorgung; erhöhte Arbeitsnormen in der DDR
1965			
1955	1955: Beitritt der Bundesrepublik zur NATO, der DDR zum Warschauer Pakt; 17. 6. 1953: Volksaufstand in der DDR; 1949: Gründung der BRD und der DDR; 1948/49: Berlinblockade und Luftbrücke; 1945: Wiedergründung politischer Parteien; 1945/46: Nürnberger Kriegsverbrecherprozesse; 2. 8. 45: Potsdamer Abkommen 8. 5. 1945: Ende des 2. Weltkriegs in Europa	1946 ff.: politische Kontrolle von Presse, Rundfunk, Schule und Universitäten in der SBZ; 1945 ff.: Errichtung des öffentlich-rechtlichen Rundfunksystems in den Westzonen; Entstehung unabhängiger Presse; 1945 ff.: Entnazifizierung; Neulehreranwerbung in der SBZ; 1946 ff.: Gründung der Jugendorganisation FDJ in der SBZ; 1945 ff.: Integration von über 12 Mio. Heimatvertriebenen; 1945 ff.: Aufbauleistung der „Trümmerfrauen"	1953 ff.: „Wirtschaftswunder" in der Bundesrepublik; 1952 ff.: Kollektivierung der Landwirtschaft in der DDR; 1950 ff.: Anbindung der DDR-Massenorganisationen an die SED; 1949 ff.: Einführung der zentralen Planwirtschaft in der DDR, der sozialen Marktwirtschaft in der Bundesrepublik; Juni 1948: Währungsreform; Juni 1947 ff.: Marshall-Plan-Hilfe für Westzonen; 1945 ff.: Bodenreform und Verstaatlichungen in der SBZ; 1945 ff.: Lebensmittelrationierung, Schwarzmarkthandel
1945			

Zusammenfassung – Der Ost-West-Konflikt – Ursachen und Auswirkungen für Deutschland

Nach der Kapitulation am 8. Mai 1945 wurde ganz Deutschland von den alliierten Siegermächten besetzt und in vier Zonen geteilt. Die Ziele der Alliierten in Deutschland waren: Demilitarisierung, Entnazifizierung und Demokratisierung. Zunehmende Differenzen zwischen den Westmächten auf der einen und der UdSSR auf der anderen Seite führten zum **Kalten Krieg** und 1949 zur **Gründung zweier deutscher Staaten.**

Die DDR entstand nach sowjetischem Vorbild als **Volksdemokratie mit zentraler Planwirtschaft.** Sie wurde Mitglied des Warschauer-Pakt-Bündnisses.

In der Bundesrepublik Deutschland wurde eine **parlamentarische Demokratie** und die **soziale Marktwirtschaft** eingeführt. Die Bundesrepublik wurde Mitglied des Verteidigungsbündnisses NATO.

In der DDR sicherte sich die SED eine **Einparteienherrschaft,** die sich auf alle Bereiche des Staates ausdehnte. Die Niederschlagung des Volksaufstands am **17. Juni 1953** sowie der **Bau der Mauer** im Jahr 1961 zeigten deutlich sichtbar das Unrechtsregime der SED. Gegenüber der Bundesrepublik vertrat sie die **„Zwei-Staaten-Theorie".** Anfang der 1970er-Jahre leitete die SED eine Phase wirtschaftlicher Liberalisierung ein: Die Verbesserung der Konsumgüterversorgung ging aber mit einer wachsenden Staatsverschuldung der DDR einher.

Die Bundesrepublik erlebte nach dem sogenannten **Wirtschaftswunder** der 1950/60er-Jahre einige wirtschaftliche und politische Krisen, konnte diese aber durch Reformen und im demokratischen Wettstreit konkurrierender Parteien meistern. Gegenüber der DDR formulierte sie bis Ende der 1960er-Jahre einen **Alleinvertretungsanspruch** für ganz Deutschland. Bundeskanzler Willy Brandt (SPD) leitete 1969 eine Politik der Versöhnung mit den Staaten Osteuropas sowie der Annäherung zwischen beiden deutschen Staaten ein.

ARBEITSAUFTRÄGE

1. Die deutsche Bundesregierung unter Bundeskanzler Brandt hatte ihre Deutschland- und Ostpolitik unter das Motto „Wandel durch Annäherung" gestellt. Erläutern und beurteilen Sie diese Zielsetzung.
2. Diskutieren Sie mögliche Gründe dafür, warum die Bürgerbewegung in der DDR erst Ende der 1980er-Jahre zu einer Massenbewegung wurde.

ZUM WEITERLESEN

H. Bosetzky: Capri und Kartoffelpuffer. Argon, Berlin 1997
K. Kordon: Ein Trümmersommer. Beltz & Gelberg, Weinheim 1994
I. Heyne: „… und keiner hat mich gefragt". Arena, Würzburg 1989
A. Schwarz: Wir werden uns wiederfinden. dtv, München 1981
A. Schwarz: Die Grenze – ich habe sie gespürt! dtv, München 1991
@/1 www.salvator.net/salmat/pw/pw2/spaltung/besatzer.htm
@/2 www.spd.de/servlet/PB/-s/16p3a6urjpmnbh4uuy14ilqvgcn jw82/menu/1009537/index.html
@/3 www.br-online.de/bildung/databrd/gesch2.htm/zusatz.htm
@/4 www.salvator.net/salmat/pw/luft/blockade.html www.dra.de/dok_07.htm
@/5 www.uno.de
@/6 www.dhm.de/ausstellungen/kalter_krieg/a_r02.htm
@/7 www.bundestag.de/info/parlhist/g1960_7.html
@/8 www.fr.-aktuell.de http://bz.berlin1.de
@/9 jump.to/1953
@/10 www.hausarbeiten.de/rd/archiv/paedagogik/ paed-bildungddr/paed-bildungddr.shtml

Standard-Check: Das sollten Sie können!

1. Wichtige Arbeitsbegriffe
Hier sind wichtige Arbeitsbegriffe des Kapitels aufgelistet.
Übertragen Sie diese in Ihr Heft und formulieren Sie zu jedem Begriff eine kurze Erläuterung.

Alleinvertretungsanspruch
Entspannungspolitik
Kalter Krieg
Ostverträge   *Schwarzmarkt*
Volksdemokratie   *Währungsreform*

1. ☺ ☺ ☹

2. Analyse und Interpretation einer Kapitelauftakt-Collage

2.1 Stellen Sie fest, welche verschiedenen Elemente die Collage enthält. Erläutern Sie, welche Aspekte der im Kapitel behandelten Geschichte dadurch erfasst werden.

2.2 Interpretieren Sie die Collage als Abbild der deutschen Geschichte vom Ende des Zweiten Weltkrieges bis zum Ende des Kalten Krieges.

B1 Kapitelauftakt-Collage

2.1 ☺ ☺ ☹

2.2 ☺ ☺ ☹

3. Analyse einer grafischen Modelldarstellung

3.1 Analysieren Sie die Grundkonstellation der sozialen Marktwirtschaft.
Welche Akteure (Handlungselemente) können Sie erkennen? Wie sind die Beziehungen der Akteure zueinander in der Grafik dargestellt?

3.2 Überprüfen Sie, ob das Schaubild nach Ihrer Kenntnis der sozialen Marktwirtschaft die Beziehungen richtig wiedergibt.

3.1 ☺ ☺ ☹

3.2 ☺ ☺ ☹

D2 Modell der sozialen Marktwirtschaft

Die Lösungen zu diesen Standard-Checkaufgaben finden Sie auf Seite 152.	Aber: Erst selbst lösen, dann überprüfen. Ihr Können können Sie bewerten (☺ ☺ ☹).	Ihre Leistungsbewertung zeigt Ihnen, was Sie noch einmal wiederholen sollten.

Das konnte ich
☺ = gut
☺ = mittel
☹ = noch nicht

Politische Wandlungsprozesse in Europa

Die Staaten Europas besitzen eine weit zurück reichende gemeinsame Geschichte. Einflüsse der antiken griechischen und römischen Kultur, die christliche Religion sowie die Ideale der Aufklärung prägen die europäischen Gesellschaften bis heute. Nach dem Zweiten Weltkrieg nahmen die Versuche, Europa zu einigen, konkrete Formen an. Doch wie kann die Zukunft eines geeinten Europas aussehen?

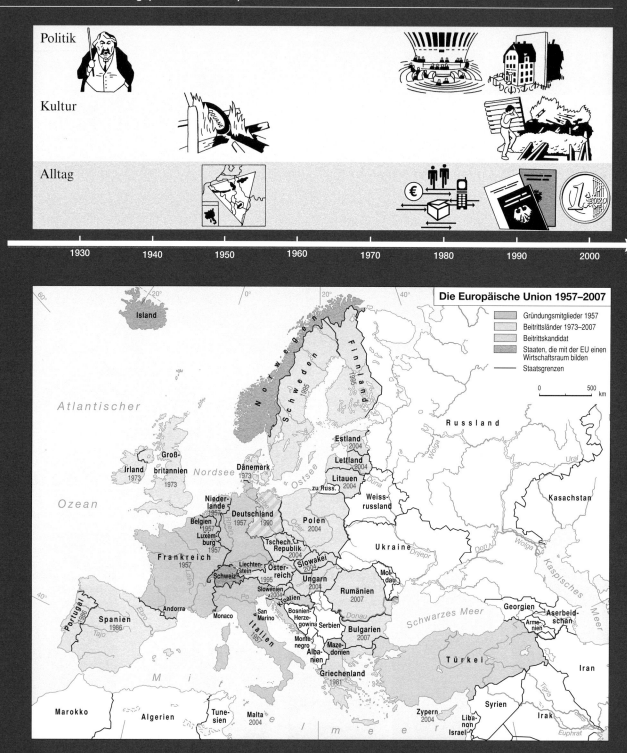

Politik

Kultur

Alltag

1930 1940 1950 1960 1970 1980 1990 2000

Die Europäische Union 1957–2007

- Gründungsmitglieder 1957
- Beitrittsländer 1973–2007
- Beitrittskandidat
- Staaten, die mit der EU einen Wirtschaftsraum bilden
- Staatsgrenzen

0 500 km

ARBEITSAUFTRAG

Beschreiben Sie die Phasen des Wachstums der Europäischen Union. Erläutern Sie die Reihenfolge, in der die verschiedenen Regionen Europas einbezogen wurden und nennen Sie mögliche Gründe dafür.

Teil I: Der europäische Einigungsprozess

1. Europapläne nach den beiden Weltkriegen

Im 20. Jahrhundert wurden weite Teile Europas in zwei Weltkriegen in Schutt und Asche gelegt; mehr als 50 Millionen Menschen verloren in diesen beiden Kriegen ihr Leben. Das Ausmaß des Leids und der Zerstörung war immer wieder Anlass, eine stabile Friedensordnung für Europa anzustreben. Wie sahen diese Pläne aus und was ist daraus geworden?

Vorbilder in der Geschichte – Der Gedanke einer europäischen Friedensordnung reicht bis ins 17. Jahrhundert zurück. Nach dem Dreißigjährigen Krieg (1618 – 1648) fand in Münster und Osnabrück der erste europäische Friedenskongress statt. Der Philosoph IMMANUEL KANT (1724 – 1804) entwickelte in seiner Schrift „Vom ewigen Frieden" die Idee eines föderativen Staatenverbandes, der zukünftige Kriege in Europa verhindern sollte.

Selbstbestimmungsrecht und Völkerbund – Im Januar 1918, kurz vor Kriegsende, hatte US-Präsident WOODROW WILSON seine Vorstellungen von einer internationalen Friedensordnung sowie von einer Gemeinschaftsorganisation aller Staaten formuliert. Seine Pläne für eine dauerhafte Friedensordnung basierten auf den Prinzipien der Freiheit und des Selbstbestimmungsrechts aller Völker, der Unverletzlichkeit der Grenzen aller Staaten sowie freien Handelsbeziehungen zwischen den Völkern.

Q1 Aus der Satzung des Genfer Völkerbundes:

1 Art. 12. Alle Bundesmitglieder kommen überein, eine zwischen ihnen entstehende Streitfrage […] entweder der Schiedsgerichtsbarkeit oder
5 der Prüfung durch den Rat [des Völkerbunds] zu unterbreiten […].
Art. 16. Schreitet ein Bundesmitglied [gegen ein anderes] zum Krieg, so wird es […] so angese-
10 hen, als hätte es eine Kriegshandlung gegen alle anderen Bundesmitglieder begangen. Diese verpflichten sich, unverzüglich alle Handels- und Finanzbeziehungen
15 zu ihm abzubrechen […]. In diesem Falle ist der Rat verpflichtet […] vorzuschlagen, mit welchen Streitkräften jedes Bundesmitglied zu der bewaffneten Macht beizutra-
20 gen hat, die den Bundesverpflichtungen Achtung zu verschaffen bestimmt ist.

(In: Geschichte in Quellen, Bd. 5, München 1980, S. 131 f. Gekürzt)

Q2 Rede des französischen Außenministers Briand vor der Völkerbundversammlung in Genf, 5. 9. 1929:

1 Ich denke, dass unter den Völkern, deren Länder geografisch zusammengehören wie die der europäischen Völker, eine Art von einem „föderativen Band" bestehen sollte. Diese Völker müssen in jedem Augenblick die Mög-
5 lichkeit haben, in Kontakt miteinander zu treten, über ihre gemeinsamen Interessen zu diskutieren, gemeinsame Entschlüsse zu fassen, kurz, sie müssen untereinander ein Band der Solidarität knüpfen, das es ihnen erlaubt, widrigen Verhältnissen im gewünschten Augenblick zu be-
10 gegnen, wenn sie eintreten sollten […].

(In: Geschichte in Quellen, Bd. 5, München 1980, S. 225 f.)

B3 Aristide Briand und Gustav Stresemann, Foto 1926

Auf Wilsons Initiative hin nahm am 16.1.1920 in Genf der **Völkerbund** seine Arbeit auf. Seine Handlungsfähigkeit war jedoch von Anfang an eingeschränkt: Ausgerechnet der US-Senat hatte einen Beitritt abgelehnt, weil die Amerikaner sich nicht länger in die europäischen Konflikte einmischen wollten. Die Sowjetunion schloss sich erst 1934 dem Völkerbund an; Deutschland und seine Kriegsverbündeten blieben anfangs ausgeschlossen. In einigen Konfliktfällen konnte der Völkerbund schlichten und vermitteln. Den Zweiten Weltkrieg hat er jedoch nicht verhindern können. Denn die internationale Staatengemeinschaft fand lange keine gemeinsame Linie gegen die aggressive Außen- und Kriegspolitik des nationalsozialistischen Deutschlands. ❷/2

Die Vision eines geeinten Europas – Der französische Außenminister Aristide Briand und sein deutscher Amtskollege Gustav Stresemann leiteten 1925 mit den Locarno-Verträgen die deutsch-französische Verständigung ein, ohne die ein dauerhafter Friede in Europa undenkbar war. 1929 forderte Briand in einer Rede vor dem Völkerbund die Schaffung einer **„Europäischen Föderativen Union"** für die Völker Europas, bei der die europäischen Staaten und Regierungen jedoch (vorerst) ihre volle Souveränität behalten sollten. Stresemann stimmte diesem Plan zu und betonte besonders die Notwendigkeit einer Zusammenarbeit auf wirtschaftlichem Gebiet. Doch Briands Plan scheiterte an der Furcht der nationalen Regierungen, dass ihre Machtbefugnisse beschnitten würden.

Blockbildung statt europäische Einigung – Bereits während des Zweiten Weltkriegs hatten der damalige US-Präsident Franklin D. Roosevelt und der britische Premier Winston Churchill den Plan gefasst, an die Stelle des früheren Völkerbunds eine neue Weltorganisation zur Sicherung des Friedens zu setzen. Dieser Plan mündete 1945 in der Gründung der **Vereinten Nationen** (UNO). Doch Churchills 1946 formulierter Plan von den „Vereinigten Staaten von Europa" blieb in den Jahren des einsetzenden „Kalten Kriegs" nur eine Vision. Statt dessen standen sich in Europa mit den Verteidigungsbündnissen der westlichen NATO-Länder und der östlichen Warschauer Pakt Staaten schon bald zwei verfeindete Blöcke gegenüber.

Aristide Briand, 1862–1932. Französischer Außenminister. Zusammen mit Gustav Stresemann erhielt er 1926 den Friedensnobelpreis für die gemeinsamen Bemühungen um eine europäische Aussöhnungs- und Friedenspolitik.

Q 5 Aus einer Rede des früheren britischen Premierministers Winston Churchill vom 19.9.1946 in Zürich:

1 Wenn den europäischen Ländern die Vereinigung gelingt, werden ihre 300 bis 400 Millionen Bewohner aufgrund ihres gemeinsamen Erbes grenzenlosen Wohlstand, Ruhm und Glück erleben […]. Bemühen wir uns um die Errich-
5 tung der – wie soll ich es Ihnen sagen – Vereinigten Staaten von Europa. Der erste Schritt ist die Bildung eines „Europarats". Für das Gelingen dieser […] Aufgabe müssen sich Frankreich und Deutschland, Großbritannien, das mächtige Amerika und, wie ich aufrichtig hoffe, auch die
10 Sowjetunion […] miteinander versöhnen.

(In: Europäisches Geschichtsbuch, Neufass. Stuttgart 1998, S. 363. Gekürzt.)

B 4 „Der Magister Europas". Aus dem Wochenblatt „Kladderadatsch", 15.6.1930

ARBEITSAUFTRÄGE

1. Erläutern Sie mit Q 1 das Ziel des Völkerbundes, aber auch die Probleme, die ein kollektives Sicherheitssystem hat.
2. Diskutieren Sie die Europa-Pläne Briands (Q 2, B 3, B 4). Wie beurteilen Sie die damaligen Möglichkeiten zur Realisierung?
3. Vergleichen Sie Churchills Europavision (Q 5) mit der Briands (Q 2). Nennen Sie Gründe dafür, warum Churchills Vision der „Vereinigten Staaten von Europa" vorerst scheiterte.

2. Die Einigung Westeuropas durch einen gemeinsamen Markt

Nach dem Zweiten Weltkrieg hatte Europa seine Stellung als führendes Zentrum der Wirtschaft und der internationalen Politik verloren. Die Supermächte USA und UdSSR dominierten die Weltpolitik – auch in Europa. Die Teilung des Kontinents in zwei verfeindete Blocksysteme schien eine gesamteuropäische Einigung in weite Ferne zu rücken. So nahm die europäische Zusammenarbeit vorerst nur in Westeuropa konkretere Formen an.

Wiederaufbau – Wegen des Widerstandes der Sowjetunion konnten die Staaten Mittel- und Osteuropas sowie die sowjetisch besetzte Zone Deutschlands die Finanz- und Wiederaufbauhilfe der amerikanischen Regierung (Marshall-Plan) nicht in Anspruch nehmen.
Die Staaten West- und Südeuropas und die drei von den Westmächten besetzten

Zonen Deutschlands wurden durch das Wiederaufbauprogramm nicht nur wirtschaftlich sondern auch politisch enger aneinander gebunden.

B2 Verbrennung eines Grenzpfahls an der deutsch-französischen Grenze um 1950

PERSONENLEXIKON

ROBERT SCHUMAN, 1886–1963. Französischer Politiker und Minister in verschiedenen Ressorts, u. a. von 1947 –1948 Ministerpräsident. Schuman entwickelte den Plan einer „Europäischen Gemeinschaft für Kohle und Stahl" (Montanunion) und trat für die Bildung einer Europäischen Verteidigungsgemeinschaft ein.

Q1 Der Schuman-Plan zur Gründung der Montanunion, 9. 5. 1950:

1 Europa lässt sich nicht mit einem Schlag herstellen […]. Die Vereinigung der europäischen Nationen erfordert, dass der jahrhunderte-
5 alte Gegensatz zwischen Frankreich, England und Deutschland ausgelöscht wird. Die französische Regierung schlägt vor, die Gesamtheit der französisch-
10 deutschen Kohle- und Stahlproduktion unter eine gemeinsame Oberste Behörde zu stellen, in einer Organisation, die den anderen europäischen Ländern zum Beitritt
15 offen steht. Die Zusammenlegung der Kohle- und Stahlproduktion wird […] die Schaffung gemeinsamer Grundlagen für die wirtschaftliche Entwicklung sichern – und da-
20 mit die erste Etappe der europäischen Föderation […].

(In: Geschichte in Quellen, Bd. 7, München 1980, S. 373 f. Bearbeitet)

B3 Die New York Times 1951 zur Gründung der Montanunion

Von der Montanunion zur Europäischen Union – Der französische Außenminister Robert Schuman war zu der Auffassung gelangt, die Einigung Europas könne nur in kleinen Schritten gelingen. Als ersten Schritt schlug er die Schaffung eines gemeinsamen Marktes für Kohle und Stahl vor. 1951 unterzeichneten Frankreich, die Bundesrepublik Deutschland, Belgien, Italien, Luxemburg und die Niederlande den Vertrag über die Gründung der **„Europäischen Gemeinschaft für Kohle und Stahl",** die sogenannte Montanunion. 🔗/3

Schon bald beschlossen die sechs Außenminister der Montanunion, ihre Kooperation auf andere Bereiche auszudehnen. 1957 wurde in Rom die **„Europäische Wirtschaftsgemeinschaft"** (EWG) gegründet, ein anfangs auf die sechs europäischen Gründungsstaaten begrenztes einheitliches Wirtschaftsgebiet ohne Zollschranken. Die steigende Produktivität, der Anstieg des Außen- und Binnenhandels in den EWG-Staaten sowie die wachsende Kaufkraft der Bürger zeigten die Vorteile eines größeren europäischen Wirtschaftsraums. Der Erfolg übte auf andere europäische Staaten eine Sogwirkung aus: 1985 waren aus sechs 12, 1995 bereits 15 Mitgliedsstaaten geworden. Aus der Wirtschaftsgemeinschaft ging 1967 die **„Europäische Gemeinschaft"** (EG) hervor, die weit mehr als nur gemeinsame Wirtschaftsinteressen verband.

Mit den Verträgen von Maastricht (Niederlande) aus dem Jahr 1992 beschlossen die Regierungschefs der damaligen Mitgliedsstaaten der EG die Gründung der **Europäischen Union** (EU). In den Verträgen legten sie Richtlinien für eine gemeinsame Wirtschafts-, Währungs-, Außen- und Sicherheitspolitik fest. Damit wurden erstmals klassische Kompetenzen aus dem Politikbereich von der Ebene der Einzelstaaten auf die EU verlagert. Die Verträge von Maastricht begründeten zwar keinen europäischen Zentralstaat, ebneten aber den Weg in diese Richtung. 🔗/4

Europa-Fahne; die Zahl der Sterne (zwölf) steht, anders als in der amerikanischen Flagge, nicht für die Zahl der Mitgliedsstaaten, sondern gilt als Symbol der Vollkommenheit.

K 5

Freier Personenverkehr	**Freier Warenverkehr**
• Wegfall von Grenzkontrollen • Niederlassungsfreiheit für EG-Bürger	• Wegfall von Grenzkontrollen • gegenseitige Anerkennung von Normen und Vorschriften
Freier Dienstleistungsverkehr	**Freier Kapitalverkehr**
• Öffnung von Finanz-, Telekommunikations- und Transportmärkten	• größere Freizügigkeit für Geldbewegungen • gemeinsame Währung

B 4 Die Freiheiten des Binnenmarktes

ARBEITSAUFTRÄGE

1. Erläutern Sie die Ziele, die Schuman mit der Gründung der Montanunion verfolgte (Q1).
2. Erörtern Sie mögliche Motive für die Demonstration der deutschen und französischen Studenten in B 2.
3. Interpretieren Sie B 3. Was will der amerikanische Karikaturist mit seiner Zeichnung „Key Area" ausdrücken?
4. Erörtern Sie mit B 4 die Vorteile eines gemeinsamen Binnenmarkts für die EU-Bürger.
5. Diskutieren Sie mögliche Probleme des Binnenmarkts (K 5).

3. Die Ost-Erweiterung der EU – Chancen und Probleme

Nach dem Zusammenbruch des Ostblocks 1989/90 waren parlamentarische Demokratien nach westlichem Vorbild sowie der gemeinsame Wirtschaftsraum eines vereinten Europas für viele mittel- und osteuropäische Staaten attraktive Perspektiven. Laut Vertrag von Maastricht soll die EU prinzipiell allen europäischen Staaten offenstehen, wenn sie gewisse politische und ökonomische Kriterien erfüllen. Im Frühjahr 2004 wurden neben Malta und Zypern acht Staaten Mittel- und Osteuropas aufgenommen. Anfang 2007 folgten noch Bulgarien und Rumänien. Ist die EU dieser Integrationsaufgabe gewachsen?

Chancen und Probleme der Erweiterung – Die historische Chance der EU-Erweiterung besteht darin, eine **Zone von Demokratie, freiem Handel und Sicherheit** zu schaffen, die weit in den Osten Europas reicht. Vor dem Hintergrund zweier Weltkriege sowie den Erfahrungen mit Diktatur und Unterdrückung in Europa war und ist dies ein vordringliches Ziel.
Allerdings wuchs mit der Aufnahme der zehn neuen Mitgliedsländer 2004 die Wirtschaftskraft der EU nur um ca. 6 Prozent, ihre Bevölkerung stieg dagegen um ca. 20 Prozent und ihre Fläche um 30 Prozent. Das durchschnittliche **Bruttoinlandsprodukt** der Neumitglieder lag 2004 bei ca. 40 Prozent des früheren EU-Durchschnitts. Die Zahl der Mitgliedsländer und -regionen, die aus den Struktur- und Agrarfonds

der EU gefördert werden will, ist also deutlich gestiegen. Besonders in den Ländern und Regionen der „alten" EU, die bisher von EU-Subventionen besonders profitierten, reagierten Teile der Bevölkerung daher mit Skepsis und Ängsten auf die Erweiterung. Die Finanzierung der EU, ihre bisherige Agrarpolitik sowie das Subventionssystem sind in der Tat dringend reformbedürftig. Einerseits wollen die neuen Mitglieder nicht auf Dauer das „Armenhaus" Europas bleiben. Andererseits wächst bei den reichen EU-Ländern der Widerstand gegen eine weitere Er-

Vom Denar zum Euro: Wandel unserer Münzen 🌐/5

Q 2 Der polnische Ministerpräsident Mazowiecki am 30. 1. 1990:

1 Europa durchlebt eine ungewöhnliche Zeit: Die Hälfte des Kontinents, die fast 50 Jahre von ihrer ursprünglichen Lebensquelle getrennt war, wünscht dahin zurückzukehren. Die Polen sind eine Nation, die sich ihrer Zu
5 gehörigkeit zu Europa und ihrer europäischen Identität bewusst ist. In Europa sehen wir [...] die Werte – Vaterland, Freiheit, Menschenrechte – und fahren fort, uns entschieden mit diesem Europa zu identifizieren. [...] Die Mauer zwischen dem freien und dem unterdrückten Eu
10 ropa wurde beseitigt. Jetzt bleibt die Lücke zwischen dem armen und dem reichen Europa zu schließen. Wenn Europa ein „gemeinsames Haus" werden soll, dann dürfen auch solche Unterschiede nicht lange bestehen.

(In: Gasteyger, C.: Europa zwischen Spaltung und Einigung 1945 bis 1990, Bonn 1990, S. 414f. Gekürzt)

Q 3 Der frühere Bundespräsident von Weizsäcker zur EU, 1992:

1 Der Gipfel von Maastricht ist ein Meilenstein – aller Kritik zum Trotz. Er weist uns den Weg nach Europa, auf den wir angewiesen sind. Jetzt fehlen nur noch die entscheidenden Stufen zur europäischen Einheit: die Wirtschafts- und Wäh
5 rungsunion und die politische Union. So wächst eine europäische Gemeinschaft heran, die wir als Deutsche inmitten Europas dringlich benötigen, nicht nur aus wirtschaftlichen Gründen, sondern langfristig noch viel mehr aus geografischen und historischen Gründen, um unserer
10 Politik und Sicherheit willen.

(In: Bulletin der Bundesregierung, Bonn 15.4.1992)

B 1 „Das Europäische Haus".
Karikatur von Luis Murschetz, 1991

höhung ihrer Beiträge. Schließlich würde die bisherige Form der EU-Agrarsubventionen wegen der Aufnahme neuer, stark agrarwirtschaftlich geprägter Länder zu einer gewaltigen Überproduktion von Agrarprodukten führen. Kritiker der EU-Finanzpolitik sind schon heute der Aufassung, dass zuviel Geld für die Agrarförderung und zu wenig in die Förderung von Zukunftstechnologien investiert wird.

Ängste und Erwartungen der Bürger – Vielen Bürgern bereitet auch die neue Größe der EU und die Geschwindigkeit des Wachstums Sorgen. Ihnen erscheint die EU als riesiger bürokratischer Apparat, dessen Entscheidungen sie kaum beeinflussen können. Ihre eigenen Anliegen sehen sie in dem Interessengemenge von 27 Mitgliedsstaaten nicht richtig vertreten. Ein weiterer Grund für die Skepsis vieler Menschen ist deren Angst um ihren Arbeitsplatz; entweder weil die Erweiterung eine **Zuwanderung** qualifizierter Arbeitskräfte nach sich ziehe oder weil **preiswerte Importe** aus EU-Ländern mit niedrigerem Lohnniveau heimische **Arbeitsplätze ge-fährden** könnten. Bereits 1992 bzw. 1994 führten Volksbefragungen in Dänemark und Norwegen zur Ablehnung des Vertrags von Maastricht bzw. gegen einen EU-Beitritt. Im Frühjahr 2005 hat die Mehrheit der Bevölkerung Frankreichs und der Niederlande sogar die EU-Verfassung abgelehnt. Dem halten die Befürworter der EU-Erweiterung entgegen, dass gerade die **Exportnation Deutschland** von den neuen Märkten Wachstumsimpulse für die heimische Wirtschaft erhalte. Die europäischen Volkswirtschaften müssten angesichts der **Globalisierung** auch deshalb zusammenwachsen, um international konkurrenzfähig zu bleiben. **e**/6

Die bisher positiven Erfahrungen mit der 2002 eingeführten neuen Gemeinschaftswährung **Euro** lassen darauf hoffen, dass viele Ängste der EU-Skeptiker unbegründet und dann auch bald überwunden sind.

Q 5 Chancen für junge Menschen und Arbeitnehmer

1 Mit der Einführung des Binnenmarktes entstand in Europa der größte Arbeitsmarkt der Welt. Der spanische Buchhalter, der in Dänemark arbeitet, der deutsche Ingenieur, der in den Niederlanden aufsteigt, der belgische Hand-
5 werker, den es nach Irland zieht – all dies ist vorstellbar […]. [Man] sollte mindestens zwei Fremdsprachen gut bis sehr gut beherrschen […]. Zunehmend Bedeutung gewinnt die Freizügigkeit für Jugendliche, die ihre Lehre, ihr Studium oder ihren Berufsstart in einem anderen EG-Land
10 absolvieren möchten.

(In: Brückner, M. u. a.: Der Europa-Ploetz, Freiburg, Würzburg 1993, S. 281. Gek.)

B 6 „Østerbro stimmt mit Nein", „Gegen den Verkauf von Dänemark": Demonstration in Kopenhagen 1992 gegen den Maastricht-Vertrag

B 4 Demonstration französischer Bauern gegen die Kürzung von Agrarsubventionen, Bahnhof Barbentane nahe Marseille, 1992

ARBEITSAUFTRÄGE

1. Erläutern und beurteilen Sie mit Q 2 und Q 3 die Argumente, die für eine (Ost-)Erweiterung der EU genannt werden.
2. Diskutieren Sie mit B 1, B 4, B 6 und dem Darstellungstext Probleme und Ängste, die mit der Erweiterung verbunden sind.
3. Formulieren Sie ihre persönliche Meinung: Sehen Sie für sich mehr Chancen oder mehr Risiken in der EU-Erweiterung?

4. Die politische Struktur der erweiterten Europäischen Union

Notwendigkeit institutioneller Reformen – Der **Vertrag von Maastricht** (1992 unterzeichnet, 1993 in Kraft getreten) schuf die Grundlage, um die Europäische Union zu einer politischen Union mit gemeinsamer Sicherheits-, Außen- und Wirtschaftspolitik weiterzuentwickeln. Die Gesetzes- und Entscheidungskompetenzen der EU wurden deutlich erweitert, wodurch die EU stärker als vorher auf das Alltagsleben der Bürgerinnen und Bürger in den einzelnen Staaten Einfluss nehmen konnte – was angesichts der Vielzahl europäischer Verordnungen zum Teil beträchtliche Kritik hervorrief. Andererseits erhöhte die verstärkte Integration das internationale Gewicht der EU und die Freiheiten des **Binnenmarktes** wurden allgemein begrüßt und genutzt. Die Attraktivität der EU schlug sich nieder in den erfolgreichen Beitrittsverhandlungen, die über das Europa der 25 (2004) schließlich zum **Europa der 27** (2007) führten. Mit 27 Staaten war aber an eine einfache Fortsetzung der bisherigen Arbeitsweise der Organe der EU nicht mehr zu denken. Deshalb wurden auf dem Gipfel in Nizza (2000) Reformen beschlossen, um die Arbeitsfähigkeit der EU auch nach der Erweiterung sicherzustellen. Der **Vertrag von Nizza** trat am 1. Februar 2003 in Kraft und ist seitdem die Basis des politischen Systems der EU. Damit wurden in vielen Bereichen Beschlüsse mit qualifizierter Mehrheit statt vorher mit Einstimmigkeit zur Regel. Eigentlich sollte der Vertrag von Nizza in den Jahren 2006/2007 durch eine **Verfassung für die EU** abgelöst werden. Diese Verfassung sollte nicht nur eine Fortschreibung der institutionellen Reformen enthalten, sondern auch die politischen Zielsetzungen weiterentwickeln (u. a. in der Außen- und Sicherheitspolitik). Doch der vom Europäischen Rat 2004 nach langen kontroversen Beratungen verabschiedete Entwurf scheiterte im Ratifizierungsverfahren, nachdem in Frankreich und den Niederlanden die Mehrheit der Bevölkerung dagegen stimmte. Im

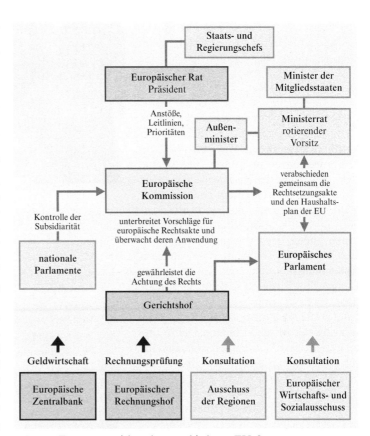

B 1 Das Zusammenwirken der verschiedenen EU-Organe nach dem Reformvertrag von Lissabon

Abstimmungsverhalten bündelten sich verschiedene Kritiken: Allgemein schlug der Erweiterung der Kompetenzen für die europäische Ebene Misstrauen entgegen, ohne dass damit eine fundamentale Ablehnung der europäischen Idee zum Ausdruck gebracht werden sollte.

Nach einer Denkpause wurde vom ehrgeizigen Verfassungsprojekt Abschied genommen. Zentrale Inhalte daraus fanden aber Eingang in den **Reformvertrag von Lissabon,** der Ende 2007 unterzeichnet wurde. Wie alle Verträge muss auch dieser Vertrag von den einzelnen Mitgliedstaaten der EU ratifiziert werden, bevor seine Regelungen in Kraft treten können. Dies ist bis 2009 geschehen; damit kann die nächste Europawahl schon nach den neuen Bestimmungen stattfinden.

Sollte auch der Lissabonner Reformvertrag scheitern, würden die Bestimmungen von Nizza weiter gelten. Für die EU wäre das zwar ein herber politischer Rückschlag, ihre Handlungsfähigkeit bliebe aber gewährleistet.

Der Europäische Rat – Das höchste Entscheidungsgremium der EU ist der Europäische Rat der Staats- und Regierungschefs. Er tritt mindestens einmal pro Halbjahr zusammen und bestimmt die Leitlinien der europäischen Politik. Die Präsidentschaft des Rates wird immer für ein halbes Jahr von einem anderen Mitglied übernommen. Nach dem Reformvertrag von Lissabon erhält die EU einen **Vorsitzenden,** der zweieinhalb Jahre amtiert. Neu ist weiterhin das Amt des **Außenministers,** der vom Europäischen Rat gewählt wird und zugleich Vizepräsident der EU-Kommission ist. Außerdem leitet er die Zusammenkünfte der Außenminister der Mitgliedsländer. Damit unterstreicht die EU ihre wachsende Bedeutung im internationalen Konfliktmanagement. Bisher war diese Aufgabe vom Spanier XAVIER SOLANA als „Generalsekretär des Europäischen Rates und Hoher Vertreter für die Außen- und Sicherheitspolitik" wahrgenommen worden. Die Verzahnung des Amtes mit der EU-Kommission erhöht deren Bedeutung als eigentlicher Regierung der Union.

Rat der Europäischen Union (Ministerrat) – Neben der Gipfelkonferenz der Staats- und Regierungschefs gibt es den **Rat.** So lautet die offizielle Bezeichnung für die Runde der jeweiligen Fachminister der EU, besser bekannt unter der Bezeichnung **Ministerrat,** in der die Grundsatzentscheidungen für die einzelnen politischen Fachgebiete (Ressorts) getroffen werden.

Nach dem Reformvertrag wird künftig das **Prinzip der Mehrheitsentscheidung** stark ausgeweitet. Nur in grundsätzlichen Fragen gilt dann weiter das Einstimmigkeitsprinzip. Ansonsten benötigen EU-Beschlüsse dann eine Mehrheit von 55 Prozent der Staaten, die gleichzeitig 65 Prozent der EU-Bevölkerung re-

präsentieren müssen. Mit diesem Prinzip einer „doppelten Mehrheit" sollen sowohl die Interessen der kleineren als auch die der großen, bevölkerungsreichen Staaten geschützt werden.

B 2 EU-Truppen zum Schutz der Wahlen im Kongo (2006) – ein Beispiel für das globale sicherheitspolitische Engagement

T 3 Die Mitglieder der EU, ihre Bevölkerungsgröße und die Zahl ihrer Vertreter in wichtigen Organen der EU (Stand: 2006)

	Die EU-Mitglieder	Einw. (in Mio.)	Sitze im EU-Parlament*	Stimmen im Ministerrat
D	Deutschland	82,4	99 (96)	29
F	Frankreich	61,3	78 (73)	29
GB	Großbritannien	60,6	78 (74)	29
I	Italien	58,8	78 (73)	29
E	Spanien	44,1	54 (54)	27
PL	Polen	38,1	54 (51)	27
RO	Rumänien	21,6	35 (33)	14
NL	Niederlande	16,3	27 (26)	13
GR	Griechenland	11,1	24 (22)	12
P	Portugal	10,6	24 (22)	12
B	Belgien	10,5	24 (22)	12
CZ	Tschechien	10,3	24 (22)	12
HU	Ungarn	10,1	24 (22)	12
S	Schweden	9,1	19 (20)	10
A	Österreich	8,3	18 (19)	10
BG	Bulgarien	7,7	18 (18)	10
SK	Slowakei	5,4	14 (13)	7
DK	Dänemark	5,4	14 (13)	7
FIN	Finnland	5,3	14 (13)	7
IRL	Irland	4,3	13 (12)	7
LT	Litauen	3,4	13 (12)	7
LV	Lettland	2,3	9 (9)	4
SLO	Slowenien	2,0	7 (8)	4
EST	Estland	1,3	6 (6)	4
CY	Zypern	0,8	6 (6)	4
L	Luxemburg	0,5	6 (6)	4
M	Malta	0,4	5 (6)	3
	27 Mitglieder	**492,0**	**785 (751)**	**344**

* In Klammern: Anzahl der Sitze nach dem Vertrag von Lissabon

Quelle: Die ZEIT, 2007

Die EU-Kommission – Die Kommission führt die Geschäfte der EU wie eine Regierung, erarbeitet die **Gesetzesvorlagen** und sorgt nach der Verabschiedung für ihre **Ausführung.** Zusammen mit dem Europäischen Gerichtshof wacht sie auch über die weitere **Einhaltung der Gesetze** und kann bei Verstößen Strafverfahren einleiten. An ihrer Spitze steht der Kommissionspräsident, der auf Vorschlag des Europäischen Rates vom EU-Parlament gewählt wird. Bisher stellte jedes Mitgliedsland einen Kommissar, was nach der EU-Erweiterung als nicht länger praktikabel erschien. Im Lissabonner Reformvertrag wurde deshalb eine Reduzierung beschlossen.

Das EU-Parlament – Die Mitglieder des EU-Parlaments werden von den Bürgern ihres Heimatlandes für fünf Jahre direkt gewählt. Durch die Erweiterung der EU besteht das Parlament seit 2007 aus 785 Abgeordneten. Nach dem Inkrafttreten des Vertrags von Lissabon wird deren Zahl auf 751 beschränkt.
Das EU-Parlament war in seinen Anfängen ein relativ machtloses Organ der politischen Repräsentation, hat aber mit der zunehmenden politischen Integration einen bedeutenden Machtzuwachs erfahren und davon auch immer mehr Gebrauch gemacht. Die meisten EU-Gesetze werden im sogenannten **Mitentscheidungsverfahren** von Parlament und Ministerrat gleichberechtigt verabschiedet. Das Parlament kann – anders als die nationalen Parlamente – nicht selbst die Initiative zur Ausarbeitung von Gesetzen ergreifen (Aufgabe der EU-Kommission), hat aber Kontrollfunktionen gegenüber der Kommission und kann sie mit Zweidrittelmehrheit zum Rücktritt zwingen.

Perspektiven der EU – Historisch gesehen waren die Fortschritte der EU fast immer mit politischen Krisen verbunden, in denen ihr Lähmung, Stillstand und Versagen bescheinigt wurden – verbunden mit düsteren Zukunftsprognosen. Zuletzt war dies beim Scheitern des Verfassungsprojektes der Fall. Im Hintergrund der Auseinandersetzung steht dabei immer

Q 4 Zukunftsszenarien für Europa:

1 Europa nach dem Jahr 2000 kann grenzenlos sein zwischen Warschau und Lissabon, zwischen Dublin und Budapest […]. Es kann grenzenlose Möglichkeiten bieten für Reisen und Studium, für Ausbildung und Beruf.
5 […] Es kann das Modell sein für gedeihliches Miteinander der Regionen und Staaten, der Völker und Sprachen, der Traditionen und Religionen – ein friedliches Miteinander, das zwei Voraussetzungen hat: Demokratie und Freiheit. Es kann aber auch ganz anders aussehen, das Europa
10 nach 2000: Wieder zerstritten und zersplittert, uneins im Wollen, unfähig zur Bewältigung seiner Probleme und erst recht zur Hilfe bei Problemen anderswo in der Welt, ein Herd dauernder Unruhe, ein Kontinent ohne Zukunft.

(In: Grupp, C.: Europa 2000 – Der Weg zur Europäischen Union, Köln 1993, S. 3. Gekürzt)

die Frage, wie weit die politische Integration gehen kann, soll oder muss und welchen Grad der Selbstständigkeit die Nationalstaaten behalten.
In den 27 Staaten der EU lebten im Jahr 2006 etwa 490 Millionen Menschen; das sind 190 Millionen mehr als in den USA. Als Wirtschaftsgemeinschaft ist die EU die **stärkste Wirtschaftsmacht** auf dem Globus. Trotz aller Konflikte und Zwistigkeiten wurde die Integration vorangetrieben. Das Gebiet der gemeinsamen Politikfelder und die Möglichkeiten gemeinsamen Handelns wurden erweitert, die Entscheidungsverfahren verbessert. Dieser Fortschritt entspringt der Einsicht, dass Europa seine Kräfte bündeln muss, um den **globalen Herausforderungen** auch künftig gewachsen zu sein.

ARBEITSAUFTRÄGE

1 Nennen Sie mit B 1 die wichtigen Organe der Europäischen Union sowie deren Aufgaben und Kompetenzen (vgl. Text).
2. Diskutieren Sie mit T 3 das Pro und Kontra einer Stimmenverteilung im EU-Parlament und im EU-Rat, die nicht exakt den Bevölkerungsanteilen der Mitgliedsländer entspricht.
3. Diskutieren Sie Vor- und Nachteile des Prinzips der „qualifizierten Mehrheit" im Ministerrat aus der Sicht eines kleinen und eines großen EU-Mitglieds (vgl. T 3 und Darstellungstext).
4. Ziehen Sie mit Q 4 eine Bilanz der Entwicklung im letzten Jahrzehnt. Wie würden Sie heute die Zukunftsszenarien für Europa formulieren?

Teil II: Versuche und Folgen der Überwindung der Ost-West-Spaltung

1. Die Konferenz für Sicherheit und Zusammenarbeit in Europa (KSZE)

Die Ausgangssituation – Der Kalte Krieg hatte zur Aufteilung Europas gemäß der Zugehörigkeit zu den unterschiedlichen Gesellschaftssystemen und Militärblöcken geführt. Während der Fortschritt der wirtschaftlichen Integration in Westeuropa aus wohlverstandenem Eigeninteresse souveräner Mitgliedsstaaten erfolgte, standen die Beziehungen der Ostblockstaaten untereinander im Zeichen der **sowjetischen Vorherrschaft.**

Nirgendwo kam dies deutlicher zum Ausdruck als in der Rechtfertigung der Niederschlagung des „Prager Frühlings" im August 1968 durch die **„Theorie der begrenzten Souveränität"** des sowjetischen Parteichefs LEONID BRESCHNEW. Maßstab der Handlungsfreiheit der „Bruderstaaten" waren die sowjetischen Interessen. Das galt auch für die wirtschaftlichen Beziehungen, die vertraglich auf den Nutzen der Vormacht ausgerichtet waren und die osteuropäischen Staaten von der Sowjetunion abhängig machten. Doch gerade nach der Niederschlagung der Selbstständigkeitsbestrebungen in der Tschechoslowakei eröffneten sich neue Möglichkeiten des Dialogs über die Blockgrenzen hinweg.
Begünstigt wurde dieser Dialog durch die zwischen den USA und der UdSSR in Gang gekommenen **Verhandlungen über Rüstungsbegrenzung und Rüstungskontrolle,** die 1972 zur Unterzeichnung der Verträge über die Begrenzung von Raketen-Abwehr-Systemen (ABM) und die Beschränkung der Interkontinentalraketen (SALT I) geführt hatten. Zur Verbesserung des Klimas trugen auch die von der Bundesrepublik Deutschland mit der DDR, Polen, der UdSSR und der Tschechoslowakei ausgehandelten „Ostverträge" bei.

B 1 Kontakt zwischen den führenden Politikern der DDR und der Bundesrepublik Deutschland, Erich Honecker (links) und Helmut Schmidt (rechts) bei den KSZE-Verhandlungen 1975

Der KSZE-Prozess – Die erste Konferenz über Sicherheit und Zusammenarbeit in Europa (KSZE) begann am 23. November 1972 und endete am 1. August 1975 mit der **„Schlussakte" von Helsinki.** Unter den 35 Teilnehmerstaaten waren auch die USA und Kanada. Die Konferenz ging auf eine Initiative der Sowjetunion zurück, die an Garantien für den „Status

Q 2 Aus der KSZE-Schlussakte von Helsinki 1975

1 VII. Achtung der Menschenrechte und Grundfreiheiten, einschließlich der Gedanken-, Gewissens-, Religions- oder Überzeugungsfreiheit
Die Teilnehmerstaaten werden die Menschenrechte und
5 Grundfreiheiten einschließlich der Gedanken-, Gewissens-, Religions- oder Überzeugungsfreiheit für alle ohne Unterschied der Rasse, des Geschlechts, der Sprache oder der Religion achten. Sie werden die wirksame Ausübung der zivilen, politischen, wirtschaftlichen, sozialen,
10 kulturellen sowie anderen Rechte und Freiheiten, die sich alle aus der dem Menschen innewohnenden Würde ergeben und für seine freie und volle Entfaltung wesentlich sind, fördern und ermutigen. In diesem Rahmen werden die Teilnehmerstaaten die Freiheit des Individuums aner-
15 kennen und achten, sich allein oder in Gemeinschaft mit anderen zu einer Religion oder einer Überzeugung in Übereinstimmung mit dem, was sein Gewissen ihm bietet, zu bekennen und sie auszuüben.

(Nach: Europa-Archiv, Jg. 30, 1975, S. D 441)

quo", d. h. die Sicherung des bestehenden Staatensystems (Regelung strittiger Grenzfragen) in Europa, interessiert war. Man unterschied bei den Verhandlungen Themen aus drei verschiedenen „Körben". In den „Korb 1" gehörten vertrauensbildende Maßnahmen und Prinzipien der internationalen Zusammenarbeit. „Korb 2" umfasste die wirtschaftliche und wissenschaftliche Kooperation und „Korb 3" die „Zusammenarbeit in humanitären und anderen Bereichen".

Mit der Unterzeichnung der Schlussakte von Helsinki wurde nicht nur die **Unverletzlichkeit der europäischen Grenzen** feierlich bekräftigt, sondern auch ein **Bekenntnis zu den Menschenrechten und Grundfreiheiten** des Einzelnen abgegeben. Diese Passage der Schlussakte erwies sich für die Ostblockstaaten als folgenschwer.

Einzelne Kritiker und oppositionelle Gruppen fühlten sich dadurch ermutigt und beriefen sich auf die dort gegebenen Garantien. Die **Menschen- und Bürgerrechtsbewegungen** im Ostblock erhielten somit durch die KSZE wichtige Impulse. Auch wenn sich die Sowjetunion und ihre Verbündeten nicht an die eingegangenen Verpflichtungen hielten, ihr Vorgehen gegen oppositionelle Kritiker geriet stärker unter öffentliche Kritik und wurde dadurch erschwert.

Die OSZE als dauerhafte Institution – Der KSZE-Prozess wurde durch Folgekonferenzen weitergeführt und 1995 in Organisation für Sicherheit und Zusammenarbeit in Europa (OSZE) umbenannt. Die OSZE hat ihren Sitz in Wien. Ihre Aufgabe besteht darin, die Einhaltung der von ihren Mitgliedern eingegangenen Verpflichtungen zu überwachen. Eine wichtige Rolle spielte bisher die Beobachtung von Wahlen in nach dem Ende des Kalten Krieges neu entstandenen Staaten.

Q 3 Aus der tschechoslowakischen „Charta '77" (1977):

1 „Charta '77" ist eine freie, informelle und offene Gemeinschaft von Menschen verschiedener Überzeugungen [...] verbunden durch den Willen sich einzeln und gemeinsam für die Respektierung der Bürger- und Menschenrechte in unserem Land und in der Welt ein-
5 zusetzen – jener Rechte, die dem Menschen von beiden kodifizierten internationalen Pakten, von der Abschlussakte der Konferenz in Helsinki, von zahlreichen weiteren internationalen Dokumenten gegen Krieg, Gewaltanwendung und soziale und geistige Unterdrückung zugestanden werden und die zusammenfassend
10 von der „Allgemeinen Erklärung der Menschenrechte" der UN zum Ausdruck gebracht werden. [...] „Charta '77" ist keine Organisation [...]. Ihr gehört jeder an, der ihrer Idee zustimmt, an ihrer Arbeit teilnimmt und sie unterstützt. „Charta '77" ist keine Basis für oppositionelle politische Tätigkeit. Sie will dem Gemeininteresse die-
15 nen wie viele ähnliche Bürgerinitiativen in verschiedenen Ländern des Westens und des Ostens. Sie will also nicht eigene Programme politischer oder gesellschaftlicher Reformen [...] aufstellen, sondern in ihrem Wirkungsbereich einen konstruktiven Dialog mit der politischen und staatlichen Macht führen [...].

(Nach: Ladislav Hejdánek, Wahrheit und Widerstand. Prager Briefe, München 1988, S. 274 f.)

B 4 Aufbau der Organisation für Sicherheit und Zusammenarbeit in Europa (OSZE)

ARBEITSAUFTRÄGE

1. Führen Sie in einem Referat die Angaben zur internationalen Situation am Beginn der KSZE-Gespräche weiter aus.
2. Was lässt sich aus B 1 über die deutsch-deutschen Beziehungen zum damaligen Zeitpunkt herauslesen?
3. Zeigen Sie anhand von Q 2 und Q 3 die Folgewirkungen der Schlussakte von Helsinki
4. Berichten Sie über aktuelle Aktivitäten der OSZE.

2. Glasnost und Perestroika in der Sowjetunion

Die Sowjetunion in der Krise – Die nach dem Abschluss der KSZE-Konferenz in Helsinki entstandenen Bürgerrechtsgruppen im Ostblock erhielten Rückenwind aus dem Westen, als 1977 der neu gewählte US-Präsident JIMMY CARTER die **Menschenrechtsfrage** zu einem Teil des weltanschaulichen Kampfes im Kalten Krieg mit der Sowjetunion machte. Sowjetische Dissidenten wurden im Weißen Haus empfangen und erhielten große Aufmerksamkeit in den Medien. Carter protestierte auch gegen die Verfolgung der **Charta 77-Aktivisten** in der Tschechoslowakei. Die Sowjetunion reagierte ihrerseits empfindlich auf die Offensive des US-Präsidenten. Der prominente Kritiker ANDREJ SACHAROW wurde verbannt und unter Arrest gestellt, anderen Bürgerrechtlern mit der Einweisung in psychiatrische Anstalten gedroht.

Nach einer Phase relativer Entspannung kam es zwischen den Supermächten wieder zur verstärkten Konfrontation. Einen ersten Höhepunkt markierten der **Einmarsch der Sowjetunion nach Afghanistan** im Dezember 1979 und der darauf folgende Boykott der Olympischen Spiele in Moskau 1980 durch die USA und andere westliche Staaten. Ein neuer Rüstungswettlauf nahm seinen Anfang, der von US-Präsident RONALD REAGAN ab 1981 forciert wurde. Im Protest der weltweiten Friedensbewegung waren erstmals Stimmen unabhängiger **Friedensgruppen aus dem Ostblock** deutlich vernehmbar. Als noch bedeutsamer erwies sich die **Gründung der unabhängigen Gewerkschaft Solidarność** in Polen im September 1980 nach einem erfolgreichen Streik in der Danziger Lenin-Werft. Die polnische Regierung sah sich zum Rücktritt gezwungen, schließlich wurde in Polen das Kriegsrecht verhängt und die Solidarność 1982 verboten. Von einer militärischen Intervention wie 1968 in die Tschechoslowakei wurde jedoch abgesehen. In der Sowjetunion fürchtete man eine weitere Zuspitzung der politischen

Situation. Immer deutlicher wurde dabei sichtbar, dass die sowjetische Führung über kein strategisches Rezept verfügte, sondern nur noch auf verschiedene Krisen reagierte.

Die wirtschaftliche Lage hatte sich schon in den letzten BRESCHNEW-Jahren deutlich verschlechtert. Nach seinem Tod 1982 vermochten mit ANDROPOW (gestorben 1984) und TSCHERNENKO (gestorben 1985) zwei „alte Männer" keine neue Akzente zu setzen. Die Krise der politischen Führung verschärfte die wirtschaftlichen Widersprüche und machte entschiedene Maßnahmen erforderlich.

„Neues Denken" unter Gorbatschow – Im März 1985 wurde MICHAIL GORBATSCHOW zum Generalsekretär der Kommunistischen Partei der Sowjetunion gewählt. Schon bald wurde einer überraschten Weltöffentlichkeit bewusst, dass der neue Parteichef einen umfassenden Wandel in der Sowjetunion herbeiführen wollte, um das Land aus der Krise zu führen.

B 1 „Genossen! Unsere Abteilung braucht eine Percstroika und muss anfangen, auf eine neue Art zu arbeiten!" Karikatur aus der russ. Satirezeitschrift „Krokodil", 1986

„Glasnost" (Offenheit) und „Perestroika" (Umbau) wurden zu den markanten Schlagworten der neuen Politik, die durch Gorbatschow medienwirksam präsentiert wurde. Gorbatschow selbst stellte sich als moderner Leninist dar, der den Sozialismus erneuern wollte. Doch es gelang ihm letztlich nicht, die sowjetische Wirtschaft aus ihrer Lethargie zu reißen und wirkungsvoll zu reformieren, obwohl die Belastung durch den Rüstungswettlauf zurückgefahren wurde.

Bedeutsamer waren seine innen- und außenpolitischen „Erfolge". Die Allmacht der Kommunistischen Partei begann zu verblassen; es entwickelte sich eine neue Öffentlichkeit. Außenpolitisch initiierte Gorbatschow den **ersten realen Abrüstungsvertrag** (Abbau der Mittelstreckenwaffen 1987).

Vor allem aber besiegelte er das **Ende der Breschnew-Doktrin.** Die Führer der Ostblockstaaten sahen sich plötzlich ihrer sowjetischen Rückendeckung beraubt. So kamen ausgerechnet aus dem Machtzentrum des Ostblocks selbst Impulse, die schnell zum umfassenden Wandel in den Ostblockstaaten führten.

B 2 Streikende Bergleute in Sibirien, Foto, 1989. In den Kohlezentren der Sowjetunion legten im Sommer 1989 etwa eine halbe Million Bergleute die Arbeit nieder, um eine Verbesserung ihrer Lebens- und Arbeitsbedingungen zu erreichen. In der Sowjetunion waren Streiks bis dahin als „kapitalistisches Phänomen" unterdrückt worden.

Q 3 Michail Gorbatschow beschrieb 1987 sein politisches Programm in einem Buch, das in viele Sprachen übersetzt und in der ganzen Welt bekannt wurde:

1 Perestroika bedeutet, sich auf die schöpferische Kraft der Massen zu verlassen, Entwicklung einer umfassenden Demokratie sozialistischer Selbstverwaltung, Ermutigung eigener Initiativen und Selbstständigkeit, Stärkung von
5 Ordnung und Disziplin, mehr Offenheit, mehr Kritik und Selbstkritik in allen Bereichen des gesellschaftlichen Lebens. Sie bedeutet ein hohes Maß an Achtung des Individuums und seiner persönlichen Würde.
Perestroika bedeutet die allseitige intensive Entwicklung
10 der sowjetischen Wirtschaft [...], die durchgängige Einführung ökonomischer Methoden, die Abkehr von der Kommandowirtschaft und von bürokratischen Methoden, die Ermutigung zu Innovationen und sozialistischem Unternehmergeist.
15 Das Wesen der Perestroika besteht darin, dass sie Sozialismus und Demokratie miteinander verbindet und das leninsche Konzept des sozialistischen Aufbaus sowohl in der Theorie als auch in der Praxis wieder einführt. [...]
Nötig ist eine weit greifende Demokratisierung des ge-
20 samten gesellschaftlichen Lebens. Ohne Offenheit (Glasnost) kann es keine Demokratie geben. Und ohne Demokratie kann es keinen zeitgemäßen Sozialismus geben. Man muss den Massen die Wahrheit sagen [...].
Universale Sicherheit beruht [...] auf der Anerkennung
25 des Rechts jeder Nation, den Weg ihrer sozialen Entwicklung selbst zu bestimmen, auf dem Verzicht der Einmischung in die inneren Angelegenheiten anderer Staaten [...]. Eine Nation mag sich entweder für den Kapitalismus oder für den Sozialismus entscheiden [...]. Nationen
30 können und sollen ihr Leben nicht nach dem Muster der USA oder der Sowjetunion ausrichten. Politische Positionen sollen deshalb frei sein von ideologischer Intoleranz. Es gibt heute keine Sicherheit mehr durch militärische Überlegenheit, sondern nur noch durch Partnerschaft.

(In: Michail Gorbatschow, Perestroika und neues Denken für unser Land und die Welt, Moskau (Izd. Polit. Lit.) 1997, S. 30 ff., 54, 75 ff., 204. Übers. d. Verf.)

ARBEITSAUFTRÄGE

1. Beurteilen Sie die Folgen der KSZE-Beschlüsse im Lichte der weiteren Entwicklung in der Sowjetunion.
2. Verdeutlichen Sie anhand von Q 3 die Ziele Gorbatschows.
3. Welche Erklärung liefert die Karikatur B 1 für das Scheitern der Gorbatschow-Reformen?
4. Erläutern Sie, inwiefern Q 3 das Ende der Breschnew-Doktrin markiert und welche Reaktionen eine solche Passage im Ostblock hervorrufen musste.

3. Ungarn öffnet die Grenzen

B1 Sowjetische Panzer in Budapest (1956)

Der ungarische Weg – Nach der Niederschlagung des Volksaufstandes von 1956 übernahm JÁNOS KÁDÁR die Führung der Ungarischen Sozialistischen Arbeiterpartei (USAP). In der Kádár-Ära zeigte Ungarn zwei Gesichter: Innenpolitisch steuerte das Land einen relativ gemäßigten Kurs mit einer konsumfreundlichen Wirtschaftspolitik.

Dieser **„Gulasch-Kommunismus"** wurde außenpolitisch abgesichert durch eine besonders enge Bindung an die Sowjetunion, die sich auch in der Beteiligung an der Invasion der Tschechoslowakei niederschlug. In den 1970er-Jahren erschien Ungarn als das wirtschaftlich liberalste Land Osteuropas. Die Betriebe arbeiteten weitgehend selbstständig, Märkte und Preise wurden nicht so stark reguliert wie in anderen Ostblockstaaten. Im Ausland galt das Modell als durchaus erfolgreich, doch am Ende der 1980er-Jahre war Ungarn das Ostblockland mit der höchsten Pro-Kopf-Verschuldung.

Rascher Zusammenbruch der kommunistischen Herrschaft – Unter dem Eindruck von Gorbatschows Reformkurs in der Sowjetunion vollzog sich der Wandel in Ungarn in unerwartet raschem Tempo, schneller noch als in Polen (siehe S. 106 f.). Bereits am 21. Mai 1988 trat Kádár als Parteichef der USAP zurück. Im September 1988 wurde das Ungarische Demokratische Forum gegründet, weitere Parteigründungen folgten.
Seit Mai 1989 wurden die Stacheldrahtsperren an der ungarisch-österreichischen Grenze beseitigt.

JÁNOS KÁDÁR, 1912–1989.
Ungarischer Kommunist, war im Ungarn-Aufstand zunächst Mitglied der Reformregierung unter IMRE NAGY, bildete jedoch bald eine Gegenregierung und rief die UdSSR zum militärischen Eingreifen auf. Von 1956–1988 war er als Generalsekretär der USAP ungarischer Staatsführer.

B2 Demonstration in Budapest zum Jahrestag der ungarischen Revolution von 1848, bei der Ungarn die zeitweise Unabhängigkeit von Österreich erkämpfte, 15. März 1988

Über die offene Grenze ergoss sich bald ein Strom von Flüchtlingen aus der DDR nach Westen. Ungarn bezog damit offen Stellung gegen die Politik der DDR-Führung, die sich jeglichen Reformen verweigerte.

Die bestehende kommunistische Partei USAP löste sich im Oktober 1989 auf. Als nicht-kommunistischer Nachfolger wurde die Ungarische Sozialistische Partei neu gegründet. Ungarn war nun nicht länger „Volksdemokratie", sondern die „Ungarische Republik". Seit 1990 hat Ungarn eine parlamentarisch-demokratische Verfassung.

Q 4 Der britische Historiker Timothy Ash schrieb 1993 über die folgenden Ereignisse:

1 [...] Sie entschieden sich heimlich nach Bonn zu fliegen, um beide Probleme zu erörtern: das Geld und die Deutschen. Laut [Minister-
5 präsident] Nemeths Erinnerungen an das dramatische Treffen auf Schloss Gymnich ließ Außenminister [Horn] gegenüber Kohl und Genscher durchblicken, dass Un-
10 garn plane, die Grenzen für DDR-Bürger zu öffnen. Kohls unmittelbare Reaktion: Was können wir euch dafür geben? Nach Nemeths Darstellung waren es die Ungarn,
15 die vorgeschlagen hatten, bis zur Verkündigung der staatlich garantierten Kredite über 1 Milliarde Mark – die dann auch im Oktober erfolgte – eine dezente Pause einzule-
20 gen. „Weißt du, Gyula", beschreibt Horn den Kommentar des ungarischen Innenministers zur Entscheidung für die Grenzöffnung, „dass wir damit unter den beiden deut-
25 schen Staaten den westdeutschen wählen?" „Nein", so will Horn erwidert haben, „wir setzen uns für das Recht der Deutschen ein und wählen Europa!" [...]

(In: Timothy G. Ash, Im Namen Europas: Deutschland und der geteilte Kontinent, Hanser Verlag, München 1993)

B 3 Der ungarische Außenminister Gyula Horn und sein österreichischer Amtskollege Alois Mock zerschneiden gemeinsam den „Eisernen Vorhang", 1989.

B 5 Angehörige der ungarischen Grenztruppe haben damit begonnen, die Sperranlagen nahe Nickelsdorf (Österreich) und Hegyeshalom (Ungarn) an der ungarisch-österreichischen Grenze zu entfernen, 2. Mai 1989.

ARBEITSAUFTRÄGE

1. Stellen Sie Faktoren aus der Geschichte Ungarns nach 1945 zusammen, die zum raschen Zusammenbruch der kommunistischen Herrschaft 1988/1989 beigetragen haben könnten.
2. Erarbeiten Sie den historischen Hintergrund von B 2. Welche historischen Ereignisse werden verknüpft? Welchen Zweck verfolgte die Demonstration zum damaligen Zeitpunkt in Ungarn?
3. Geben Sie in einem Referat einen kurzen Überblick über die politische Entwicklung Ungarns nach 1990.

4. Polen sitzt am „Runden Tisch"

Besondere historische Bedingungen in Polen – In Polen hatte die 1943 als „Polnische Arbeiterpartei" (PPR) neu gegründete kommunistische Partei nach dem Einmarsch der Roten Armee 1944/45 die Macht übernommen und Schritt für Schritt die anderen politischen Kräfte ausgeschaltet oder an den Rand gedrängt. Dazu gehörte vor allem die Polnische Bauernpartei, da die Bauern in Polen die größte gesellschaftliche Gruppe darstellten. Die nicht-kommunistische Sozialistische Partei wurde 1948 mit der PPR vereinigt. Damit verfügten die Kommunisten über die nahezu uneingeschränkte Macht im Lande.

Wichtigstes Hindernis für die kommunistische Alleinherrschaft blieb allerdings die **katholische Kirche,** der über 95 Prozent der Bevölkerung angehörten. Ihr Anteil am Widerstand gegen den nationalsozialistischen Besatzungsterror machte es den Kommunisten schwer, einen offenen Kampf gegen die tief im Volk verankerte Kirche zu rechtfertigen.

In Protesten gegen wirtschaftliche Missstände zeigte sich, dass die in der polnischen Geschichte begründete **Aufstandstradition** immer noch lebendig war.

So kam es 1956 zu einem – gewaltsam niedergeschlagenen – Streik und Massendemonstrationen in Posen. 1970 führten spontane Proteste gegen Preiserhöhungen zu blutigen Auseinandersetzungen zwischen Demonstranten und Armee- und Milizeinheiten. Der alte Parteichef GOMULKA wurde durch EDWARD GIEREK ersetzt, der durch eine Reihe von Zugeständnissen für eine vorübergehende Entspannung sorgte. Doch Polen kam nicht zur Ruhe. Mitte der 1970er-Jahre bildete sich eine **Bürgerrechtsbewegung.** Schließlich sorgten die Wahl des Krakauer Erzbischofs KARL WOJTILA zum Papst JOHANNES PAUL II. im Oktober 1978 und seine Polenreise im Juni 1979, die einem Triumphzug glich, für einen empfindlichen **Machtverlust der kommunistischen Staatsführung.**

Angesichts verschärfter wirtschaftlicher Krisenerscheinungen kam es im August 1980 zu einer landesweiten Streikbewegung, angeführt von der Danziger Leninwerft. Der Sprecher der Danziger Arbeiter, der Elektriker LECH WAŁESA, wurde zum Führer der oppositionellen Bewegung in ganz Polen. Die Regierung sah sich zum Einlenken gezwungen. Innerhalb weniger Wochen vollzog sich der **Aufbau einer unabhängigen Gewerkschaftsorganisation.** Von 16 Millionen Werktätigen traten zehn Millionen der neuen Gewerkschaft **Solidarność** (Solidarität) bei, die im Oktober 1980 offiziell anerkannt wurde. Die von der kommunistischen Partei kontrollierten Gewerkschaften wurden aufgelöst. Zwischen der neuen Gewerkschaft und der kommunistischen Partei- und Staatsführung entbrannte ein offener Machtkampf. Noch einmal wurde die Opposition niedergeschlagen. Der neue „starke Mann", General WOJCIECH JARUZELSKI, verhängte im Dezember 1981 das **Kriegsrecht,** die Solidarność wurde im Folgejahr verboten und die führenden Vertreter der Oppositionsbewegung wurden interniert. An der wirtschaftlichen und politischen Dauerkrise Polens änderte sich nichts,

LECH WAŁESA, geb. 29.9.1943, 1980 zum Vorsitzenden von Solidarność gewählt, stand während des Kriegsrechts bis November 1982 unter Hausarrest. 1983 erhielt er den Friedensnobelpreis und erreichte 1989 mit einem „Gesellschaftsvertrag" die Öffnung Polens zur Demokratie. Von 1990 bis 1995 war Wałesa polnischer Staatspräsident.

B1 Arbeiterführer Lech Wałesa spricht in Danzig bei einer Kundgebung im Herbst 1988. Auf dem Transparent steht: „Keine Freiheit ohne Gott und Solidarność".

die Gesellschaft verharrte in weitgehender Distanz zur politischen Führung. Vor dem Hintergrund der sowjetischen Entwicklung wurde eine – langsame – innenpolitische Liberalisierung in Gang gesetzt, doch diese „Reformen" von oben erfuhren 1988 eine deutliche Ablehnung.

Friedlicher Systemwechsel am „Runden Tisch" – Die Warschauer Führung sah keinen anderen Ausweg aus der politischen Krise als die direkte Beteiligung der relevanten gesellschaftlichen Kräfte an den politischen Entscheidungsprozessen. Die Idee des „Runden Tisches" wurde geboren. Hier verhandelten vom 6. Februar bis 5. April 1989 Vertreter der Regierung, christlicher Gruppierungen und der Solidarność über einen „historischen Kompromiss", der das Machtmonopol der Kommunisten beseitigen sollte.

Der „Runde Tisch" wurde faktisch zum **Gesetzgeber,** auch wenn die dort getroffenen Vereinbarungen noch vom Parlament „bestätigt" werden mussten. Der „Runde Tisch" leitete in Polen den **friedlichen Systemwechsel** zur pluralistischen Demokratie ein. Noch hofften die Vertreter der alten Staatsmacht bei den vorgezogenen Parlamentswahlen im Juni 1989 auf einen für sie günstigen Ausgang. Nach dem am „Runden Tisch" gefundenen Kompromiss sollten die Regierungsparteien die Mehrheit der Sitze behalten. Doch die Wahlentscheidung fiel

so deutlich für das von der Solidarność bestimmte „Bürgerkomitee" aus, dass die kommunistisch geführte Regierungskoalition zerbrach. Jaruzelski wurde gerade noch mit einer Stimme Mehrheit zum Präsidenten gewählt, zum Ministerpräsidenten dagegen mit überwältigender Mehrheit der katholische Publizist und Solidarność-Berater TADEUSZ MAZOWIECKI, erster nicht-kommunistischer Ministerpräsident Polens nach 42 Jahren. Der **Prozess der politischen Differenzierung** ging weiter: Die kommunistische Vereinigte Arbeiterpartei löste sich Anfang 1990 auf, neue Parteien wurden gegründet. In der vorgezogenen Präsidentschaftswahl am 9. Dezember 1990 wurde schließlich Lech Wałesa zum neuen Staatspräsidenten Polens gewählt. Damit waren der **Übergang Polens zur Demokratie** vollzogen und die Weichen für die **Anbindung an die westliche Staatengemeinschaft** gestellt.

B 2 Vertreter der polnischen Regierung und der Opposition am „Runden Tisch" in Warschau, Frühjahr 1989

ARBEITSAUFTRÄGE

1. Nennen Sie Besonderheiten der polnischen Nachkriegsgeschichte gegenüber anderen Ostblockländern.
2. Informieren Sie sich über die Zielvorstellungen der Gewerkschaft Solidarność nach ihrer Gründung (Vorschlag: Kurzreferat). Inwiefern unterschied sich die Solidarność von den Gewerkschaften bei uns heute?
3. Erklären Sie den Symbolgehalt des „Runden Tisches". Erläutern Sie seine Bedeutung für den Systemwechsel in Polen.
4. Geben Sie in einem Referat einen Überblick über die weitere politische Entwicklung in Polen.

5. Das Erbe der UdSSR

Die Veränderung der machtpolitischen Landkarte – Bis zum Ende des Kalten Krieges lagen die osteuropäischen Staaten wie ein Schild oder wie ein Vorposten – je nach Betrachtungsweise – zwischen der Sowjetunion und dem Westen. Nach dem revolutionären Wandel in den osteuropäischen Staaten war die **Auflösung des Warschauer Paktes** (1991) eine zwingende Konsequenz. Bereits im Frühjahr 1990 proklamierten die **baltischen Staaten** Estland, Lettland und Litauen ihre Unabhängigkeit. Wie die meisten osteuropäischen Staaten gehören sie heute zur NATO und auch zur Europäischen Union (EU).

Russland musste dieser Entwicklung tatenlos zusehen. Dabei hatte die Russische Sowjetrepublik bereits vor der Auflösung der Sowjetunion die Weichen gemäß ihren Interessen gestellt. Dazu gehörte die Bildung der **Gemeinschaft Unabhängiger Staaten (GUS)** als „Auffanglager" für die neu entstandenen Staaten.

Die GUS ist ein lockerer Staatenbund, der die wirtschaftliche Zusammenarbeit der früheren Sowjetrepubliken fördern soll.

Russland als stärkste Macht der GUS wurde der **Haupterbe der UdSSR** und ihr **Rechtsnachfolger.** Das beinhaltete international vor allem die Übernahme des ständigen Sitzes im UNO-Sicherheitsrat, also die Erbschaft der Großmachtrolle. Dazu passte es, dass sich die Moskauer Regierung weitgehend der atomaren Streitkräfte versicherte. Russland ist territorial, wirtschaftlich und militärisch die Führungsmacht der GUS und umfasst drei Viertel des ehemaligen sowjetischen Gebietes sowie die Hälfte der Bevölkerung. Allerdings gelang es Moskau nicht, alle GUS-Staaten in gleicher Weise möglichst eng an sich zu binden. Die GUS konnte ein Auseinanderdriften ihrer Mitgliedsstaaten letztlich nicht verhindern.

In den meisten Staaten etablierten sich autoritäre Regime trotz scheinbar demokratischer Verfassungen. Überall macht Russland seinen **politischen Einfluss** und seine **wirtschaftliche Macht** geltend, um diese Regime seinen Interessen gemäß zu lenken. Dabei spielen auch die russischen Bevölkerungsanteile in diesen Staaten eine wichtige Rolle.

Flagge der GUS-Staaten

PERSONENLEXIKON

BORIS JELZIN, 1931–2007, Bauingenieur, lange Jahre führender Sekretär der KPdSU in Swerdlowsk, 1989 Mitglied des Volksdeputiertenkongresses, machte während der Perestroika mit radikalen Reformforderungen auf sich aufmerksam, 1991 bis 1999 Präsident Russlands.

K 1
Russland, Europa und die NATO

In der Ukraine und Georgien führten Massenbewegungen zu einem politischen Umsturz. Die **„orangene Revolution"** in der **Ukraine** 2005 machte die tiefe Spaltung des Landes deutlich. Die Mehrheit der Bevölkerung stimmte für mehr Demokratie, womit auch eine stärkere Orientierung nach Westen einherging. Eine große Minderheit favorisiert weiter die enge Bindung an Russland. Im Winter 2007/2008 verlieh Russlands staatlich gelenkter Energie-Konzern Gazprom seinen Preisforderungen mit einem Lieferstopp Nachdruck, ein Beispiel dafür, wie Russland seine **Rohstoffexporte** auch als **politische Waffe** einsetzt.

Noch stärker zugespitzt hat sich die Lage im Konflikt mit **Georgien,** das sich nach der **„Rosenrevolution"** 2003 zwar kaum demokratisiert, aber auf die Seite des Westens geschlagen hat. Die strategische Bedeutung Georgiens ergibt sich durch seine Lage als **Transitland für Erdöl** vom Kaspischen Meer nach Europa. Durch Georgien läuft die einzige nicht von Russland kontrollierte Pipeline. Die rechtlich zu Georgien gehörenden Gebiete mit russischer Bevölkerungsmehrheit, Abchasien und Südossetien, haben sich aus dem georgischen Staat gelöst und für unabhängig erklärt. Georgiens Versuch, den **Konflikt in Südossetien** 2008 militärisch zu lösen, beantwortete Russland mit einer direkten Intervention.

Die innere Lage Russlands – Die „Russische Föderation" ist ein **Vielvölkerstaat aus zahlreichen Regionen und Republiken.** 20 Prozent der Bevölkerung sind keine Russen. Abspaltungsgelüsten nicht-russischer Nationalitäten trat der Kreml vehement, im Falle **Tschetscheniens** auch in brutalster Form militärisch entgegen. Der Übergang von der Planwirtschaft zum marktwirtschaftlichen Kapitalismus stürzte Russland in eine mehrjährige Krise. Die Notlage der Bevölkerung besserte sich erst, als steigende Rohstoffpreise die Einnahmen des Staates nach oben schnellen ließen und das Lohnniveau zu steigen begann. An der **Spaltung der russischen Gesellschaft** in eine Klasse der abgehobenen Superreichen und der Masse,

K 2 Die Kaukasus-Region

die in bescheidenen bis armen Verhältnissen lebt, hat das aber nichts geändert. Schon unter dem ersten Präsidenten Boris Jelzin nahm das demokratisch-präsidiale System stark autoritäre Züge an, die sich unter Wladimir Putin noch verstärkten. Der Kreml kontrolliert die Medien und hat mit seiner Regierungspartei das Parlament im Griff. Harte Kritik an der Regierung ist gefährlich, wie politische Morde an Journalisten und Oppositionellen zeigen. Die Verbesserung der Lebenslage hat dem System Putin, das unter seinem Nachfolger Medwedew (mit Putin als Ministerpräsidenten) fortgesetzt werden soll, Rückhalt in der Bevölkerung verschafft. Das gilt auch für die „Politik der Stärke" nach außen. Wie sich die Faktoren „Kooperation" und „Konfrontation" im Verhältnis zum EU-Europa und den USA entwickeln werden, bleibt offen.

Wladimir Putin, geb. 1952.
1999 Ernennung zum Ministerpräsidenten der russischen Regierung durch Boris Jelzin. 2000 bis 2008 Präsident Russlands; seit 2008 Ministerpräsident Russlands.

ARBEITSAUFTRÄGE

1. Skizzieren Sie anhand von K 1 die machtpolitischen Veränderungen in Europa nach dem Ende der Sowjetunion und des Ostblocks.
2. Recherchieren Sie arbeitsteilig die Lage in wichtigen GUS-Staaten. Diskutieren Sie mögliche Szenarien der weiteren Entwicklung.
3. Beurteilen Sie den aktuellen „Demokratiegehalt" der Russischen Föderation.

6. Der Zerfall Jugoslawiens

Zur Geschichte Jugoslawiens – Nach dem Ersten Weltkrieg entstand auf dem Balkan das „Königreich der Serben, Kroaten und Slowenen" unter dem serbischen König ALEXANDER I., seit 1929 **„Königreich Jugoslawien".** Für die höchst unterschiedlichen Regionen gab es keinerlei Autonomieregelungen, der Staat war serbisch dominiert. König Alexander wurde 1934 von der rechtsradikalen kroatischen **Terrororganisation Ustascha** ermordet.

Im April 1941 eroberte die deutsche Wehrmacht Jugoslawien. Jugoslawien wurde zerstückelt. Unter deutscher und italienischer Kontrolle entstand ein „Unabhängiger Staat Kroatien", in dem die Ustascha Tausende von Juden, Roma und kroatischen Regimegegnern ermordete und die Serben systematisch ausrottete, vertrieb oder zum Katholizismus überzutreten zwang.

Gegen die **deutsche und italienische Besatzung** entwickelte sich ab 1941 der **Widerstandskrieg** jugoslawischer Partisanen. Dem Kommunisten JOSIP BROZ, Sohn slowenisch-kroatischer Eltern, der unter seinem Decknamen TITO berühmt wurde, gelang es, in allen Landesteilen Anhänger für den Kampf zu gewinnen. Am 29. November 1943 gründete Tito das **Nationalkomitee zur Befreiung Jugoslawiens,** das sich als provisorische Regierung Jugoslawiens verstand. Im März 1945 billigten die Alliierten offiziell die jugoslawische Staatsgründung.

Nach dem Zweiten Weltkrieg entwickelte Tito ein **eigenes sozialistisches Modell,** das auf einem System der Selbstverwaltung der Betriebe basierte. Jugoslawien gehörte nicht zum Ostblock, sondern pflegte intensive wirtschaftliche Beziehungen zum Westen. Tito gehörte zu den prominenten Führern der **„Blockfreien",** zu denen sich viele Entwicklungsländer hingezogen fühlten.

Die geschichtlich bedingten Nationalitätenkonflikte versuchte das sozialistische Jugoslawien durch die **föderative Gliederung in sechs Teilrepubliken** und zusätz-

lich die autonomen Gebiete Kosovo (mit hohem albanischen Bevölkerungsanteil) und Wojwodina (mit hohem ungarischen Bevölkerungsanteil) zu überwinden. Doch in vielen wichtigen Positionen des Landes behielten die Serben ihr traditionelles Übergewicht. Mit 45 Prozent Bevölkerungsanteil stellten sie 1961 84 Prozent der Beamten der Bundesverwaltung und 70 Prozent der Offiziere.

Die große politische Klammer bildete die **Persönlichkeit des Staatspräsidenten Tito,** bei dem alle Fäden zusammenliefen. Nach seinem Tode 1980 brachen die nationalen Gegensätze wieder auf.

Tito bei einer Rede am 1. Mai 1945

Wirtschaftskrise – politische Krise – Ausbruch des Nationalitätenkriegs – In der Wirtschaftskrise der 1980er-Jahre forderten die reicheren nördlichen Teilrepubliken Slowenien und Kroatien Reformen zu ihren Gunsten, während die Serben die bestehenden Strukturen verteidigten. Der Chef der serbischen Kommunisten SLOBODAN MILOŠEVIĆ verfolgte einen massiv nationalistischen Kurs und setzte 1989 die Aufhebung der Autonomie in der Wojwodina und im Kosovo durch. Die albanische Bevölkerungsmehrheit im Kosovo wurde durch die serbische Verwaltung unterdrückt. Bei einer Massenveranstaltung zur Sechshundertjahrfeier der Schlacht auf dem Amselfeld (serbisch: Kosovo; die Schlacht brachte die

Staatswappen der Sozialistischen Förderativen Volksrepublik Jugoslawien

K 1
Die Föderative Volksrepublik Jugoslawien

entscheidende serbische Niederlage gegen die Türken) stimmte Milošević sein Publikum mit seiner Rede bereits auf mögliche kriegerische Auseinandersetzungen ein. Um keinen Preis sollte das Kosovo mit seiner geburtenstarken albanischen Bevölkerungsmehrheit der serbischen Herrschaft verloren gehen.

Slowenien und **Kroatien** widersetzten sich der serbischen Politik und erklärten 1991 ihre **staatliche Unabhängigkeit.** Die Präsidenten der Teilrepubliken, MILAN KUČAN (Slowenien) und FRANJO TUĐMAN (Kroatien) waren nicht bereit, sich länger für eine „jugoslawische", d. h. bundesstaatliche Lösung auf ihre Kosten einzusetzen. Milošević dagegen wollte den Machtverlust der Serbiens innerhalb Jugoslawiens nicht hinnehmen und setzte deshalb die jugoslawische Bundesarmee gegen die abtrünnigen Teilrepubliken in Marsch. Damit hatte der **Krieg auf dem Balkan** begonnen.

Der Krieg in Slowenien und Kroatien – In **Slowenien** endete der Krieg nach wenigen Tagen durch Vermittlung der Europäischen Gemeinschaft (EU). Die EU hatte zunächst den jugoslawischen Bundesstaat erhalten wollen, um keinen Präzedenzfall für den **Ausbruch weiterer Nationalitätenkonflikte** in Osteuropa zu schaffen. Doch die Konflikte in Jugoslawien, zudem geschürt von den nationalistischen Parteien, ließen sich nicht mehr entschärfen.

Slowenien gelang es, sich nach dem Ende der Kämpfe und dem Rückzug der Bundesarmee vom Krieg abzukoppeln. Aufgrund seiner guten wirtschaftlichen und politischen Voraussetzungen konnte der neue Staat bereits 2004 der EU beitreten und drei Jahre später den Euro einführen.

Milošević konzentrierte sich nun ganz auf sein Ziel der Schaffung eines groß-serbischen Staats. Im Krieg gegen **Kroatien** ging es vor allem um die Region Krajina. Dort hatte die serbische Minderheit eine eigene, von Serbien abhängige Republik gegründet. In der Krajina praktizierten serbische Einheiten erstmals die **„ethnische Säuberung".** Das heißt, dass die dort lebenden Kroaten, die nicht bereits geflohen waren, nun vertrieben oder gar ermordet wurden. Zum Zeitpunkt des Waffenstillstands 1992 hatten die Serben etwa ein Drittel des kroatischen Territoriums unter Kontrolle. UNO-Truppen überwachten den Waffenstillstand, konnten aber nicht verhindern, dass die kroatische Armee 1995 das gesamte Gebiet zurückeroberte und nun ihrerseits die „ethnische Säuberung" (Vertreibung und Ermordung) gegenüber den Serben praktizierte. Die mangelhafte Kooperation Kroatiens mit dem **Internationalen Kriegsverbrechertribunal** in Den Haag stellte deshalb – neben der schlechten Wirtschaftslage – ein wesentliches Hindernis für den Zugang Kroatiens zur EU dar. Inzwischen finden aber Beitrittsverhandlungen statt.

PERSONENLEXIKON

SLOBODAN MILOŠEVIĆ 1941–2006, von 1989–1997 Präsident Serbiens sowie von 1997–2000 Präsident der Bundesrepublik Jugoslawien. Seine Eltern waren Montenegriner, er verstand sich trotzdem als Serbe. Er war der erste Staatspräsident der während seiner Amtszeit von einem Kriegsverbrechertribunal wegen Völkermordes angeklagt wurde.

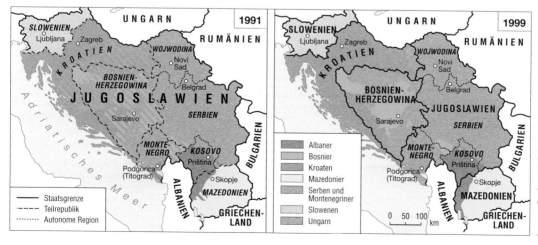

K 2
Der Zerfall Jugoslawiens in den 1990er-Jahren

Der Krieg in Bosnien-Herzegowina – In Bosnien lebten vor Ausbruch des Krieges als Folge der osmanischen Herrschaft 44 Prozent Muslime (auch **„Bosniaken"** genannt), 31 Prozent orthodoxe Serben **(serbische Bosnier)** und 17 Prozent katholische Kroaten **(kroatische Bosnier)** – häufig gemischt im gleichen Ort. Bei den ersten freien Wahlen gewannen die nationalistischen Parteien die Mehrheit. Die bosniakisch geführte Regierung erklärte mit Unterstützung der bosnischen Kroaten 1992 die Unabhängigkeit von Rest-Jugoslawien. Daraufhin eröffneten die serbischen Bosnier mithilfe der jugoslawischen Armee den Krieg und besetzten große Teile des Landes. Die dort ansässigen Muslime und Kroaten wurden vertrieben. Im Gegenzug wurden die kroatischen Bosnier von Kroatien unterstützt, das möglichst große Teile Bosnien-Herzegowinas für sich erobern wollte. Die Muslime wurden von einigen islamischen Ländern unterstützt.

Serbien wurde vom **UNO-Sicherheitsrat** als Aggressor verurteilt. Der Sicherheitsrat konnte sich aber nicht zu einem massiven militärischen Einsatz entschließen, sondern sandte nur „Blauhelme" zum Schutz der Zivilbevölkerung. Aber auch dafür waren die UNO-Truppen nicht stark genug. So kam es, dass UNO-Truppen das eingeschlossene **Srebrenica** an serbische Truppen übergaben, die daraufhin in einem Massaker etwa 8000 Bosniaken ermordeten. Das ist aber nur die Spitze der bekannt gewordenen Kriegsverbrechen. Tausende wurden ermordet, über zwei Millionen Menschen flüchteten oder wurden vertrieben.

Der grausame Krieg fand erst 1995 ein Ende. Bosniaken und Kroaten schlossen ein Bündnis. Entscheidend war aber das Eingreifen von US-Präsident CLINTON, der **NATO-Bombardements im Auftrag der UNO** gegen serbische Stellungen durchsetzte und damit das **Abkommen von Dayton** erzwang (1995). Bosnien-Herzegowina blieb als Staat in den Grenzen von 1992 bestehen, zerfiel aber in zwei weitgehend selbstständige Teile: die „Ser-

bische Republik" und die **„Bosniakisch-Kroatische Föderation"**. Diese Aufteilung war letztlich das Ergebnis der „ethnischen Säuberungen" während des Krieges. Die angestrebte Rückkehr der Flüchtlinge in ihre Heimat war praktisch nicht durchführbar, wenn sie dort nicht zur „herrschenden" Volksgruppe gehörten. Eine UNO-Friedenstruppe und ein mit weitgehenden Vollmachten ausgestatteter **Hoher Kommissar** versuchen seitdem, die verfeindeten Volksgruppen zu verstärkter Zusammenarbeit zu bewegen.

B3 Eine Mitarbeiterin der UNO entfernt Erde von Skeletten in einem Massengrab bei Srebrenica

K4 Die Nachfolgestaaten auf dem Gebiet des ehemaligen Jugoslawien

Kosovo – eine neuer Staat? – Der Kosovo war früher serbisches Stammland. Doch schon im Jugoslawien Titos bildeten die Albaner die deutliche Mehrheit der Bevölkerung. Nach der Aufhebung des **Autonomiestatus** durch Milošević 1989 forderten gemäßigte albanische Politiker die Wiederherstellung ihrer Rechte, radikalere Kräfte traten für die staatliche Unabhängigkeit ein. Die terroristische „Befreiungsarmee des Kosovo" (UCK) verübte Anschläge gegen serbische Einrichtungen und Attentate. Nach massiven Aktionen der serbisch-jugoslawischen Armee gegen albanische Dörfer flüchteten viele Albaner aus dem Kosovo. Im Sicherheitsrat der UNO sperrte sich Russland als alter Verbündeter Serbiens gegen ein Eingreifen. Daraufhin entschloss sich die NATO auch ohne UNO-Mandat zur **„humanitären Intervention".** Während die serbisch-jugoslawische Armee ihre Offensive im Kosovo verstärkte, bombardierte die NATO Rest-Jugoslawien (Serbien und Montenegro) und erzwang ein Abkommen.

Die nun im Kosovo eingesetzte internationale Friedenstruppe konnte aber nicht verhindern, dass viele Serben, Kroaten und Roma von den Albanern aus dem Kosovo vertrieben wurden. Eine Einigung über den **völkerrechtlichen Status** des Kosovo, kam nicht zustande. Im Jahr 2008 erklärte sich das Kosovo für **unabhängig.** Serbien und Russland protestierten vehement.

Die Entwicklung in Mazedonien, Montenegro und Serbien – Mazedonien profitierte davon, dass die jugoslawisch-serbischen Truppen durch die Kriege in Kroatien und Bosnien-Herzegowina gebunden waren. Bereits 1993 wurde die **„Ehemalige jugoslawische Republik Mazedonien"** als souveräner Staat in die UNO aufgenommen. Der seltsame Name geht auf einen **Einspruch Griechenlands** zurück, das eine gleichnamige Region besitzt. Aus bulgarischer Sicht sollte Mazedonien eigentlich zu Bulgarien gehören. Ein weiteres Problem ist der **hohe albanische Bevölkerungsanteil** von etwa 25 Prozent. Mithilfe der EU gelang es, die Minderheiten

B 5 Karikatur von Mester zum Kosovo-Konflikt, 1999

besserzustellen und die Situation in Mazedonien vorerst zu stabilisieren. Langfristig besteht die Hoffnung, durch die enge Anbindung an die EU den Konfliktstoff weiter abzubauen.

In **Montenegro,** das zunächst mit Serbien zusammen einen Staat bildete, entschied sich die Mehrheit der Bevölkerung 2006 für die Gründung eines eigenen Staates. Damit sind alle früheren Teilrepubliken zu selbstständigen Staaten geworden, von Jugoslawien ist kein staatlicher Rest geblieben.

Der ehemalige serbische Staatschef Milošević wurde 2001 an das Kriegsverbrechertribunal in Den Haag ausgeliefert und starb dort im März 2006 an den Folgen einer Krankheit. In Serbien streiten EU-Befürworter und EU-Gegner um die künftige politische Richtung des Landes.

ARBEITSAUFTRÄGE

1. Erstellen Sie anhand des Textes eine Übersicht mit den wichtigsten Daten der Geschichte Jugoslawiens und seines staatlichen Zerfalls.
2. Erläutern Sie den Begriff der „ethnischen Säuberung". Diskutieren Sie, ob „ethnische Säuberung" den Straftatbestand des Völkermords nach internationalem Recht erfüllt.
3. Vollziehen Sie anhand von K 1 und K 2 die wichtigsten Stationen der verschiedenen Kriege und ihrer Ergebnisse nach.
4. Diskutieren Sie anhand von B 5 das Eingreifen der NATO im Kosovo als „humanitäre Intervention" unter den Blickwinkeln von humanitärer Verpflichtung und Völkerrecht.
5. Informieren Sie sich über den aktuellen Stand der einzelnen Konflikte.

Teil III: Die Überwindung der deutschen Teilung

1. Die Vierzigjahrfeier der DDR – Nicht alle feiern mit!

Die Partei- und Staatsführung wollte den 40. Jahrestag der Gründung der DDR am 7. Oktober 1989 mit großem Aufwand feiern. Doch in welcher Lage befand sich die DDR zum Zeitpunkt des Jubiläums?

Drohender Staatsbankrott – In der DDR waren in den 1980er-Jahren viele Industrieanlagen veraltet und reparaturbedürftig. Da aber das Geld für Investitionen fehlte, sank die Pro-Kopf-Produktion und lag 1985 nur noch bei 36 Prozent des Wertes der Bundesrepublik. Dennoch blieben die Lebensverhältnisse in der DDR deutlich besser als in anderen sozialistischen Staaten. Die Ausstattung der Haushalte mit langlebigen Konsumgütern und die Wohnverhältnisse waren vergleichsweise gut. Durch **Subventionen** hielt der Staat die Preise für viele Nahrungsmittel und Dienstleistungen niedrig. Doch die teure Subventions- und Sozialpolitik konnte nur durch eine ständige Neuverschuldung gegenüber dem (westlichen) Ausland bezahlt werden. Ende der 1980er-Jahre drohte der DDR der Staatsbankrott. Die Partei- und Staatsführung schreckte aber auch jetzt noch vor Einschnitten bei der Subventions- und Sozialpolitik zurück, weil sie eine steigende Unzufriedenheit der Bevölkerung sowie eine Massenflucht in die Bundesrepublik fürchtete.

Ein missglücktes Fest – Am 6. Oktober 1989 traf Michail Gorbatschow in Ostberlin ein, um an den Feiern zum 40. Jahrestag der DDR teilzunehmen. Am Flughafen sagte er zu Journalisten: *„Wer zu spät kommt, den bestraft das Leben".* Gorbatschow drängte die SED-Führung, endlich mit den notwendigen Reformen zu beginnen – vergebens: Honecker und die maßgeblichen SED-Politiker lehnten dies ab. Während des Festbanketts am 7. Oktober demonstrierten Tausende vor dem „Palast der Republik". Die Sicherheitskräfte nahmen 700 Demonstranten fest, viele wurden misshandelt.

Parade zur Vierzigjahrfeier der DDR, 1989

B 2 Karikatur des Münchner Zeichners Horst Haitzinger, 1989

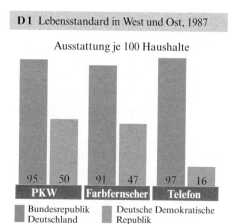

D 1 Lebensstandard in West und Ost, 1987

Ausstattung je 100 Haushalte

	PKW	Farbfernseher	Telefon
Bundesrepublik Deutschland	95	91	97
Deutsche Demokratische Republik	50	47	16

B 3 Chemieindustrie in Bitterfeld, 1980er-Jahre

Entstehung der Demokratiebewegung – Seit den 1970er-Jahren war die Unzufriedenheit über die politischen und materiellen Lebensbedingungen in der DDR gewachsen. Anfangs waren es nur wenige – vor allem Schriftsteller, Künstler und Theologen –, die den Mut hatten, ihre Kritik auch öffentlich zu formulieren. Doch in den 1980er-Jahre stieg deren Zahl: Als Antwort auf das atomare Wettrüsten der Supermächte war auch in der DDR eine vom Staat und von der SED unabhängige **Friedensbewegung** entstanden. Umweltgruppen befassten sich mit dem Problem der zunehmenden Luft- und Wasserverschmutzung. Auch die **Menschenrechtsbewegung** machte vor der DDR nicht halt. Die Regierung hatte sich in Helsinki 1975 mit der Unterzeichnung der Schlussakte der „Konferenz über Sicherheit und Zusammenarbeit in Europa" (KSZE) zur Respektierung der Menschenrechte und der Grundfreiheiten verpflichtet. Auf diese Schlussakte der KSZE beriefen sich Friedens- und Bürgerrechtsbewegung und forderten mehr Demokratie. Unterstützung erhielten sie von den Kirchen, die als einzige Institutionen in der DDR nicht der kommunistischen Weltanschauung verpflichtet waren.

Doch die SED reagierte auf die Proteste mit Verboten, Haftstrafen sowie mit der Ausweisung von Kritikern. Eine Folge war, dass immer mehr Bürger **Ausreiseanträge** stellten oder direkt aus der DDR flüchteten, z. B. während eines „Urlaubs" unter den Schutz der bundesdeutschen Botschaften in Polen, Ungarn oder in der Tschechoslowakei. *ℹ*/4

FRIEDRICH SCHORLEMMER, geb. 1944. Ev. Theologe; Mitbegründer des Demokratischen Aufbruchs (DA); erhielt 1993 den Friedenspreis des deutschen Buchhandels

Q 4 Aufruf des „Neuen Forums" vom 9./10. 9. 1989:

1 In unserem Lande ist die Kommunikation zwischen Staat und Gesellschaft offensichtlich gestört [...]. [Es] bedarf [...] eines demo-
5 kratischen Dialogs über die Aufgaben des Rechtsstaates, der Wirtschaft und der Kultur. Über diese Fragen müssen wir in aller Öffentlichkeit, gemeinsam und im ganzen
10 Land nachdenken und [...] sprechen. Wir bilden deshalb [...] eine politische Plattform [...], die es Menschen aus allen Berufen [und] Lebenskreisen [...] möglich macht,
15 sich an der Diskussion [...] wichtiger Gesellschaftsprobleme [...] zu beteiligen.

(In: B. Lindner, Die demokratische Revolution in der DDR 1989/90, Bonn 1998, S. 50. Gekürzt)

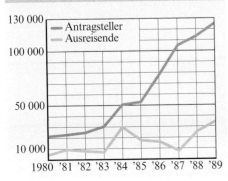

D 5 Entwicklung der Anträge auf Ausreise und ihre Gewährung (in Tausend)

B 6 Das bundesdeutsche Botschaftsgelände in Prag, September 1989

ARBEITSAUFTRÄGE

1. Erläutern Sie mit D 1 und B 3 die wirtschaftliche Situation in der DDR Ende der 1980er-Jahre.
2. Interpretieren Sie die Karikatur B 2; beziehen Sie dabei D 1 ein.
3. Stellen Sie Absichten und Ziele des „Neuen Forums" dar (Q 4); überlegen Sie, welche Position die SED-Führung dazu einnahm.
4. Nennen Sie mögliche Gründe für die Entwicklung bei den Ausreiseanträgen (D 5) sowie für die der tatsächlichen Ausreisen.

2. Die friedliche Revolution in der DDR

Am 40. Jahrestag der DDR schien die SED die Lage noch unter Kontrolle zu haben, aber schon zwei Tage später, am 9. Oktober 1989, stand sie vor einer neuen Herausforderung – diesmal in Leipzig. Wie kam es dazu, dass diese Stadt im Herbst 1989 eine besondere Rolle spielte?

Leipzig, 9. Oktober 1989 – Seit Beginn der 1980er-Jahre hatte sich in Leipzig eine Friedens- und Menschenrechtsbewegung entwickelt. Sie wurde von der evangelischen Kirche mit **Friedensgebeten** unterstützt. Seit August 1989 fand jeden Montag im Anschluss an das Friedensgebet in der Nikolaikirche eine Demonstration im Zentrum Leipzigs statt. Daran beteiligten sich spontan und friedlich immer mehr Menschen; am 2. Oktober waren es schon etwa 20 000. Für die geplante **Montagsdemonstration** am 9. Oktober 1989 hatte die Staatsführung große Militär- und Polizeiver-

bände sowie Betriebskampfgruppen (= paramilitärische Einheiten der volkseigenen Betriebe) aufgeboten, um die Demonstration mit Gewalt niederzuschlagen. Doch die befürchtete blutige Auseinandersetzung konnte verhindert werden. Der Dirigent KURT MASUR und andere prominente Leipziger – darunter auch drei SED-Funktionäre – hatten einen Aufruf zur Gewaltlosigkeit verbreitet. Am Abend des 9. Oktober zogen 70 000 Menschen mit Sprechchören: „Wir sind das Volk!" und „Keine Gewalt!" durch die Straßen Leipzigs. Auf Anordnung des Leipziger SED-Chefs hielten sich die Sicherheitskräfte zurück. Die Opposition hatte sich gewaltfrei durchgesetzt.

Honeckers Rücktritt – Die Beispiele in Berlin und Leipzig lösten eine ganze Welle gewaltloser Demonstrationen überall im Land aus. Die Angst der Menschen war gebrochen; die Staatsführung stand einer Demokratiebewegung gegenüber, deren Forderungen nicht mehr unterdrückt werden konnten.

Ein Teil der SED-Führung hoffte, ihre Macht durch einige Reformen und einen

PERSONENLEXIKON

EGON KRENZ, geb. 1937. Seit 1974 Leiter der DDR-Jugendorganisation FDJ, seit 1983 Mitglied des Politbüros der SED; 18. 10.–3. 12. 1989 Honeckers Nachfolger als Generalsekretär der SED sowie 24. 10.–6. 12. 1989 Vorsitzender des Staatsrats der DDR

Q 1 Erklärung einer Leipziger Betriebskampfgruppe zu den Demonstrationen in Leipzig (6. 10. 1989):

1 Wir sind dagegen, dass diese kirchlichen Veranstaltungen [in der Nikolaikirche] missbraucht werden, um staatsfeindliche Provo-
5 kationen gegen die DDR durchzuführen. [...] [Wir] erwarten, dass alles getan wird, um die öffentliche Ordnung und Sicherheit zu gewährleisten, um die in 40 Jah-
10 ren harter Arbeit geschaffenen Werte und Errungenschaften des Sozialismus in der DDR zu schützen [...].
Wir sind bereit und willens, das
15 von uns [...] Geschaffene wirksam zu schützen, um diese konterrevolutionären Aktionen endgültig zu unterbinden. Wenn es sein muss, mit der Waffe in der Hand!

(In: Leipziger Volkszeitung vom 6.10.1989. Gekürzt)

B 2 Demonstration von rund 70 000 Bürgerinnen und Bürgern der DDR auf dem Leipziger Ring, Foto 9. Oktober 1989

Geschichte im/Geschichte durch das Fernsehen

Seit den 1950er-Jahren hat sich das Medium Fernsehen weltweit ausgebreitet. Es kann aktuell und unmittelbar sehr viele Menschen über Ereignisse an nahezu jedem Ort der Erde informieren. In demokratischen Gesellschaften, in denen die Inhalte der Sendungen keiner politischen Zensur unterliegen, leistet das Fernsehen einen wichtigen Beitrag zur politischen Information und zu einer **kritischen Öffentlichkeit.** Doch wie bei allen anderen Medien müssen die Inhalte von Fernsehsendungen einer kritischen Analyse unterzogen werden.

Auch Politiker nutzen die Vorteile des Massenmediums Fernsehen, um möglichst viele Bürger(innen) aktuell zu informieren. Das geschieht zum Beispiel durch **Pressekonferenzen,** durch Interviews in **Nachrichtensendungen** oder bei wichtigen Anlässen im Rahmen von **Sondersendungen.** Im Herbst 1989 wurden solche Sondersendungen in der DDR mit Spannung erwartet, denn die politischen Ereignisse überschlugen sich und das Medienklima hatte sich zugunsten einer freieren Meinungsäußerung verändert. Viele DDR-Bürger hofften darauf, im Fernsehen Nachrichten über geforderte Erleichterungen im Reiseverkehr zu erhalten.

Am **9.11.1989** hatte das Politbüro des ZK der SED zu einer **Pressekonferenz** geladen, die live übertragen wurde. Als um 18.57 Uhr die Frage nach dem Entwurf eines neuen Reisegesetzes gestellt wurde, verlas das zuständige Politbüromitglied GÜNTHER SCHABOWSKI vor laufenden Kameras einen Beschluss des Ministerrats, dass eine Regelung getroffen werde, die es jedem Bürger der DDR möglich mache, ohne besondere Voraussetzungen über Grenzübergangspunkte der DDR auszureisen. Auf die Frage eines Journalisten, ab wann diese neue Reisefreiheit denn gelte, antwortete der irritierte und unvollständig informierte Schabowski: *„Das tritt nach meiner Kenntnis … ist das sofort, unverzüglich."*

Dieser Satz vor laufenden Fernsehkameras verbreitete sich in Windeseile in der ganzen DDR. Hunderttausende DDR-Bürger strömten zu den Grenzübergängen, um die von Schabowski zugesagte Reisefreiheit sofort für einen Kurzbesuch im Westen zu nutzen. Noch ehe das überraschte Politbüro der SED die Lage diskutieren und mit Gegenmaßnahmen reagieren konnte, erzwang der Ansturm der Menschen die Öffnung der noch verschlossenen Grenzübergänge.

Die Liveübertragung eines Missverständnisses zwischen SED-Politbüro und Minsterrat hatte die Geschehnisse in der Nacht vom 9. auf den 10. November 1989 entscheidend mit beeinflusst. Das Fernsehen hatte „Geschichte gemacht".

B1 Günther Schabowski auf der Pressekonferenz am 9.11.1989

WORAUF SIE ACHTEN MÜSSEN

1. Handelt es sich um eine Nachrichtensendung, um einen Meinungskommentar, um ein politisches Magazin oder um eine Pressekonferenz? Wird die Sendung von einem öffentlich-rechtlichen oder einem privaten Fernsehsender ausgestrahlt?
2. Erkennen Sie Parteilichkeit oder Wertungen in dem Bericht?
3. Achten Sie bei Interviews mit Politikern darauf, welche Fragen gestellt, welche nicht gestellt werden bzw. welche Fragen beantwortet, welche nicht beantwortet werden.
4. Ist die Berichterstattung umfassend? Vergleichen Sie die Berichterstattung mit anderen Sendungen und Medien zum gleichen Thema.

Wechsel an der Spitze noch retten zu können. Am 18. Oktober zwang das Politbüro der SED Honecker zum Rücktritt und bestimmte als dessen Nachfolger EGON KRENZ zum Parteichef und Staatsoberhaupt der DDR. Krenz versprach zwar sogleich eine „Wende" sowie Reformen. Doch als langjähriger „Kronprinz" Honeckers hatte er dessen Politik mitverantwortet und galt als unglaubwürdig.

Die Opposition organisiert sich – Seit dem Sommer 1989 waren in der DDR Oppositionsgruppen mit politischen Forderungen an die Öffentlichkeit getreten. Sie beriefen sich dabei auf die DDR-Verfassung, die den Bürgern das Recht garantierte, Vereinigungen zu bilden. Am 9. September wurde das **„Neue Forum"** gegründet. Es wandte sich an *„alle Bür-*

ger und Bürgerinnen der DDR, die an der Umgestaltung unserer Gesellschaft mitwirken wollen". Den Schritt zur Gründung einer neuen, bis dahin in der DDR nicht zugelassenen Partei, vollzog am 7. Oktober die **„Sozialdemokratische Partei in der DDR"** (SDP). Das Machtmonopol der SED begann zu bröckeln. Die Menschen hatten das Vertrauen in die SED und in die von ihr beherrschten Massenorganisationen verloren. Weitere Bürgervereinigungen und Parteien entstanden im Herbst 1989.   ●/5

Am 4. November 1989 versammelten sich auf dem Berliner Alexanderplatz mehr als eine halbe Million Menschen. Prominente Künstler hatten die Demonstration angemeldet. Einhellig waren die Forderungen nach grundlegenden Veränderungen in der DDR, freien Wahlen, der Gewährung von Presse-, Meinungs- und Versammlungsfreiheit sowie nach freiem Reiserecht. Aber noch stand in Berlin die Mauer, noch flohen täglich Tausende aus der DDR. Wie verhielt sich die Regierung angesichts des immer stärker werdenden Rufs nach Reisefreiheit?

PERSONENLEXIKON

BÄRBEL BOHLEY, geb. 1945. Freischaffende Malerin; 1982 Gründungsinitiatorin des Netzwerks „Frauen für den Frieden" in der DDR; 1985/86 Mitbegründerin der „Initiative Frieden und Menschenrechte"; 1988 Abschiebung aus der DDR und Rückkehr; 1989 Mitbegründerin des „Neuen Forums"

Q 3 Proteste in Weißenfels, Oktober 1989:

1 [Am] 11.10. gab es die erste Friedensandacht in Weißenfels in einer kleinen Kirche. Ich ging und fand mich plötzlich in den Kirchenbän-
5 ken eingekeilt zwischen schrankgroßen Stasi-Leuten [= Mitarbeiter der geheimen Staatssicherheit] […]. Etwa 100 Menschen waren in der Kirche, die Hälfte Partei, FDJ, Stasi.
10 Draußen warteten Polizeiwagen. Aber es wurde nicht eingegriffen. Beim nächsten Friedensgebet, das ich am 11.11. besuchte, waren bereits 1500 Menschen in der großen
15 Stadtkirche. Auch meine Tochter mit beiden Kindern waren dabei (Sebastian: 12, Anna: 10). Mitten bei den Gebeten steht Anna bleich aber mutig auf, geht zum Mikro-
20 phon und spricht laut: „Ich wünsche mir, dass ich in der Schule immer die Wahrheit sagen darf." Und erhält brausenden Beifall. Danach ziehen wir mit Kerzen durch
25 die Stadt […] und rufen unentwegt: „Wir sind das Volk!"

(In: B. Lindner, Die demokratische Revolution in der DDR 1989/90, Bonn 1998, S. 94. Gekürzt)

B 4 Gruppierungen der Bürgerrechtsbewegung 1989/90

Der Fall der Mauer – Anfang November 1989 waren die meisten Altfunktionäre der SED aus ihren Ämtern verdrängt. Das am 8. November neu gewählte Politbüro hatte die immer drängender werdende **Frage der Reisefreiheit** zu lösen. Am Abend des 9. November teilte der für Information zuständige Sekretär GÜNTER SCHABOWSKI nach der Sitzung des ZK der SED auf der allabendlich stattfindenden und live im Fernsehen übertragenen Pressekonferenz mit, dass die Bürger der DDR „ab sofort" Genehmigungen zur Ausreise aus der DDR erhalten könnten. Diese Nachricht verbreitete sich wie ein Lauffeuer in Berlin und im ganzen Land.

Noch am gleichen Abend setzte ein Ansturm auf die Grenzübergänge nach Westberlin ein. Unter dem Druck der zusammenströmenden Menschen öffneten die ersten DDR-Grenzposten um 21.30 Uhr an der Bornholmer Straße die Übergänge. Gegen Mitternacht mussten die Grenzschranken auch in anderen Stadtteilen geöffnet werden. Zu Fuß, mit dem Auto und der Bahn kamen in den nächsten Tagen Hunderttausende aus der DDR nach Westberlin und in die Bundesrepublik. Mit der Grenzöffnung am 9. November 1989 hatte die unter Zugzwang stehende SED-Führung nur die „Flucht nach vorne" antreten wollen. Doch unfreiwillig stand sie nun vor einer ganz neuen Situation: Die Mauer war gefallen, die Trennung der Menschen in Ost- und Westdeutschland war unwiderruflich zu Ende. ℗/6

Q6 Aus der Reportage eines westdeutschen Reporters über die Nacht vom 9. zum 10. November 1989:

1 […] Knapp 5000 mögen es sein, die jetzt am Checkpoint versammelt sind. Sektkorken knallen. Bald, heißt es, wird die Grenze geöffnet. Das passiert kurz nach Mitternacht. Die ersten DDRler kommen zu Fuß, viele sind verwirrt, sa-
5 gen: „Hoffentlich kann ich auch wieder zurück." […] [Sie werden] bejubelt von der wartenden Menge [im Westen]. Sie werden umarmt und mit Sekt übergossen […]. Wir versuchen, zum Brandenburger Tor zu kommen […]. Es ist etwa 3 Uhr. Das Brandenburger Tor ist grell erleuchtet –
10 von den Scheinwerfern der TV-Teams […]. Auf der Mauerbrüstung stehen die Leute bereits dicht an dicht […].

(In: Stern, Nr. 41/1989, S. 37 f. Gekürzt)

B 5 Berlinerinnen und Berliner feiern den Fall der Mauer, Foto 10.11.1989

Veränderungen sind nicht aufzuhalten – Bereits am 7. November 1989 war der gesamte DDR-Ministerrat zurückgetreten. Die Hoffnungen der SED richteten sich nun auf HANS MODROW, den SED-Bezirksleiter von Dresden. Im öffentlichen Auftreten zurückhaltend, nicht durch Korruption in Verruf geraten und als reformwillig bekannt, wurde er in der Volkskammer am 13. November 1989 fast einstimmig zum Ministerpräsidenten gewählt. Modrow bildete eine Koalitionsregierung mit den Blockparteien CDU, LDPD und DBD. Innenpolitisch befand sich die DDR in einer schwierigen Situation. Die bisherige Alleinherrschaft der SED schien zwar gebrochen, aber noch galt die alte DDR-Verfassung mit ihren undemokratischen Strukturen. Auch die Ausreisewelle war nach der Öffnung der Mauer noch nicht abgebrochen.

Q8 „Für unser Land". Aufruf einer DDR-Initiativgruppe (u. a. die Schriftsteller St. Heym, Ch. Wolf und der Pfarrer F. Schorlemmer), 26.11.1989:

1 Entweder können wir auf der Eigenständigkeit der DDR bestehen und versuchen, mit allen unseren Kräften in unserem Land eine
5 solidarische Gesellschaft zu entwickeln, in der Frieden und soziale Gerechtigkeit, Freiheit des Einzelnen, Freizügigkeit und die Bewahrung der Umwelt gewährleistet
10 sind, oder wir müssen dulden, dass, veranlasst durch ökonomische Zwänge und einflussreiche Kreise aus Wirtschaft und Politik in der Bundesrepublik ein Aus-
15 verkauf unserer materiellen und moralischen Werte beginnt und über kurz oder lang die Deutsche Demokratische Republik durch die Bundesrepublik vereinnahmt
20 wird. Lasst uns den ersten Weg gehen. Noch haben wir die Chance, eine sozialistische Alternative zur Bundesrepublik zu entwickeln.

(In: G. Meier, Die Wende in der DDR, Bonn 1990, S. 53. Gekürzt)

Der „Runde Tisch" – Die Bürgerbewegungen, die einen **friedlichen Übergang zur Demokratie und zur Marktwirtschaft** erreichen wollten, griffen das polnische Vorbild des „Runden Tisches" auf. Am 7.12.1989 trafen sich die Vertreter der Bürgerbewegungen mit den Vertretern der SED, der „Blockparteien" und der Massenorganisationen. Der „Runde Tisch" sollte an allen Entscheidungen der Regierung und der Volkskammer, auch über die Zukunft der DDR, beteiligt werden. So beschloss er bereits bei seiner ersten Sitzung im Dezember 1989, dass am 6.5.1990 die ersten freien Wahlen in der DDR stattfinden sollten. Im Januar 1990 wurde dieser Termin auf den 18. März vorverlegt.

PERSONENLEXIKON

CHRISTA WOLF, geb. 1929.
Schriftstellerin; 1976 Protest gegen die Ausbürgerung des Liedermachers W. Biermann aus der DDR; 1989/90 Austritt aus der SED

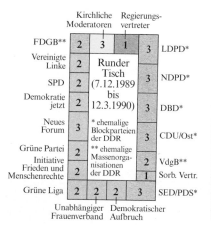

	Kirchliche Moderatoren	Regierungsvertreter		
FDGB**	2	3	1	3 LDPD*
Vereinigte Linke	2	Runder Tisch (7.12.1989 bis 12.3.1990)		3 NDPD*
SPD	2			3
Demokratie jetzt	2			3 DBD*
Neues Forum	3	* ehemalige Blockparteien der DDR		3 CDU/Ost*
Grüne Partei	2	** ehemalige Massenorganisationen der DDR		2 VdgB**
Initiative Frieden und Menschenrechte	2			1 Sorb. Vertr.
Grüne Liga	2	2	2	3 SED/PDS*

Unabhängiger Frauenverband / Demokratischer Aufbruch

Ministerrat der DDR
Vorsitzender/Regierungschef:
Hans Modrow (SED/PDS)

Stellvertreter:
Christa Luft (SED/PDS)
Lothar de Maizière (CDU)
Peter Moreth (LDPD)

ab 18.11.1989
27 Minister
(davon 16 SED/PDS, 4 LDPD, 3 CDU, 2 DBD, 2 NDPD)

ab 6.2.1990
Regierung der nationalen Verantwortung
(wie oben, jedoch erweitert um 8 Minister ohne Geschäftsbereich als Vertreter der neuen Gruppen/Parteien am Runden Tisch)

B9 Der „Runde Tisch" und seine Einbindung in die Regierung, 1989/90

ARBEITSAUFTRÄGE

1. Erläutern und beurteilen Sie die Argumente der Verfasser von Q1 gegenüber der Oppositionsbewegung in Leipzig.
2. Beurteilen Sie die Wirkung der Bilder der Leipziger Demonstration vom 9.10.1989 auf die Bevölkerung der DDR .
3. Erläutern Sie mit Q3 die gesellschaftspolitischen Hintergründe für das Auftreten der 10-jährigen Anna am 11.10.1989.
4. Ermitteln Sie, ob die politischen Gruppen/Parteien von B4 und B9 noch existieren bzw. wohin sie sich entwickelt haben.
5. Verfassen Sie mithilfe von B5 und Q6 eine Pressenotiz über den Ablauf der Maueröffnung in der Nacht vom 9./10.11.1989.
6. Nennen Sie die politischen Ziele und die Befürchtungen der „Initiativgruppe DDR" aus Q8. Beurteilen Sie, ob das Hauptziel der Initiativgruppe Ende 1989 realisierbar war.
7. Untersuchen Sie mit B9 die Zusammensetzung des „Runden Tisches". Erläutern Sie den Einfluss auf die Regierungspolitik.

3. Der Weg zur deutschen Wiedervereinigung

Im November 1989 änderte sich die Stimmung in der DDR. Hatten die Menschen bisher gerufen: „Wir sind *das* Volk", so hieß es jetzt immer häufiger „Wir sind *ein* Volk" und „Deutschland einig Vaterland". Welche Ursachen hatte dieser Stimmungswechsel und welche Konsequenzen ergaben sich daraus für die weitere Zukunft der DDR?

Die deutsche Frage – Nach dem Fall der Mauer stellte sich auch die Frage einer **Wiedervereinigung** der beiden deutschen Staaten. Die Spaltung nach 1945 war von den meisten Deutschen in Ost und West als aufgezwungen empfunden worden. Hinzu kam, dass die DDR nach 40 Jahren SED-Diktatur wirtschaftlich ruiniert war. Viele Menschen in Ostdeutschland sahen daher in der Vereinigung mit der wirtschaftlich leistungsfähigeren und reicheren Bundesrepublik eine hoffnungsvolle Alternative. Andere wollten zwar das politische und wirtschaftliche System der DDR grundlegend reformieren, aber die DDR als eigenständigen Staat erhalten.

Als im November 1989 das Ausmaß der wirtschaftlichen Zerrüttung sowie der politischen Bespitzelung durch das DDR-Regime den Menschen mehr und mehr bekannt wurde, wuchs auch die Zahl der DDR-Bürger, die eine schnelle Wiedervereinigung mit der Bundesrepublik wollten.

Auch in der Bundesrepublik war anfangs umstritten, wie auf die Frage einer möglichen Wiedervereinigung zu reagieren sei. Das **„Zehn-Punkte-Programm"** von Bundeskanzler KOHL vom 28.11.1989 sah ein schrittweises Vorgehen vor: Sofortigen humanitären und Wirtschaftshilfen für die DDR sollte langfristig eine bundesstaatliche Ordnung in einem vereinten Deutschland folgen. Ab Jahresbeginn 1990 trat die CDU/FDP-Bundesregierung jedoch für eine schnellere Vereinigung beider deutschen Staaten ein.

Die Haltung der SPD zur Wiedervereinigung war anfangs gespalten. Ein Teil um den langjährigen SPD-Vorsitzenden WILLY BRANDT strebte vorbehaltlos die schnelle Wiedervereinigung an. Andere führende SPD-Politiker zögerten jedoch, weil sie als Folge einer zu schnellen Vereinigung den totalen Zusammenbruch der ostdeutschen Wirtschaft befürchteten.

Die Märzwahlen 1990 in der DDR – Am 18. März 1990 fanden die ersten freien Wahlen in der DDR statt. Auch die SED stellte sich zur Wahl – nun unter dem Namen „Partei des demokratischen Sozialismus" (PDS). Das Wahlergebnis zeigte eine deutliche Mehrheit derjenigen Parteien, die sich für eine baldige Wiedervereinigung Deutschlands aussprachen. Aus diesen Parteien bildete der ostdeutsche CDU-Politiker LOTHAR DE MAIZIÈRE eine Koalitionsregierung.

B 3 Demonstration im November 1989

B 4 Demonstration im Februar 1990

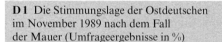

D 1 Die Stimmungslage der Ostdeutschen im November 1989 nach dem Fall der Mauer (Umfrageergebnisse in %)

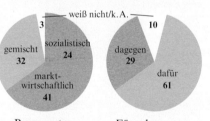

weiß nicht/k. A.

gemischt **32** — sozialistisch **24** — marktwirtschaftlich **41** — **3**

dagegen **29** — dafür **61** — **10**

Bevorzugtes Wirtschaftssystem — Für oder gegen die Wiedervereinigung

D 2 Wahlergebnis, Sitzverteilung und Regierungsmehrheit der DDR-Märzwahl 1990

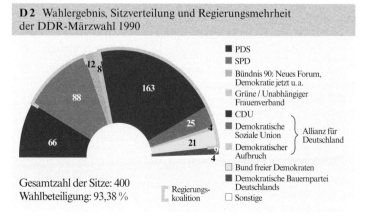

12 · 8 · 163 · 88 · 25 · 4 · 66 · 21 · 9 · 4

- ■ PDS
- ■ SPD
- ■ Bündnis 90: Neues Forum, Demokratie jetzt u.a.
- ■ Grüne / Unabhängiger Frauenverband
- ■ CDU
- ■ Demokratische Soziale Union
- ■ Demokratischer Aufbruch
- □ Bund freier Demokraten
- ■ Demokratische Bauernpartei Deutschlands
- □ Sonstige

Allianz für Deutschland

Gesamtzahl der Sitze: 400
Wahlbeteiligung: 93,38 %

Regierungskoalition

Deutsch-deutsche Schritte zur Einheit – Mit dem Wahlergebnis vom März 1990 hatte eine deutliche Mehrheit der DDR-Bürger ihren Willen zur Wiedervereinigung dokumentiert. Dennoch gab es viele offene Fragen: Sollte die Vereinigung nach **Artikel 23 des Bonner Grundgesetzes** erfolgen, also durch den Beitritt der DDR zur Bundesrepublik, oder nach **Artikel 146 des Grundgesetzes**, auf der Basis einer neuen, gesamtdeutschen Verfassung? Sollte die Wiedergutmachung widerrechtlicher Enteignungen in der DDR nach dem Grundsatz „Entschädigung statt Rückgabe" erfolgen, oder sollten die früheren Eigentumsrechte Vorrang haben? Sollte die Angleichung der ökonomischen und rechtlichen Bedingungen in beiden Teilen Deutschlands in einem einzigen oder in mehreren, zeitlich gestreckten Schritten erfolgen? Und schließlich: Würden die Siegermächte des Zweiten Weltkriegs einer deutschen Wiedervereinigung überhaupt zustimmen?

Als erster Schritt zur Wiedervereinigung trat am 1. Juli 1990 eine **Wirtschafts-Währungs- und Sozialunion** zwischen beiden deutschen Staaten in Kraft: Die D-Mark wurde gesetzliches Zahlungsmittel in der DDR, die soziale Marktwirtschaft löste die Planwirtschaft ab. In Berlin nahm die **Treuhandanstalt** ihre Arbeit auf. Sie sollte die „Volkseigenen Betriebe" (VEB) der DDR in privatwirtschaftliche Unternehmen überführen.

Die Volkskammer der DDR fasste den Beschluss zur **Neugründung der Länder** Brandenburg, Mecklenburg-Vorpommern, Sachsen, Sachsen-Anhalt und Thüringen. Am 23. August 1990, noch während die Vertreter der bundesdeutschen Regierung und der Regierung DE MAIZIÈRE den **Einigungsvertrag** zwischen beiden deutschen Staaten aushandelten, beschlossen die Abgeordneten der DDR-Volkskammer mit großer Mehrheit den Beitritt der DDR zur Bundesrepublik Deutschland nach Artikel 23 des Grundgesetzes.

LOTHAR DE MAIZIÈRE, geb. 1940. CDU-Politiker; 12.4.–3.10.1990 letzter Ministerpräsident der DDR

Q5 Aus dem „Vertrag zwischen der Bundesrepublik Deutschland und der Deutschen Demokratischen Republik über die Herstellung der Einheit Deutschlands" vom 20/21.9.1990:

1 **Artikel 3: Inkrafttreten des Grundgesetzes:** Mit dem Wirksamwerden des Beitritts [der DDR] tritt das Grundgesetz für die Bundesrepub-
5 lik Deutschland [...] in den Ländern Brandenburg, Mecklenburg-Vorpommern, Sachsen, Sachsen-Anhalt und Thüringen [und im Ostteil Berlins] [...] in Kraft.
10 **Artikel 4, Absatz 6:** Der Artikel 146 [des Grundgesetzes] wird wie folgt gefasst: Dieses Grundgesetz, das nach Vollendung der Einheit und Freiheit für das gesamte deutsche
15 Volk gilt, verliert seine Gültigkeit an dem Tag, an dem eine Verfassung in Kraft tritt, die von dem deutschen Volk in freier Entscheidung beschlossen worden ist.

(In: Presse- und Informationsamt der Bundesregierung, Bonn 1990)

Q6 US-Außenminister James Baker am 12.12.1989:

1 Gemeinsam müssen wir eine neue Architektur für ein neues Zeitalter entwerfen und schrittweise verwirklichen. Diese neue Architektur muss den alten Fundamenten und Strukturen Platz bieten, die – wie die NATO – ihre Gültig-
5 keit behalten. Gleichzeitig muss sie der Tatsache Rechnung tragen, dass diese auch neuen, gemeinsamen Zielen dienen können. Die neue Architektur [...] muss einen Rahmen schaffen [...], in dem die Teilung Europas überwunden und der Atlantik überbrückt werden kann.

(In: M. Görtemaker, M. Hdrlicka, Das Ende des Ost-West-Konflikts? Berlin 1990, S. 153 f. Gekürzt)

Q7 Der sowjetische Deutschlandexperte Valentin Falin im Frühjahr 1990:

1 Ich plädiere für militärische Neutralität [...]. Dabei sollen auch die deutschen Sicherheitsinteressen berücksichtigt werden. Die Deutschen haben das Recht, eine militärische Potenz zu besitzen, die eine vernünftige Verteidigung er-
5 möglicht [...]. Wer dafür ist, dass ganz Deutschland an die NATO fällt, ist nicht für die deutsche Einheit. Wer dafür ist, dass ein halbes Deutschland [die Bundesrepublik] in der NATO bleibt, der ist halbherzig für die [...] Einheit.

(In:Spiegel Spezial II/ 1990, S. 22. Gekürzt)

Die beiden deutschen Regierungen mussten bei der Wiedervereinigung auf die Siegermächte des Zweiten Weltkriegs und auf Polen Rücksicht nehmen. Welche Gründe gab es dafür?

Die Haltung der Siegermächte – Die UdSSR verlor mit der Wiedervereinigung einen wichtigen Bündnis- und Handelspartner. Seit dem Ende des Zweiten Weltkrieges waren in der DDR zudem Streitkräfte der UdSSR stationiert. Deren Eingreifen war zu befürchten, falls wichtige Interessen der UdSSR verletzt würden. Auch die westlichen Siegermächte Großbritannien und Frankreich hegten anfangs Bedenken. Sie fürchteten, die wirtschaftliche und militärische Macht eines vereinten Deutschlands könnte das Gleichgewicht in Europa und den europäischen Frieden erneut gefährden. Polen, Deutschlands Nachbar im Osten, war beunruhigt, weil die Bundesrepublik die polnische Westgrenze von 1945 (= Oder-Neiße-Grenze) noch nicht als endgültige Ostgrenze Deutschlands anerkannt hatte. Die USA unterstützten die Wiedervereinigung von Anfang an vorbehaltlos.

Verhandlungen mit den Siegermächten – Im Mai 1990 hatten die **„Zwei-plus-Vier-Gespräche"** zwischen den Außenministern der vier Siegermächte und der beiden deutschen Staaten über die Bedingungen der Wiedervereinigung begonnen. Strittig war dabei auch die Frage, ob das wiedervereinte Deutschland dem westlichen Militärbündnis NATO angehören dürfe. Als Mitte Juli 1990 auch der sowjetische Staatschef Gorbatschow – nach anfänglichem Zögern und trotz Kritik aus dem eigenen Land – der Vereinigung Deutschlands und dessen Mitgliedschaft in der NATO zustimmte, war der Weg frei: Im September 1990 wurden die Verhandlungen mit dem **„Zwei-plus-Vier-Vertrag"** erfolgreich abgeschlossen. Nachdem auf internationaler Ebene die Lösung der „deutschen Frage" erreicht war, konnte am 3. Oktober 1990 der zwischen den beiden deutschen Staaten ausgehandelte **Einigungsvertrag** in Kraft treten. Die deutsche Teilung war beendet. **۹**/7

B 8 Gorbatschow, Kohl und Genscher verhandeln über die Zukunft Deutschlands. Kaukasus, 15. Juli 1990

B 9 Der 2+4-Vertrag vom 12.9.1990 zwischen Bundesrepublik Deutschland und DDR sowie Frankreich, Großbritannien, USA und UdSSR

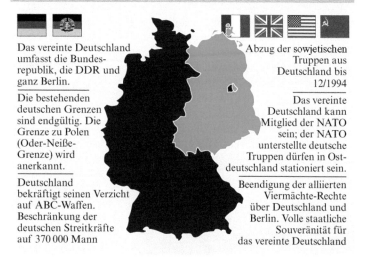

Das vereinte Deutschland umfasst die Bundesrepublik, die DDR und ganz Berlin.

Die bestehenden deutschen Grenzen sind endgültig. Die Grenze zu Polen (Oder-Neiße-Grenze) wird anerkannt.

Deutschland bekräftigt seinen Verzicht auf ABC-Waffen. Beschränkung der deutschen Streitkräfte auf 370 000 Mann

Abzug der sowjetischen Truppen aus Deutschland bis 12/1994

Das vereinte Deutschland kann Mitglied der NATO sein; der NATO unterstellte deutsche Truppen dürfen in Ostdeutschland stationiert sein.

Beendigung der alliierten Viermächte-Rechte über Deutschland und Berlin. Volle staatliche Souveränität für das vereinte Deutschland

ARBEITSAUFTRÄGE

1. Erläutern Sie anhand von D 1, B 3 und B 4 den Stimmungswandel in der DDR und nennen Sie Gründe für den wachsenden Wunsch nach einer deutschen Wiedervereinigung.
2. Lesen Sie Q 5. Informieren Sie sich über die Artikel 23 und 146 des Grundgesetzes (Fassung vor 1990). Erläutern Sie die darin formulierten alternativen Wege zu einer Wiedervereinigung.
3. Diskutieren Sie die Konsequenzen der Volkskammerwahl vom März 1990 für den deutschen Einigungsprozess (D 2).
4. Geben Sie die Positionen zur Wiedervereinigung von Q 6 und Q 7 wieder. Begründen Sie, warum die Stellung Deutschlands zur NATO für die USA und die UdSSR von Bedeutung war.
5. Nennen Sie die wesentlichen Bestimmungen des „2+4-Vertrags" (B 9) aus deutscher, sowjetischer und polnischer Sicht.

4. Nur mühsam wächst zusammen …

Am 2. Dezember 1990 fanden die ersten gesamtdeutschen Bundestagswahlen statt. Mit 43,8 % der Stimmen erhielt die CDU/CSU den Auftrag, zusammen mit der FDP (11 %) die neue Bundesregierung zu bilden. Die Regierung stand vor der schweren Aufgabe, die großen wirtschaftlichen Probleme Ostdeutschlands sozialverträglich zu lösen und den „inneren Einigungsprozess" zu fördern. Konnte sie diese Aufgaben bewältigen?

Wirtschaftlicher Niedergang – Zahlreiche ostdeutsche Betriebe waren technisch veraltet. Sie produzierten zu langsam und zu teuer und konnten oft nicht mit den Produkten westdeutscher Unternehmen konkurrieren. Die ostdeutschen Verbraucher bevorzugten zunächst auch westdeutsche Konsumgüter, selbst wenn deren Qualität nicht immer die bessere war. Die Länder Osteuropas, die ein wichtiger Absatzmarkt für ostdeutsche Produkte gewesen waren, spielten aufgrund eigener Wirtschaftsprobleme als Absatzmarkt kaum noch eine Rolle. Der Verkauf der ostdeutschen Betriebe durch die von der Bundesregierung beauftragte Treuhandanstalt

erwies sich häufig als Fehlschlag: Da die Verkaufserlöse der oft maroden Volkseigenen Betriebe gering waren, konnte die Treuhand ihre Aufgabe nur zum Teil und mit staatlicher Finanzhilfe erfüllen. Manche westdeutsche Unternehmer schlossen die gekauften Betriebe auch umgehend, weil sie unerwünschte Konkurrenz ausschalten wollten. Die Folgen fehlgeschlagener Privatisierungen sowie der Betriebsschließungen wogen schwer: ganze Industrieregionen verödeten, **Massenarbeitslosigkeit** wurde vielerorts zum Schreckgespenst. Zahlreiche gut ausgebildete Menschen zogen in die westlichen Bundesländer, um dort eine ihrer Qualifikation gemäße Arbeit zu finden. Anderen Arbeitslosen – darunter viele Frauen, Jugendliche, ältere Menschen – blieb oft nur die Hoffnung auf eine staatlich geförderte Arbeitsbeschaffungsmaßnahme.

HELMUT KOHL, geb. 1930.
1969 – 1976 Ministerpräsident von Rheinland-Pfalz;
1973 – 1998 Parteivorsitzender der CDU,
1982 – 1998 Bundeskanzler der Bundesrepublik Deutschland

Q 2 Rückgabe vor Entschädigung:

1 Das Ziel: […] die Bundesregierung [gab] den Besitzansprüchen von Alteigentümern, die zu DDR-Zeiten enteignet worden waren, den Vorrang, anstatt sie für ihren Verlust nachträglich zu entschädigen […].

5 Die Folgen: Der Streit um das Eigentum bremste den Aufschwung: Wegen der Unklarheit der Besitzansprüche und jahrelanger Bearbeitungszeiten [der Rückgabeanträge] waren vielen investitionsbereiten Firmen die Hände gebunden […]. Statt in den Innenstädten entstanden so

10 Kaufhäuser und Einkaufszentren auf der grünen Wiese.

(In: Der Spiegel Nr. 40/2000, S. 82. Gekürzt)

B1 Demonstration in Sondershausen, 1990

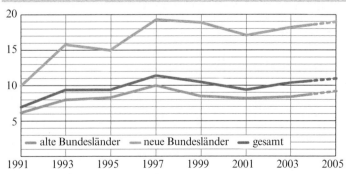

D 3 Entwicklung der Arbeitslosenquote in % (Werte für 2005 geschätzt)

— alte Bundesländer — neue Bundesländer — gesamt

Erfolge in den östlichen Bundesländern – Die Einkommen der Berufstätigen sowie die Renten stiegen nach der Wiedervereinigung deutlich. Im Vergleich zur DDR haben sich die Kaufkraft der Haushalte, das Angebot an Konsumgütern und der **Lebensstandard** verbessert. Milliardeninvestitionen trugen dazu bei, **Straßen und Autobahnen** zu erneuern, **moderne Telekommunikationsmittel** zu schaffen und die Infrastruktur insgesamt zu verbessern. In Städten und Gemeinden gab es Programme zur **Sanierung von Häusern und Wohnungen.** Vielerorts entstanden neue, leistungsfähige Industriebetriebe – und mit diesen neue Arbeitsplätze. ●/8

Enttäuschungen und Vorurteile – Nach der ersten Begeisterung über den Mauerfall und die Einheit Deutschlands vollzog sich bei vielen Deutschen ein Stimmungswechsel. Manches, was die Politiker versprochen und die Menschen in den neuen Bundesländern von der Wiedervereinigung erhofft hatten, war nicht oder nur zum Teil eingetroffen. Enttäuschung machte sich breit. Auch in Westdeutschland kühlte die positive Stimmung ab: Die Finanz- und Steuerbelastung durch die Kosten der Wiedervereinigung seien zu hoch; ein Ende der Unterstützungsleistung an die neuen Bundesländer – seit 1990 über 400 Milliarden € – sei nicht abzusehen. So machten sich auf beiden Seiten **Vorurteile** breit. Hielten manche Ostdeutschen die Westdeutschen für überheblich und rücksichtslos, so warfen diese den Ostdeutschen mangelnde Eigeninitiative und Wehleidigkeit vor. Angesichts der wirtschaftlichen und sozialen Probleme, die es infolge des Zusammenbruchs der DDR zu bewältigen gilt, ist vielen das Verständnis für die Chancen, die uns Deutschen durch den Fall der Mauer und die Wiedervereinigung eröffnet wurden, schon fast verloren gegangen.

D4 Entwicklung der Nettolöhne/-gehälter und der Renten in Euro, 1991–2004

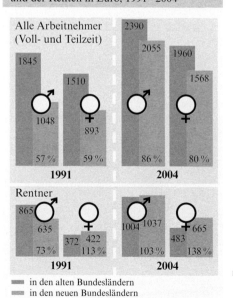

in den alten Bundesländern
in den neuen Bundesländern

Q5 Stimmen deutscher Schüler zur Wiedervereinigung:

1 *Ein 15-jähriger Schüler aus Thüringen, 1992*
Es ist alles ganz schön, was wir Ostdeutschen jetzt noch alles aus unserem Leben machen können. Ich denke da an Reisefreiheit […], Hifi-Anlagen, Videorekorder, Autos.
5 Aber die Einheit hat nicht nur Schokoladenseiten […]. Und wenn manche „Wessis" hierher kommen mit Parolen „Wir werden euch das Arbeiten lehren" […], also da platzt einem manchmal die Hutschnur.
Eine 15-jährige Schülerin aus Rheinland-Pfalz, 1992
10 Seitdem die Mauer geöffnet wurde, geht es uns allen wieder schlechter. Die [Ostdeutschen] bilden sich doch ein, dass wir ihnen alles geben müssten, dass sie ein schönes Leben haben. Wir hatten auch nie das beste Leben. Die werden bei den meisten Dingen […] bevorzugt. Dann reden die einen auch noch so eingebildet und eitel an […].
15 Dann werde ich richtig sauer und wünsche, dass die Mauer noch da wäre.

(In: J. Brune u. a.: "… aber die Mauern bauen die Menschen sich selbst!", Speyer/ Arnstadt 1992, S. 188. Gekürzt)

ARBEITSAUFTRÄGE

1. Erklären Sie mit Q2 den Grundsatz „Rückgabe vor Entschädigung". Welche Probleme sieht der Verfasser damit verbunden?
2. Erläuten Sie mit B1, Q2 und D3 Gründe für die Enttäuschung vieler Ostdeutscher nach 1990.
3. Diskutieren Sie die Aussage, in den östlichen Bundesländern gebe es „Gewinner und Verlierer der Wiedervereinigung" (D4).
4. Diskutieren und beurteilen Sie die Aussagen von Q5.
5. Gab es für die DDR eine Alternative zur Wiedervereinigung? Berücksichtigen Sie die wirtschaftliche Situation der DDR vor 1990 und den Zusammenbruch der osteuropäischen Märkte.

5. Die Hinterlassenschaft der Staatssicherheit der DDR

Eine unheilvolle Hinterlassenschaft der SED-Diktatur resultiert aus der menschenverachtenden Tätigkeit des **Ministeriums für Staatssicherheit (MfS)**, der Stasi. In den Archiven des MfS fand man 159 Kilometer Stasi-Akten. Wie hatte die Stasi in der DDR gearbeitet?

Aufbau und Arbeitsweise – Die Stasi hatte etwa 91000 hauptamtliche Mitarbeiter und 174000 **inoffizielle Mitarbeiter** (IM), die verdeckt arbeiteten. Bei etwa 16 Millionen DDR-Bürger kam daher ein Stasi-Mitarbeiter auf 60 Einwohner. Einzelne Abteilungen der Stasi erledigten jeweils spezielle Aufgaben. Die „Hauptabteilung XX" befasste sich z. B. damit, die oppositionellen Gruppen in der DDR zu bespitzeln. Die IM, die sich in diese Gruppen einschlichen, berichteten ihren „Führungsoffizieren", was sie erfahren hatten. Die Stasi führte auch Festnahmen durch und hatte eigene Gefängnisse.

Q1 Aus einer Aktennotiz des Ministeriums für Staatssicherheit über den oppositionellen Schriftsteller Jürgen Fuchs (1950–1999):

1 F. wurde kontinuierlich, vor allem in den Nachtstunden, in seiner Wohnung angerufen, ohne dass sich der Anrufer meldete. Gleichzeitig
5 wurde jeweils der Fernsprechanschluss […] blockiert.
Im Namen von F. wurde eine Vielzahl von Bestellungen von Zeitungen, Zeitschriften, Prospekten, Of-
10 ferten u. dgl. aufgegeben, darunter auch Bestellungen, die zur Bloßstellung des F. geeignet sind.
Mehrfach wurden Taxis und Notdienste (Schlüsselnotdienste, Ab-
15 flussnotdienst, Abschleppdienst) vorwiegend nachts zur Wohnung des F. bestellt.

(In: Jens Gieseke, unter Mitarbeit von Doris Hubert, Die DDR-Staatssicherheit, Bonn 2000, S. 64. Gekürzt)

Q2 Das Stasi-Gefängnis Bautzen II – Sondergewahrsam für „Staatsfeinde" der DDR:

1 „Stasi-Gefängnis", „Mielkes Privatknast", Sonderhaftanstalt – das Gefängnis Bautzen II hatte zu DDR-Zeiten viele Namen. Berühmt-berüchtigt war es in beiden deutschen Staaten gleichermaßen, weil hier sowohl DDR-
5 Bürger als auch Westdeutsche inhaftiert waren. Als einzige Strafvollzugseinrichtung in der DDR unterstand Bautzen II inoffiziell dem Ministerium für Staatssicherheit. Zwischen 1956 und 1989 wies die Stasi ca. 2700 Menschen nach Bautzen II ein, davon über 80 % von ih-
10 nen aus politischen Gründen. Bautzen II war das Gefängnis für Staatsfeinde der DDR – hier waren Kritiker des SED-Regimes, „Republikflüchtige", Fluchthelfer und Spione westlicher Geheimdienste inhaftiert.

(www.fhh.hamburg.de/landeszentrale-fuer-politische-bildung/veranstaltungen)

Q3 Der ehemalige Häftling Karl Wilhelm Fricke führte bei der Eröffnung der Ausstellung der Gedenkstätte Bautzen II am 8.9.2006 aus:

1 Als vor fünfzig Jahren die ersten 124 Häftlinge aus Brandenburg-Görden hierher verlegt wurden, war ein Isolationsgefängnis für Staatsfeinde geschaffen. Einmalig in der DDR und lange Zeit geheimnisumwoben. Selbst in
5 Bautzen wusste niemand Näheres. Das tschekistische Ideal* totaler Abschirmung und permanenter Überwachung schien hier Realität geworden. Von Anfang an bestimmte Psychofolter das Dasein der Gefangenen. Um sie ihrer Identität zu berauben, wurden sie von den
10 Wächtern nicht einmal beim Namen, sondern mit ihrer Häftlings-Nummer angesprochen, und sie mussten sich auch selber bei jeder Meldung so benennen – jedenfalls bis 1965. Im Durchschnitt kam in Bautzen II auf zwei Häftlinge ein Bewacher. […]
15 Hier wurden Häftlinge zum Teil über viele Jahre in Einzelhaft gehalten – nicht selten auf Weisung von Erich Mielke persönlich, um sie vergessen zu machen, politisch zu demoralisieren und zu zerbrechen. […] Diese in ihrer Totalität zutiefst menschenunwürdige Überwachung, ge-
20 paart mit quälenden Vernehmungen durch die in Bautzen II eingesetzten Stasi-Verbindungsoffiziere, lässt die Ohnmacht und Entrechtung ermessen, denen die Häftlinge Jahr um Jahr ausgeliefert waren.

*) Tschekisten: Geheimdienstler der Sowjetunion, die durch ihren Terror, besonders unter Stalins Herrschaft, berüchtigt waren.
(aus: Karl Wilhelm Fricke: Zur Ausstellung „Stasi-Gefängnis Bauten II" in: www.havemann-gesellschaft.de/info232)

Die Gewinnung von IM durch das MfS – Wer als IM für die Stasi arbeitete, unterschrieb eine Verpflichtungserklärung, in der er die strikte Geheimhaltung seiner IM-Tätigkeit zusagte. Sehr viele der IM haben diese Verpflichtungserklärung freiwillig unterschrieben, sei es aus politischer Überzeugung oder wegen der materiellen

Q4 Aus einem Bericht des MfS zur Gewinnung eines neuen IM:

1 Da der berufliche Einsatz verhindert [wurde] [...] stand der Kandidat noch im März 1969 ohne feste Arbeit in finanziellen Schwierig-
5 keiten. [Es] wurde beschlossen, den Kandidaten unter Ausnutzung seiner Schwierigkeiten [...] und der daraus resultierenden gedrückten Haltung anzusprechen und bei ent-
10 sprechend positiver Reaktion [für die Stasi-Mitarbeit] zu gewinnen. Im Verlauf dieses Gesprächs wurde [er] zur Zusammenarbeit verpflichtet. [...] Unter Wahrung der Konspi-
15 ration wurde [dann] über den 1. Sekretär der SED-Kreisleitung eine Einstellung des Kandidaten im VEB [...] erreicht.

(In: J. Gauck, Die Stasi-Akten, Reinbek 1991, S. 57 f. Gekürzt)

Q5 Verweigerung der IM-Tätigkeit durch einen DDR-Bürger:

1 Auch nach gründlicher [...] Prüfung vor meiner religiösen Überzeugung als Christ muss ich Ihnen bekennen, dass ich eine derartige Handlung
5 nicht mit den Grundsätzen meines Glaubens vereinbaren kann. Ich war nicht in der Lage, ein solches Handeln [...] vor dem Neuen Tastament rechtfertigen zu können. Matthäus
10 16, 26: „Was hülfe es dem Menschen, so er die ganze Welt gewönne und nähme doch Schaden an seiner Seele?"

(In: J. Gauck, Die Stasi-Akten, Reinbek 1991, S. 59. Gekürzt)

Vorteile. Andere waren in Notlagen erpresst worden und wurden so zu Stasi-Mitarbeitern. Etliche, die von der Stasi angeworben werden sollten, verweigerten die Mitarbeit aus Gewissensgründen.

Umgang mit den Stasi-Akten – Nach der Wiedervereinigung war umstritten, was mit den Akten der Stasi geschehen sollte. Die erste frei gewählte Volkskammer der DDR entschied 1990 „dem Einzelnen Zugang zu den vom Staatssicherheitsdienst zu seiner Person gespeicherten Informationen zu ermöglichen, damit er die Einflussnahme des Staatssicherheitsdienstes auf sein persönliches Schicksal aufklären kann". Eine Behörde wurde eingerichtet, die die Unterlagen verwahren und den Zugang der Betroffenen regeln soll. Im Jahr 2000 wurde MARIANNE BIRTHLER als Nachfolgerin von JOACHIM GAUCK, der diese Behörde von 1990 – 2000 geleitet hatte, Bundesbeauftragte für die Unterlagen der Stasi. 🔊/9

MARIANNE BIRTHLER, geb. 1948. Jugendreferentin der evang. Kirche in der DDR; Mitbegründerin verschiedener oppositioneller Gruppen der Bürgerrechtsbewegung in den 1980er-Jahren; 1990– 92 Bildungsministerin von Brandenburg; seit 2000 Bundesbeauftragte für die Unterlagen der Staatssicherheit der ehemaligen DDR.

B6 Stasi-Akten in Berlin-Lichtenberg

ARBEITSAUFTRÄGE

1. Erläutern Sie anhand von Q 1 den Umgang der Stasi mit der Privatsphäre der Betroffenen.
2. Werten Sie Q 2 und Q 3 aus und beurteilen Sie die Haftbedingungen in den Gefängnissen der Stasi.
3. Machen Sie sich mit Q 4 und Q 5 ein Bild von den Anwerbemethoden der Stasi für IM.
4. Diskutieren Sie, ob die Stasi-Akten weiterhin ausgewertet werden sollen oder ob man einen „Schlussstrich" ziehen soll (B 6).

6. Deutschland nach der Wiedervereinigung

1998 verloren die seit 1982 regierenden Parteien CDU/CSU und FDP die Bundestagswahlen. Helmut Kohl wurde von dem niedersächsischen Ministerpräsidenten GERHARD SCHRÖDER (SPD) abgelöst; SPD und Bündnis 90/Die Grünen bildeten eine **rot-grüne Koalition**. Von dieser Regierung wurden wichtige innere Reformen (z. B. Staatsbürgerrecht und Sozialversicherungssystem) angestoßen. 2005 fanden vorzeitig Bundestagswahlen statt, die zur Bildung einer **Großen Koalition** aus CDU/CSU und SPD führten.

Q 1 Bilanz nach 15 Jahren

1 15 Jahre nach der Wiedervereinigung haben Politiker beim zentralen Festakt ein kritisches Resümee gezogen. Bundestagspräsident
5 Thierse und Landespremier Platzeck erinnerten vor allem an die dramatische Lage auf dem Ost-Arbeitsmarkt. [...]
„Der Osten ist kein Jammertal und
10 auch kein Milliardengrab", betonte Thierse mit Blick auf sanierte Städte oder die Modernisierung der Infrastruktur. Allerdings werde die Angleichung der Lebensverhältnisse mehr Zeit brauchen als
15 1990 erhofft. Nach 15 Jahren Aufbauarbeit sei „die Mitte des Weges erreicht". Er erinnerte an die mit durchschnittlich 18,4 Prozent noch immer fast doppelt so hohe
20 Arbeitslosenquote wie im Westen. Auch Platzeck nannte die Arbeitslosigkeit das größte Problem der neuen Länder. „In den Zwischenbilanzen zum Aufbau Ost kommen
25 stets diejenigen zu kurz, die ohne Arbeitsplatz dastehen". [...]
Im Interesse ganz Deutschlands müsse es gelingen, auch in den neuen Bundesländern eine wett-
30 bewerbsfähige Wirtschaftsstruktur zu schaffen.

(Nach: Der Spiegel, Oktober 2005)

Angela Merkel wurde als erste Frau zur Bundeskanzlerin gewählt. An welchen Aufgaben ist die rot-grüne Regierung gescheitert, welche hat die nachfolgende Große Koalition zu lösen?

Innere Reformen – Die von der Regierung unter Gerhard Schröder eingeleiteten Reformen zur Lösung der wirtschaftlichen und sozialen Probleme, vor denen Deutschland angesichts der weltweiten Umbruchprozesse und der eigenen demografischen Entwicklung steht, erreichten nicht die erhoffte Wirkung. Koalitionsinterne Widerstände und die Mehrheit der CDU/CSU-regierten Länder im Bundesrat behinderten grundlegende Reformen.
Alle Maßnahmen zur **Reduzierung der Arbeitslosigkeit** brachten kurzfristig nicht die erhofften Ergebnisse. Trotz einschneidender Sparmaßnahmen ist es der rot-grünen Regierung auch nicht gelungen, die Staatsverschuldung abzubauen. Die ersten Schritte zur **Renten- und Gesundheitsreform** erwiesen sich als nicht ausreichend. Wichtige Initiativen zur Verbesserung des Bildungssystems angesichts der Pisa-Ergebnisse scheiterten an der Zuständigkeit der Bundesländer für diesen Bereich.

PERSONENLEXIKON

ANGELA MERKEL, geb. 1954. Physikerin; 1978 – 1990 Wissenschaftliche Mitarbeiterin am Zentralinstitut für Physikalische Chemie in der DDR; 1991 – 1994 Bundesministerin für Frauen und Jugend, 1994 – 1998 Bundesministerin für Umwelt, seit 2000 Bundesvorsitzende der CDU, seit 2005 Bundeskanzlerin der Großen Koalition

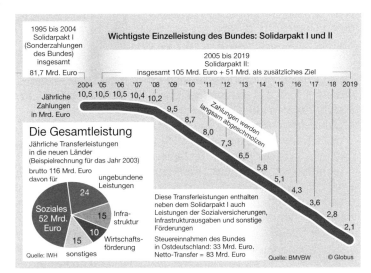

D 2 Die Kosten der deutschen Einheit

Mit der Bildung der Großen Koalition stellten sich die Politiker der CDU/CSU und SPD gemeinsam den weiter bestehenden Herausforderungen:

- durch Arbeitsmarkt- und Sozialreformen die **Arbeitslosigkeit zu reduzieren**,
- durch eine grundlegende Gesundheitsreform die **Sozialausgaben zu senken**,
- durch eine Steuerreform und Erhöhung der Mehrwertsteuer die **Staatsverschuldung abzubauen**.

Äußere Verpflichtungen – An die Stelle des „Ost-West-Konflikts" traten nach 1989/90 neue friedensbedrohende Konflikte. Zur Friedenssicherung wurde jetzt auch von der Bundesrepublik ein größerer aktiver Beitrag zu friedenssichernden Maßnahmen gefordert.   🌐/10

Am Golf-Krieg 1991 gegen den Irak zur Befreiung Kuwaits und Wiederherstellung seiner staatlichen Souveränität beteiligte sich die Bundesrepublik noch nicht mit einem Militärverband, sondern leistete einen erheblichen finanziellen Kostenbeitrag (8 Milliarden Euro). Zum ersten Bundeswehreinsatz bei einer UN-Friedensmission kam es in Somalia 1992. Aufgrund einer Klage oppositioneller Abgeordneter stellte das Bundesverfassungsgericht in einem Grundsatzurteil vom 12. Juli 1995 fest, dass Bundeswehreinsätze aufgrund internationaler Verpflichtungen verfassungsgemäß sind. Die Entscheidung der Bundesregierung allein reicht allerdings nicht aus, Bundeswehreinsätze aufgrund internationaler Verpflichtungen bedürfen der **Zustimmung der Volksvertretung**, also des Bundestages. Damit war der Weg frei für weitere Bundeswehreinsätze. Seit 1999 sind Bundeswehrsoldaten an der NATO-Mission zur Aufrechterhaltung des Friedens im Kosovo beteiligt. Seit 2001 unterstützen deutsche Truppen den staatlichen Wiederaufbau in Afghanistan und 2006 waren deutsche Soldaten im Kongo, um dort die Durchführung demokratischer Wahlen zu ermöglichen. Vor der Küste Libanons operieren deutsche Kriegsschiffe – die Bundeswehr ist weltweit im Einsatz. Die neuen Aufgabenstellungen,

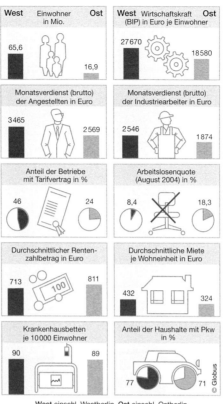

D 3 Lebensverhältnisse in Ost- und Westdeutschland, 2004

die sich auch aus neuen sicherheitspolitischen Grundsätzen der NATO und der EU ergeben, machten eine **Strukturreform der Bundeswehr** notwendig. Noch von der rot-grünen Koalition wurden die Verkleinerung der Bundeswehr und ihre Umwandlung in „Krisenreaktionsstreitkräfte" in die Wege geleitet. Die Bundesrepublik ist damit auch militärisch ein „global player" – aber immer nur im Rahmen internationaler Organisationen.

ARBEITSAUFTRÄGE

1. Prüfen Sie ausgehend von Q 1, D 2 und D 3 die weitere Entwicklung der ostdeutschen Bundesländer und beurteilen Sie die aktuellen Lebensverhältnisse im Vergleich zum Westen.
2. Bilanzieren Sie die Leistungen der Großen Koalition bezogen auf die im Text genannten Herausforderungen.
3. Recherchieren Sie in Form von Kurzreferaten den aktuellen Stand der wichtigsten Militäreinsätze der Bundeswehr. Führen Sie zu umstrittenen Einsätzen eigene Pro- und Kontra-Diskussionen.

	Politik	Kultur/Alltag/Wirtschaft
2005	2007: Lissabonner Reformvertrag 2005: Scheitern der EU-Verfassung 2004/07: EU-Erweiterung auf 25/27 Staaten	2002: Einführung des Euro als Bargeld
	1995: Europa der 15 1993: Vertrag von Maastricht über die Europäische Union tritt in Kraft 1991–1995/99: Kriege in Jugoslawien führen zur Entstehung neuer Nationalstaaten. 1991/92 Gründung der GUS 1991: Auflösung des Warschauer Paktes und der UdSSR	1999: Währungsunion: Euro im Wirtschaftsverkehr 1993: Vollendung des Binnenmarktes: freier Kapital-, Güter- und Personenverkehr in der EU
1990	1990: Erste Bundestagswahlen im vereinigten Deutschland Wiederherstellung der staatlichen Einheit Deutschlands (3.10) 2+4-Vertrag stellt die Souveränität Deutschlands wieder her 1989: Havel wird tschechischer Staatspräsident „Wende" in der DDR „Runder Tisch" in Polen: Ende der kommunistischen Alleinherrschaft	1990: Wirtschafts- und Währungsunion in Deutschland 1989: Deutschland feiert den Fall der Mauer Die DDR feiert ihren 40. Jahrestag – den letzten. Grenzöffnung zwischen Ungarn und Österreich: Strom deutscher Flüchtlinge in den Westen
1980	1988: Beginn des Umbruchs in Ungarn 1985: Amtsantritt Gorbatschows 1980–1982: Unruhen in Polen, Gründung der Solidarność, Verhängung des Kriegsrechts, Verbot der Solidarność 1979: Erste Direktwahl des Europäischen Parlaments Erweiterung der EG zum Europa der Neun 1972–75: KSZE-Prozess in Helsinki 1968:Truppen des Warschauer Paktes „beenden" den „Prager Frühling" 1957: Gründung der EWG in Rom (Europa der Sechs) 1956: Proteste in Polen; Aufstand in Ungarn 1955: Gründung des Warschauer Paktes 1953: Aufstand in der DDR 1949: Gründung der NATO	Seit 1980: Friedensbewegung in West und Ost 1977: Charta 77 in der Tschechoslowakei Seit 1975: Aufschwung von Bürgerrechtsbewegungen im Ostblock 1951: Gründung der Europäischen Gemeinschaft für Kohle und Stahl (EGKS/Montanunion) 1950: Deutsche und französische Studenten demonstrieren für ein vereintes Europa 1949: Rat für Gegenseitige Wirtschaftshilfe (RGW) gegründet. 1947: Marshall-Plan für den wirtschaftlichen Wiederaufbau Westeuropas 1946: Churchill fordert in seiner Zürcher Rede die „Vereinigten Staaten von Europa"
1930	1929: Aufruf Briands zur Gründung einer europäischen Union	1923: Gründung der Europa-Union durch Graf Coudenhove-Kalergi

Zusammenfassung – Politische Wandlungsprozesse in Europa

Die Überlieferung der griechischen und römischen Antike und die Verbreitung des Christentums bilden die Wurzeln der europäischen Kultur. Im bürgerlichen Zeitalter entstehen die ersten parlamentarischen Demokratien mit rechtsstaatlichen Fundamenten.

Die Erfahrungen des Ersten Weltkriegs führen zum Aufschwung der Europa-Idee. Ein föderativer Staatenbund erscheint als Chance zur Sicherung des Friedens in Europa. Doch die nationalen Eigeninteressen sind stärker. Nach dem Zweiten Weltkrieg ist Europa in zwei Lager geteilt. Im Westen vollzieht sich schrittweise die Integration über die Stationen Europäische Gemeinschaft und Europäische Union mit der Verwirklichung des Binnenmarktes als ökonomischem Kern und einer sich immer mehr ausdehnenden Rechtsordnung.

Die politische Zusammenarbeit wird intensiviert. Die wirtschaftliche und politische Integration im Osten vollzieht sich unter der Vorherrschaft der Sowjetunion und ist von Ungleichheit zwischen den Mitgliedsstaaten des Warschauer Paktes und des Rates für Gegenseitige Wirtschaftshilfe geprägt.

Durch die Konferenz für Sicherheit und Zusammenarbeit in Europa und die KSZE-Schlussakte von Helsinki (1975) erhalten Bürgerrechtsgruppen im Ostblock neue Impulse. Rückblickend erscheint die Gründung der unabhängigen Gewerkschaft Solidarność in Polen 1980 als Fanal des kommenden Umbruchs.

Doch erst der Amtsantritt Gorbatschows in der Sowjetunion 1985 bahnt dem dynamischen Wandlungsprozess in Osteuropa seinen Weg. Innerhalb von zwei Jahren vollzieht sich der Zusammenbruch des Ostblocks und der wirtschaftliche und politische Transformationsprozess beginnt – mit großen Schwierigkeiten.

Während der Wandlungsprozess im ehemaligen Ostblocks weitgehend friedlich verläuft, zerbricht das multiethnische Jugoslawien in mehreren Kriegen mit grausamen Verbrechen, insbesondere an der Zivilbevölkerung. Neue, z. T. noch instabile Nationalstaaten entstehen. Die Europäische Union erweitert sich nach Osten und Südosten und wird mit 27 Mitgliedern zur beherrschenden Kraft auf dem Kontinent und zum gewichtigen Akteur auf dem internationalen Parkett.

Bevölkerungsreichster und wirtschaftlich stärkster Staat in der EU wird nach der Vereinigung der beiden deutschen Staaten im Oktober 1990 die Bundesrepublik Deutschland.

ARBEITSAUFTRAG

Diskutieren Sie mögliche Vor- und Nachteile der verschiedenen politischen Strukturen Europas: lockerer Staatenbund oder Bundesstaat mit einer Zentralregierung? Welche Form des Zusammenschlusses würden Sie bevorzugen? Begründen Sie Ihre Meinung.

Standard-Check: Das sollten Sie können!

**1. Wichtige Arbeits-
begriffe**
Hier sind wichtige Ar-
beitsbegriffe des Kapi-
tels aufgelistet.
Übertragen Sie diese in
Ihr Heft und formulie-
ren Sie zu jedem Be-
griff eine Erläuterung.

Ostblock

EWG/EG/EU

Montagsdemonstrationen

„Runder Tisch"   Ethnische Säuberung

Binnenmarkt   Lissabonner Reformvertrag

1. ☺ ☺ ☹

2. Analyse einer Karte
2.1 Beschreiben Sie an-
hand der Karte, welche
neuen Nationalstaaten
auf dem Gebiet des
ehemaligen Jugoslawi-
ens entstanden sind.

2.1 ☺ ☺ ☹

Die Nachfolgestaaten auf dem Gebiet des ehemaligen
Jugoslawien

**3. Beschreibung einer
Karikatur**
3.1 Beschreiben Sie, wie
der Karikaturist den
Ausspruch von Erich
Honecker zeichnerisch
umsetzt.
3.2 Erklären Sie den Sinn
der Karikatur vor dem
Hintergrund der Ent-
wicklung im Jahr 1989.

3.1 ☺ ☺ ☹

3.2 ☺ ☺ ☹

B2 Karikatur des Münchner Zeichners Horst Haitzinger, 1989

Die Lösungen zu diesen
Standard-Checkaufgaben
finden Sie auf Seite 153.

Aber: Erst selbst lösen, dann
überprüfen. Ihr Können können Sie bewerten (☺ ☺ ☹).

Ihre Leistungsbewertung
zeigt Ihnen, was Sie noch
einmal wiederholen sollten.

Das konnte ich
☺ = gut
☺ = mittel
☹ = noch nicht

Alltagserfahrungen und Mentalitäten in beiden deutschen Staaten in den 1950er-Jahren

Überwindung der Nachkriegsnot – Unsere Alltagserfahrungen und unsere Denkweise sind nicht zu trennen von den politischen und wirtschaftlichen Verhältnissen der gesamten Gesellschaft. Deshalb muss dieser Hintergrund immer mit bedacht werden. Für unseren Zeitraum spielen die Erfahrungen der Kriegs- und Nachkriegszeit eine wesentliche Rolle.

Der Historiker Christoph Kleßmann hat die Erfahrungslage der Gesellschaft unmittelbar nach dem Zweiten Weltkrieg mit dem Begriff der **„Zusammenbruchsgesellschaft"** charakterisiert. Der Alltag vieler Menschen war von dem Erlebnis persönlicher Katastrophen geprägt: Obdachlosigkeit, Flucht und Vertreibung, Kriegsbeschädigung und Gefangenschaft. Angesichts dieser Erfahrungslage musste der schnelle Aufstieg aus der krassen materiellen Notlage den Kriegsgenerationen wie ein **Wunder** erscheinen. Gleichwohl prägten die Erfahrungen des Überlebenskampfes noch auf längere Zeit die individuellen Verhaltensmuster.

Zerstörungen in beiden deutschen Staaten

Zerstörte Wohnraum in Prozent
○ über 25 %
◐ über 50 %
● über 75 %

K 1

Die Industriegesellschaft der Bundesrepublik – Die bundesrepublikanische Gesellschaft war in den 1950er-Jahren noch eine ausgeprägte **Industriegesellschaft.** Am Anfang des Jahrzehnts war noch etwa ein Viertel der Erwerbstätigen in der Landwirtschaft beschäftigt, doch ging dieser Anteil bis 1960 auf knapp 14 Prozent zurück. Fast die Hälfte der Beschäftigten arbeitete in Handwerk und Industrie, im Dienstleistungssektor die restlichen knapp 40 Prozent.

Der Anteil der Arbeiter an den Erwerbstätigen blieb zwischen 1950 und 1960 ziemlich konstant bei 50 Prozent, während der Anteil der Selbstständigen von 16 auf 13 Prozent sank. Der Soziologe Helmut Schelsky prägte für die Gesellschaft der Bundesrepublik Deutschland in dieser Dekade den Begriff der **„nivellierten Mittelstandsgesellschaft".** Was haben wir darunter zu verstehen?

Schelsky wollte mit seiner Begriffswahl die Herausbildung einer kleinbürgerlich-mittelständischen Gesellschaft auf bescheidenem Einkommensniveau markieren. Nach seinen Beobachtungen hatten früher wohlhabende Schichten durch Verluste (etwa aufgrund von Flucht oder Vertreibung) vielfach einen sozialen Abstieg hinnehmen müssen. Auf der anderen Seite ging es vielen Arbeitern besser, Angestellte stiegen in den Mittelstand auf. Die für die Weimarer Zeit charakteristischen sozialen Gegensätze waren abgemildert. In der Bevölkerung, auch unter den Arbeitern, entwickelte sich ein auf die Mittelschichten orientiertes Selbstverständnis. Soziale Ungleichheiten fanden ihren Ausdruck nicht in kämpferisch ausgetragenen Konflikten, sondern im Bestreben, durch **Sozialpartnerschaft** den eigenen Aufstieg zu bewerkstelligen. Voraussetzung dafür war

B 2 Ab 1956 kämpfte der DGB für kürzere Arbeitszeiten

Q 3 „Jugendnot" in der Bundesrepublik

1 Die Kinder und Jugendlichen hatten in der unmittelbaren Nachkriegszeit die materielle Not der gesamten Bevölkerung geteilt: Unterernährung, Wohnungsnot, Flüchtlingselend und anfangs häufig auch Vaterlosigkeit kenn-
5 zeichneten die Situation in den Familien.
Der dafür geläufige Begriff der „Jugendnot" wurde auch um 1950 noch häufig benutzt. Vor allem die Wohnverhältnisse waren sehr beengt und verbesserten sich nur langsam. Nach repräsentativen Erhebungen verfügten
10 Anfang der Fünfzigerjahre nur 40 Prozent, Mitte des Jahrzehnts etwa 50 Prozent der Jugendlichen […] über einen eigenen Raum, während die anderen das Schlafzimmer mit den Eltern bzw. einem Elternteil oder Geschwistern teilten.
15 „Jugendnot" schloss Anfang der Fünfzigerjahre die unter Jugendlichen besonders hohe Arbeitslosigkeit ein. Eine Viertelmillion Erwerbslose unter 25 Jahren zählte die amtliche Statistik 1950 und es wurde sogar der Vorschlag gemacht, die Schulzeit zu verlängern, um den Ar-
20 beitsmarkt zu entlasten.
Nur wenige Jahre später hatte der wirtschaftliche Aufschwung dafür gesorgt, dass statt hoher Arbeitslosigkeit die frühe Berufstätigkeit typisch für die Lebenssituation der Jugendlichen geworden war. Mehr als vier Fünftel der
25 Jugendlichen teilten den langen Arbeitstag der Erwachsenen. Nach den bis 1960 gültigen Regelungen des Jugendarbeitsschutzes war für 14- bis 18-Jährige eine wöchentliche Arbeitsdauer von maximal 48 Stunden zulässig. Empirischen Erhebungen zufolge arbeitete aber
30 ein großer Teil der Jugendlichen schon länger.

(Axel Schildt, Gesellschaftliche Entwicklung; in: Informationen zur politischen Bildung Nr. 256/1997, S. 6 f.)

natürlich eine florierende Wirtschaft. Die 1950er-Jahre waren eine Zeit enormer Arbeitsanstrengungen.

Die Zahl der Erwerbstätigen stieg im Laufe des Jahrzehnts um 4,5 Millionen. Gleichfalls stieg aber in der ersten Jahren auch die individuelle Arbeitszeit und erreichte 1955 mit 49 Stunden in der Woche einen Höchststand. Gearbeitet wurde an sechs Arbeitstagen.

tagen. **Samstagsarbeit** war selbstverständlich. Nach 1955 verbesserte sich die Situation. Die durchschnittliche tarifliche Wochenarbeitszeit sank bis 1960 auf 44 Stunden. Damit verbunden war der Übergang zur **Fünf-Tage-Woche,** für die sich die Gewerkschaften mit der populären Parole „Samstags gehört Vati uns!" einsetzten.

Die Familie als Gegenpol zur Arbeitswelt
– Aufgrund der vielen Gefallenen gab es nach dem Krieg einen erheblichen Frauenüberschuss: 1950 kamen auf 100 Frauen zwischen 25 und 45 Jahren nur 77 Männer. Die allgemeine Wohnungsnot führte zu einem **Absinken des Heiratsalters** von 1950 bis 1960 bei Frauen von 25,4 auf 23,7 Jahren, bei Männern von 28,1 auf 25,9 Jahre. Die gesetzlichen Vorschriften und die allgemeinen Moralvorstellungen machten ein voreheliches Zusammenleben junger Paare unmöglich. In vielen Fällen war auch eine Schwangerschaft Anlass zur frühen Eheschließung. Die „Antibabypille" war noch unbekannt. Die Heirat garantierte aber keineswegs die Möglichkeit zur Gründung eines selbstständigen Haushalts. Etwa die Hälfte der jung verheirateten Paare lebten zunächst bei den Eltern bzw. Schwiegereltern. Trotz dieser eher ungünstigen Faktoren sank die in der Nachkriegszeit sehr hohe **Scheidungsrate** bis Mitte der 1950-Jahre deutlich ab. Eine Ursache dafür war, dass die Ehe auch sehr stark als Gemeinschaft zur Erreichung materieller Lebensziele gesehen wurde. An eine Gleichstellung der Frau war trotz des Artikels 3 im Grundgesetz zunächst nicht zu denken (siehe S. 85).

Die langen Arbeitszeiten und die schwierigen Ausgangsbedingungen führten zu einer ausgesprochenen Konzentration auf das **Leben innerhalb der Familie** am werktäglichen Feierabend und dem oft kurzen Wochenende. Wenn man die Zeit für den Arbeitsweg mit einrechnet, ergaben sich durchschnittliche Arbeitstage von etwa 12 Stunden.

Allmähliche Veränderungen im Lebensstil
– Die Verkürzung der Arbeitszeit und die steigenden Reallöhne führten nur langsam zur Veränderung der Lebensstile. Man war in starkem Maße darauf ausgerichtet, die eigenen Lebensverhältnisse von Grund auf zu verbessern. Dafür wurde gearbeitet – und gespart.

B3 Typische Rollenverteilung im Familienidyll der frühen Bundesrepublik

Q4 Schulbesuch

1 1950 besuchte lediglich ein Zehntel, 1960 dann ein Fünftel der 16-jährigen Jugendlichen noch eine allgemein bildende Schule. Die grundlegende soziale Struktur der Gesellschaft bildete sich zu dieser Zeit im dreigliedrigen
5 Schulwesen noch ebenso deutlich ab wie in den Zwanzigerjahren.

Von den 13-Jährigen – dem letzten Altersjahrgang ohne Berufstätigkeit – besuchten 1952 etwa 80 Prozent und
10 1960 etwa 70 Prozent Volksschulen (Grund- und Hauptschulen), sechs bzw. elf Prozent Realschulen, zwölf Prozent bzw. 15 Prozent Gymnasien. Die Abiturientenquote (des jeweiligen Geburtsjahrgangs) stagnierte zwischen vier und fünf Prozent (1960).
15 Charakteristisch war der relativ geringe Anteil von Mädchen, die in den Fünfzigerjahren nur ein Drittel der Schülerschaft in den gymnasialen Oberstufen stellten.

(Axel Schildt, Gesellschaftliche Entwicklung; in: Informationen zur politischen Bildung 256/1997, S. 7)

Die 1950er-Jahre waren ein **„Jahrzehnt des Sparens"**. Im Mittelpunkt standen dabei das Eigenheim oder die eigene Wohnung und die Ausstattung mit langlebigen Konsumgütern wie Kühlschrank, Waschmaschine und Staubsauger. So verfügten 1953 nur neun Prozent aller Haushalte über einen Kühlschrank.

Auch das eigene Auto rückte langsam in den Blickpunkt. Trotz hoher Zuwachsraten gab es in der Bundesrepublik 1960 erst vier Millionen zugelassene Fahrzeuge. Nur jeder achte Arbeiterhaushalt verfügte über ein Auto – trotz der schwierigen Arbeitswegsituation vieler Berufspendler. Das Geld reichte einfach nicht aus. Das änderte sich schlagartig Anfang der 1960er-Jahre.
„Verreisen" im noch kurzen Urlaub war angesichts dieser Verhältnisse nur für eine sehr kleine Minderheit möglich bzw. wurde wichtigeren Zielen untergeordnet. Die meisten „Touristen" kamen zunächst bei Verwandten unter. Aber auch auf diesem Gebiet kam es zu Veränderungen in der zweiten Hälfte der 1950er-Jahre. Die Entfernungen der Reiseziele wuchsen mit dem Grad der Motorisierung.

B6 Musik-Box und Petticoat. Nach der Indienstnahme der Jugend durch Partei und Militär in der NS-Diktatur entwickelte sich in den 1950er-Jahren vor allem unter amerikanischem Einfluss eine konsumorientierte Jugendkultur.

Bei den **Massenmedien** lag das Fernsehen noch weit hinter dem Radio zurück, das die Feierabend- und Wochenendunterhaltung beherrschte. Die hohen Kosten eines Fernsehgeräts machten das neue Medium für die meisten erst im nächsten Jahrzehnt erschwinglich. Dafür gönnte man sich den „Luxus" eines **Kinobesuchs.** Die 1950er-Jahre waren das deutsche Kinojahrzehnt.

Ein heute selbstverständliches Kommunikationsmittel spielte damals im privaten Bereich eine ganz und gar untergeordnete Rolle: das **Telefon.**
Über Telefone verfügten Geschäftsleute, Ämter und Betriebe; dagegen waren nur 14 Prozent aller Haushalte 1960 damit ausgestattet.
Eine wichtige Rolle bei den Freizeitbeschäftigungen außerhalb des Hauses spielte das **Vereinsleben** – vor allem auch im ländlichen Bereich. Insbesondere die Sportvereine bildeten eine Domäne der Männer. Für viele war der Termin im Verein der einzige Abend, den sie außer Haus (meist in der Vereinsgaststätte) verbrachten, für die meisten Frauen war das – noch – undenkbar.
Eine Besonderheit der 1950er-Jahre stellte der noch relativ häufige **Kirchgang** dar. Regelmäßig besuchten über die Hälfte der Katholiken und etwa ein Siebtel der Protestanten den wöchentlichen Gottesdienst, was sich erst Mitte der 1960er-Jahre änderte – dann allerdings schlagartig und nachhaltig.

B5 Kabinenroller als neuer Inbegriff von Freizeitverhalten der 1950er-Jahre.

Konsumverzicht statt Wirtschaftswunder in der DDR – Die wirtschaftlichen Ausgangsbedingungen in der DDR waren infolge der massiven Demontagen durch die Sowjetunion und durch die hohen Reparationsleistungen (siehe S. 52) wesentlich schlechter als in der Bundesrepublik.

Da die zentrale Planwirtschaft der DDR dem Aufbau der Schwerindustrie den unbedingten Vorrang einräumte, blieben die **Versorgungsmängel bei Konsumgütern** über lange Zeit gravierend. Das galt auch für Grundnahrungsmittel wie Butter und Milch. Solange der Bezugspunkt für die meisten Menschen noch die Erfahrung der katastrophalen Nachkriegslage war, gab man sich noch mit kleinen Fortschritten zufrieden.

Doch als in der Bundesrepublik das „Wirtschaftswunder" langsam Konturen bekam und die Menschen für ihre große Arbeitsleistung sich entsprechende Konsumziele stecken konnten, wurde der der Bevölkerung in der DDR auferlegte **Konsumverzicht** nicht mehr akzeptiert. Die Parole „So wie wir heute arbeiten, werden wir morgen leben" erschien als nicht eingelöste Vertröstung. Damit wuchsen die Zweifel an der Leistungsfähigkeit des sozialistischen Systems.
Die private Eigentumsform verlor immer mehr an Bedeutung, Bauern und Handwerker wurden zu Genossenschaftsmitgliedern. Auch kleine Geschäftsleute wurden zur Betriebsaufgabe gedrängt. Zwischen 1950 und 1961 (Mauerbau) verließen rund 3,1 Millionen Menschen die DDR, nachdem sie ihre Hoffnungen auf Verbesserungen aufgegeben hatten.

Nach dem Aufstand vom 17. Juni 1953 (siehe S. 66 f.) unternahm die SED-Führung alle Anstrengungen, um die Unzufriedenheit in beherrschbaren Grenzen zu halten. Das System der **Rationierung von Lebensmitteln** wurde aber erst 1958 endgültig abgeschafft.

Im Bereich der langlebigen Konsumgüter lassen sich gewisse Parallelen zur Bundesrepublik erkennen. Gezielt wurde für

B 7 Ein Laden der Handelskette Konsum wurde auf der Ladefläche eines Transporters aufgebaut, Foto vom 1. Mai 1951

die Anschaffung von Waschmaschinen, Kühlschränken, Fernsehgeräten oder Autos gespart. Doch die Kaufkraft der DDR-Bürger wuchs schneller als die Fähigkeit der Wirtschaft, die gewünschten Produkte zur Verfügung stellen zu können. Auch hier versagte die sozialistische Planwirtschaft. Noch schwerwiegender waren die **Defizite im Wohnungsbereich.** Den 500 000 Neubauten der 1950er-Jahre stand eine ähnlich hohe Zahl wegen Baufälligkeiten gesperrter Wohnungen gegenüber, von einer Verbesserung der Wohnungssituation konnte also keine Rede sein.

B 8 Potsdamer Platz Anfang der 50er-Jahre – auch das Columbushaus war von alliierten Bombardements nicht verschont geblieben.

Bewusstseinsspaltung als Strukturmerkmal – Die politischen Erfahrungen mit der Diktatur der SED und die Enttäuschung über die mangelhaften Wirtschaftsleistungen führten zur **Entfremdung von Staat und Gesellschaft.** Alle Versuche von Partei und Staat, die eigenen Bürger als „Aktivisten" für den Sozialismus zu gewinnen scheiterten, soweit nicht versucht wurde, über eine Karriere als Kader gesellschaftlich aufzusteigen. Wer nicht in den Westen flüchtete oder Parteikarriere machte, entwickelte Strategien der individuellen Verweigerung.

Die politische Erziehung in der Schule war rezeptiv. Schülerinnen und Schüler bekamen Übung darin, das verordnete politische Wissen zu lernen und wiederzugeben, ohne dass es für das eigene Leben und Denken eine Rolle gespielt hätte. Bereits in der Schule entwickelte sich somit die für die DDR typische **Spaltung des politischen Bewusstseins** in ein öffentliches und ein privates Bewusstsein. Nach außen praktizierte man die erwünschte Weltanschauung in Form der entsprechenden Redewendungen, daneben pflegte man die persönliche Meinung als private „Verschlusssache".

B9 Werbung für den Pitty (gebaut ab 1955) vom VEB Industriewerk Ludwigsfelde

Q 10 Die Wirtschaftskrise 1959/60 in der DDR-Literatur

1 Beklommen lauschte Rita auf das allmähliche Absinken der brüllenden, stampfenden, kreischenden Geräusche in den Hallen. Gespannt sah sie in die resignierten, abwartenden Gesichter ihrer Brigade, verglich diese Ge-
5 sichter mit denen auf den Zeitungsbildern, die noch heute an der Bretterwand der Frühstücksbude hingen und fragte sich: Wer lügt hier? Auf einmal waren die immer längeren Pausen [„Keine Arbeit! Kein Material!" sagte Ermisch meistens schon früh bei Schichtbeginn] angefüllt
10 mit Gehässigkeiten und Gezänk. Rita hatte noch nie erlebt, was es heißt, so einen großen Betrieb aus dem Dreck ziehen.
[…] „Was ist los?" fragte sie Rolf Meternagel.
„Was los ist? Das Normale. Das, was kommen mußte.
15 Wenn keiner sich verantwortlich fühlt und jeder nur in seinem kleinen Eckchen kramt, und das bis hoch hinauf in die Leitung, dann muß aus vielen kleinen Schweinereien eines Tages die ganz große Schweinerei werden.
[…] Laß dann noch ein paar Zulieferbetriebe stockern,
20 wie es jetzt geschieht, und du hast alles, was du brauchst."
„Aber kommen wir denn da wieder raus?"
Meternagel lachte bloß.

(In: C. Wolf, Der geteilte Himmel [1963]. München [dtv 915] 1973, S. 53 f.)

Man schwamm mit im allgemeinen Strom und versuchte sich den offiziellen gesellschaftlichen Anforderungen zu entziehen – möglichst ohne auffällig zu werden. Dem Anspruch des Systems nach einer sozialistischen Gestaltung aller Lebensbereiche, d. h. nach einer weitgehenden Politisierung des Lebens, stand der **Rückzug in die private Sphäre** entgegen.

Diese Entwicklung nahm bereits in den 1950er-Jahren ihren Anfang, sollte sich aber in der Folgezeit noch verstärken.

ARBEITSAUFTRÄGE

1. Skizzieren Sie Gemeinsamkeiten und Unterschiede in der Ausgangslage beider deutscher Staaten.
2. Vergleichen Sie die Motivation in der westdeutschen Arbeitsgesellschaft und in der sozialistischen Wirtschaft: Wie stand es um den „Lohn der Arbeitsanstrengung"?
3. Beschreiben Sie die Rolle der privaten Sphäre im Westen und im Osten. Welche Gemeinsamkeiten bzw. Unterschiede können Sie feststellen?

Alltagserfahrungen und Mentalitäten in beiden deutschen Staaten in den 1970er-Jahren

Weichenstellungen der 1960er-Jahre – Eine Beschäftigung mit der Mentalitätsgeschichte in den 1970er-Jahren kommt nicht ohne einen Rückblick auf das vorhergehende Jahrzehnt aus, in dem bedeutende Weichenstellungen für die innere Entwicklung der Bundesrepublik stattfanden.

Auf der politischen Ebene vollzog sich das Ende der Ära Adenauer. Nach einem triumphalen Wahlsieg bei den Bundestagswahlen 1957 mit der Erringung der absoluten Mehrheit durch die CDU/CSU verweigerte Adenauer den Wechsel zur Kanzlerschaft Ludwig Erhards in der Mitte der Legislaturperiode und beschädigte diesen durch öffentlich geäußerte Zweifel an dessen Kompetenz. Angesichts von Erhards Popularität nahm Adenauers Ansehen dabei selbst erheblichen Schaden. Dieser Prozess verschärfte sich durch seine Reaktion auf den Bau der Berliner Mauer am 13. August 1961. Adenauer setzte nämlich im Bundestagswahlkampf seine Angriffe auf den Kanz-lerkandidaten der SPD, den Regierenden Bürgermeister von Berlin Willy Brandt, scheinbar ungerührt fort und besuchte selbst die nun sichtbar geteilte Stadt erst am 22. August, was viele Deutsche erbitterte. Der Verlust der absoluten Mehrheit und die notwendige **Koalition mit der FDP** erzwangen dann den **Wechsel in der Kanzlerschaft** zwei Jahre später. Erhards Regierung scheiterte schließlich mit der beginnenden **Wirtschaftsrezession** 1966, der ersten in der Geschichte der Bundesrepublik.

B1 Konrad Adenauer und Ludwig Erhard

Waren mit dem Bau der Berliner Mauer und dem Ausbau der Befestigungsanlagen an der deutsch-deutschen Grenze die Hoffnungen auf das baldige Ende der DDR und eine Wiedervereinigung zerstoben, so wuchsen jetzt Zweifel an der Fortdauer des „Wirtschaftswunders", das ja die Grundlage bildete für die soziale Harmonie der frühen Bundesrepublik.

Die kurze Regierung der **Großen Koalition** von CDU/CSU und SPD konnte zwar die Wirtschaftskrise überwinden, nicht aber den gefühlten „Reformstau" in breiten Kreisen der Bevölkerung. Die Entwicklung der **Außerparlamentarischen Opposition** (APO) zu einer Massenbewegung war ein Indikator für eine weit verbreitete Unzufriedenheit mit überkommenden Strukturen und Denkweisen in der Bundesrepublik, so unterschiedlich die Themen und Gruppierungen der APO auch waren. Insofern war das Ergebnis der Bundestagswahlen 1969 und die darauf folgende **Bildung der sozialliberalen Regierung** mit Bundeskanzler Willy Brandt (SPD) und Außenminister Walter Scheel (FDP) nur folgerichtig.

Reformen und Bewusstseinsveränderungen – Willy Brandts Motto in seiner ersten Regierungserklärung „Mehr Demokratie wagen!" bündelte Erwartungen der ganzen Gesellschaft. Überfällige Reformen in allen gesellschaftlichen Bereichen, besonders aber in der Bildung, waren verknüpft mit einer „realistischen Wende" in der Ostpolitik. Als diese sich mit der dünnen parlamentarischen Mehrheit nicht durchsetzen ließ, bestätigten die vorzeitigen Neuwahlen 1972 mit dem deutlichen Sieg der Regierungsparteien den „Machtwechsel" von 1969.

Ostverträge und Entspannungspolitik, Bildungsreform und Ausbau des Sozialstaats, wachsender Lebensstandard und ein allgemein zunehmendes politisches Engagement (innerhalb wie außerhalb der bestehenden Parteien) gingen einher mit einem nachhaltigen **Wertewandel:** der Änderung gesellschaftlicher Einstellungen und Alltagsnormen. Während in den

B 2 Tätliche Auseinandersetzungen zwischen Demonstranten und Polizisten in der Nähe des Stuttgarter Hauptbahnhofes während einer Mai-Demonstration der Außerparlamentarischen Opposition (APO) am 1. Mai 1969. Die Polizisten trugen bei diesem Einsatz erstmals weiße Schutzhelme.

1950er- und 1960er-Jahren „Ordnungsliebe und Fleiß" noch ganz oben bei den Eltern in der Rangliste der Erziehungsziele rangierten, traten jetzt **„Selbstständigkeit und Mündigkeit"** in den Vordergrund. Dazu passte auch die Senkung des aktiven Wahlalters und der „Volljährigkeitsgrenze" von 21 auf 18 Jahre. Die gesellschaftlichen Umgangsformen ver-

B 3 Während die Zugkraft der Kirchen abnimmt, werben Sekten um Anhänger: Angehörige der Hara-Krishna-Sekte auf dem Kurfürstendamm in Westberlin (1970er-Jahre).

loren ihre Strenge, der lockerere Umgang miteinander drückte sich auch modisch aus: Frisur und Kleidung wurden lässiger. Vermieterinnen von Studentenwohnungen wurden nicht mehr vom „Kuppelei-Paragraf" bedroht, wenn Freundin und Freund nach 22.00 Uhr noch gemeinsam „auf dem Zimmer" waren. Wohngemeinschaften entstanden und „Ehen ohne Trauschein" waren nicht länger gesellschaftlich geächtet. Das Ende der strafrechtlichen Verfolgung von Homosexualität unterstützte auch hier einen Prozess des Umdenkens in der Gesellschaft.

Natürlich war das Tempo des Wertewandels in den verschiedenen Bereichen unterschiedlich, er bildete aber ein prägendes Element über das Jahrzehnt hinaus und schuf neue und nachhaltige gesellschaftliche Grundeinstellungen.

„Neue soziale Bewegungen" wie die ökologische Bewegung, die Anti-Atomkraft-Bewegung, die Friedensbewegung und die Frauenbewegung, die neuen Auftrieb erhielt, veränderten die Parteienlandschaft. Das geschah nicht nur durch die Entstehung einer neuen Partei wie den „Grünen", sondern auch durch die Re-

sonanz, die diese Bewegungen in den bestehenden Parteien fanden und die sich in deren Programmatik niederzuschlagen begannen.

B5 „Gammler" sitzen auf dem Bürgersteig in der Leopoldstraße in München. (1960er-/1970er-Jahre)

Q6 Der Professor für Politische Wissenschaften, Iring Fetscher, urteilt über die Folgen der 1968er-Bewegung:

1 Die „Bewegung" der sogenannten Achtundsechziger hat die Bundesrepublik verändert. Sie hat – auch wenn das nicht das Ziel ihrer Exponenten war – die „bürgerliche" Demokratie in Deutschland gefestigt und sie hat erstarr-
5 te Institutionen in Bewegung gesetzt. Lebendige Demokratien benötigen von Zeit zu Zeit derartige Erschütterungen um nicht in Selbstzufriedenheit und Selbstgerechtigkeit zu erstarren [...].

10 Weder in den USA noch in Frankreich, in der Bundesrepublik oder in der Tschechoslowakei hat die 68er-Bewegung „gesiegt", aber sie hat die Welt mehr verändert, als den meisten Zeitgenossen bewusst geworden ist. Der „lange Marsch durch die Institutionen", zu dem Rudi
15 Dutschke seinerzeit aufgerufen hatte, fand statt, auch wenn er nicht zu dem damals erhofften Ziel führte. Die öffentliche Moral, die Auffassungen von zulässigem Sexualverhalten und von legitimem öffentlichen Protest, vom Verhältnis zwischen Bürger und Staat haben sich
20 entscheidend verändert. Die Demokratie ist nicht mehr nur eine als unvermeidbar angesehene äußere Verfassung, sondern eine Norm, an der sich die Einzelnen orientieren, und ein Maßstab, den die Bürger an das Verhalten der Politiker anlegen.

(I. Fetscher: 1968 in der deutschen Geschichte, in: 1968 – Bilderbuch einer Revolte, hg. von E. Jakoby und G. M. Hafner, Frankfurt /M. 1993, S. 54 f.)

B4 Die TV-Sendung „Disco" mit Ilja Richter war der Renner unter den Jugendlichen.

Q 7 „Gespaltenes Dasein"

1 Freizeit vollzieht sich in der DDR für die Jugendlichen (und nicht nur für sie) vorzugsweise in nicht-organisierten Gruppen und in der
5 Familie. Man kann geradezu von einem Bedeutungszuwachs der Familie in der DDR […] sprechen. Auch das niedrigere Heiratsalter bei Ledigen (Männer 23,5 und
10 Frauen 21,4 Jahre) […] ist ein Ausdruck des Rückzugs in Intimität und Privatheit gegenüber ständigen und allumfassenden Mobilisierungs- und Gängelungsversu-
15 chen. Hier aber, in der Familie, werden Werte weitergegeben, Einstellungen und Verhaltensweisen erzeugt, die nur zu oft in Konkurrenz mit den offiziellen Werten ste-
20 hen, die die Partei verkündet.
Die Familie hat eine entscheidende Bedeutung für die Jugendlichen. Nach den Ergebnissen jugendsoziologischer Untersuchungen hat
25 der größte Teil enge gefühlsmäßige Bindungen und ein ausgeprägtes Vertrauensverhältnis zu den Eltern. Einen Generationenkonflikt, der auf grundlegenden Wertunter-
30 schieden zwischen Eltern und Kindern beruht, scheint es nur selten zu geben. Das mag daran liegen, dass die Familie und die in ihr vermittelten Werte meist als „Gegen-
35 welt" zum öffentlich kontrollierten Bereich und zur offiziellen Ideologie erlebt werden. Der Großteil der Jugendlichen lebt ein Doppelleben, ein gespaltenes Dasein: als
40 angepasste „Mitmacher" spulen sie in der Schule ein angelerntes politisches Wissen ab, legen bei Feiern (Jugendweihe) und Festen ritualisierte Bekenntnisse zum So-
45 zialismus ab und suchen dabei in der privaten Nische, in Familie und Freundesgruppen, die eigentliche Sinngebung ihres Lebens.

(In: Die DDR, Informationen zur politischen Bildung, Heft 205/1984, S. 11)

„Stabilisierung" durch Abschottung in der DDR – Der Bau der Berliner Mauer 1961 und die folgende Abschottung der gesamten DDR war vordergründig die Reaktion auf die nicht enden wollende Fluchtbewegung in die Bundesrepublik. Im Grunde aber war sie die **Bankrotterklärung eines politischen Systems,** das in der Wirklichkeit seinen selbst gestellten Anspruch nicht einlösen konnte.

Nachdem der Fluchtweg versperrt war, waren die Menschen in der DDR aber gezwungen, sich mit den Verhältnissen längerfristig zu arrangieren. Die DDR-Führung versuchte durch einen **Modernisierungskurs** mit wissenschaftlichen Planungs- und Produktionsmethoden eine „sozialistische Leistungsgesellschaft" zu schaffen. An die Stelle alter Kader, die sich vor allem durch ideologisch-politische Zuverlässigkeit ausgezeichnet hatten, traten junge, in der DDR ausgebildete Kräfte, die ihren Aufstieg der in der Ausbildung erworbenen fachlichen Kompetenz verdankten.
Der neue Kurs war zunächst erfolgreich: Die Industrieproduktion, insbesondere auch die **Produktion von Konsumgütern** hatte einen deutlichen Anstieg zu verzeichnen. 1970 besaßen von 100 Haushalten 15 ein Auto, 53 eine Waschma-

B 8 Thälmannpioniere bei der Herstellung einer Wandzeitung zu dem Thema „Oktoberrevolution" (1962)

B 9 Kinder beim Abgeben von gesammelten Altpapier, Flaschen und Gläsern im Wohngebiet Frankfurter Allee Süd in Berlin. Das meist organisierte Sammeln von Altstoffen im Rahmen der Pioniernachmittage brachte Geld in die Klassenkasse und der stets an Rohstoffen knappen DDR-Wirtschaft sogenannte Sekundärrohstoffe. (1980)

B 11 Im Internationalen Zeltlager in der Gemeinde Graal-Müritz, einem Seeheilbad an der Ostseeküste. Veranstalter dieser zwischen 1958 und 1975 in verschiedenen Orten an der Ostseeküste stattfindenden Festwoche war der FDGB. Zahlreiche politische, kulturelle und sportliche Veranstaltungen fanden zu dieser Zeit statt.

schine und 56 einen Kühlschrank – Tendenz steigend. Auch die katastrophalen Wohnverhältnisse begannen sich durch ein ehrgeiziges Neubauprogramm („Plattenbauten") zu bessern.

Mit der Verbesserung des Lebensstandards wuchs auch die Zufriedenheit der Bevölkerung. Doch dies blieb ebenso wie die ökonomischen Erfolge nur eine Momentaufnahme.

Zunehmende Resignation – In der Phase der relativen ökonomischen Fortschritte entwickelten sich verschiedene typische Verhaltensmuster. Aufstiegsmöglichkeiten im Staat durch entsprechende schulische Leistungen waren gegeben, wenn die politisch-ideologischen Kriterien gleichfalls erfüllt waren. Karriere waren an politisches Wohlverhalten gebunden, doch dies konnte bereits durch bloße Mitglied-

B 10 Diskothek in Merseburg, Jugendliche beim Tanz in der Diskothek des Kulturhauses Leuna (1974)

B 12 Fritz Puppel (l), Klaus Selmke (oben), Toni Krahl und Georgi Gogow – die Bandmitglieder der Ost-Rockgruppe City. Mit ihrem Song „Am Fenster" wurde die Gruppe international bekannt. (1976)

schaft zunächst in der FDJ und – je nach angestrebter Funktion – danach in der SED und der Teilnahme an Massenveranstaltungen, z. B. zum 1. Mai demonstriert werden. Man spielte seine öffentliche Rolle und dachte sich privat seinen eigenen Teil. Diese zwiespältige Haltung zu Staat und Partei durchzuhalten, wurde jedoch immer schwerer, je mehr sich der wirtschaftliche Fortschritt als Strohfeuer entpuppte und keine Mobilisierungskampagne mehr der fortschreitenden **Lähmung infolge Resignation** erfolgreich entgegenzuwirken vermochte. Ein hervorstechender Beleg für die Stagnation oder sogar Rückwärtstendenz ist die Entwicklung im Bildungswesen, an dessen Ausbau in den 1960er-Jahren noch so viele Hoffnungen geknüpft worden waren. Zwischen 1972 und 1984 sank die Zahl der Studierenden in der DDR von 150 000 auf 130 000. Und hier war doch die DDR der Bundesrepublik noch Ende der 1950er-Jahre voraus gewesen! Von der „wissenschaftlich-technische Revolution" als zentralem Element des sozialistischen Gesellschaftsaufbaus konnte jedenfalls keine Rede mehr sein. Für viele Jugendliche in der DDR war damit der soziale Aufstieg verbaut, von der Verwirklichung individueller Lebensentwürfe ganz zu schweigen.

Dieses Schlaglicht auf die innere Entwicklung der DDR zeigt: Das Regime war nicht mehr in der Lage, seine Versprechungen hinsichtlich der Verbesserung der allgemeinen Lage einzulösen, was sich in allen Bereichen des Lebens bemerkbar machte. Auf die relative Stabilisierung erfolgte somit in den 1970er-Jahren der **Übergang zur Systemkrise.** Ihren Ausdruck fand diese Entwicklung im **Entstehen unabhängiger Bewegungen** wie Friedens-, Umwelt- und Menschenrechtsgruppen gegen Ende der 1970er- und zum Anfang der 1980er-Jahre.

Q 14   „Entziehen" als Opposition

1 Oppositionelle Haltungen zeigen sich heute in der DDR eher in Form des sich Entziehens, des sich Versteckens in Nischen, des konsequenten Ausnutzens rechtlich gegebener Möglichkeiten, des zielstrebigen Besetzens von
5 verbliebenen Freiräumen – kurz: in einer Taktik des Unterlaufens, die es den Organen von Partei und Staat schwer macht, wirksam dagegen einzuschreiten. Die DDR-Führung wird sich immer wieder fragen müssen, inwieweit sie sich auf den angestrebten Veränderungspro-
10 zess von unten einlassen kann, um die innere Stabilität des Regimes zu erhöhen, oder ob durch solche Zugeständnisse nicht ein weiterführender Wandlungsprozess ausgelöst und beschleunigt wird, der für die DDR-Führung letztlich unkalkulierbar wird.

(In: Die DDR, Informationen zur politischen Bildung, Heft 205/1984, S. 35)

B 13 Am Rande einer Gedenkveranstaltung zur Zerstörung Dresdens hatten sich am Abend des 13. 2. 1988 ca. 300 Menschen auf der Freitreppe des Verkehrsmuseums in Dresden versammelt, um für Menschenrechte in ihrem Land zu demonstrieren.

ARBEITSAUFTRÄGE

1. Beschreiben Sie den allgemeinen politischen Hintergrund für den Wertewandel in der Bundesrepublik.
2. Skizzieren Sie mit eigenen Worten die wesentlichen Elemente dieses Wertewandels.
3. Fassen Sie die Position von Professor Fetscher in Q 6 zusammen und beurteilen Sie diese von ihren eigenen Erfahrungen her.
4. Vergleichen Sie die Entwicklung der Rolle der Familie in der BRD und der DDR.
5. Recherchieren Sie innerhalb Ihrer Familie, ob sich die Erfahrungen dort mit der Darstellung im Text decken bzw. inwiefern nicht.
6. Nennen Sie Ursachen für die Entwicklung zur Systemkrise innerhalb der DDR?

Alltagserfahrungen und Mentalitäten zur Zeit der friedlichen Revolution und im geeinten Deutschland

Die „Wende" kündigt sich an und bricht sich Bahn – Die in den 1980er-Jahren zunehmenden Aktivitäten oppositioneller Gruppen und ihre Unterstützung durch Pfarrer und Kirchengemeinden sind die Keimzellen eines neuen Denkens, das sich langsam in der DDR verbreitet. Berichte über die Entwicklung in der Sowjetunion in der Ära Gorbatschow und in einigen osteuropäischen „Bruderstaaten" unterstützen Gedanken und Gefühle, dass die Zeit auch für Veränderungen in der DDR reif sei. Aus dieser Gefühlslage heraus entspringen mutige Aktionen; rückblickend können wir sagen, sie tragen bereits den „Geist der Wende" in sich.

Als im Mai 1989 bei den **Kommunalwahlen** – wie üblich – 99 Prozent der Bevölkerung für die Einheitsliste der Nationalen Front stimmten, war das Ergebnis – wie üblich – gefälscht. Aber dieser Wahlbetrug wurde nicht mehr hingenommen. Mitglieder von oppositionellen Gruppen und Kirchengemeinden erstatteten Strafanzeige gegen die Fälscher und stellten

B 1 Rudolf Schöpper (geb. 1922), „Mauer, Stein und Eisen bricht, aber unsere Liebe nicht", Karikatur aus den „Westfälischen Nachrichten", 14. November 1989

damit die SED und ihren Staat öffentlich an den Pranger. Der Sturm auf die bundesdeutschen Botschaften in Ost-Berlin, Budapest, Prag und Warschau, um die **Ausreise** zu erzwingen, setzte ebenfalls deutliche Zeichen. Aber immer mehr Menschen wollten nicht aus der DDR ausreisen, sondern **grundlegende Veränderungen in der DDR** durchsetzen (siehe

B2 Westliche Morgenröte, Karikatur von Horst Busse, 1990

B3 Aschermittwoch, Karikatur von Horst Busse, 1990

S. 114 ff.). Der SED-Staat wurde seiner Bürger nicht mehr Herr, doch seine führenden Repräsentanten täuschten sich weiter über den Ernst ihrer Lage. Bei immer mehr Menschen löste sich die Blockade im Kopf; sie überwanden ihre Angst und setzten ihre Gefühle in Handlungen um. In der Bundesrepublik wiederum hatten die Menschen staunend die Ereignisse in und um die Botschaften verfolgt, doch das Ausmaß der sich in der DDR selbst vorbereitenden Ereignisse wurde nicht erkannt. In den Massendemonstrationen brach sich der **Wille des Volkes** Bahn. Menschen, die vorher nicht im Traum daran gedacht hätten, öffentlich gegen „ihre" Regierung zu demonstrieren, gingen auf die Straße und riefen: „Wir sind das Volk!" Bald wurde der Ruf nach staatlicher Einheit laut, die „Wende" nahm als friedliche Revolution ihren Lauf.

Q5 Gerd Poppe, Bürgerrechtler und seit dem 5. Februar 1990 „Minister der nationalen Verantwortung" am Runden Tisch zum eigenen DDR-Verfassungsentwurf (4. April 1990):

1 Niemand darf dem Volk, das in einer friedlichen Revolution seine Fesseln selbst gesprengt hat, dieses Recht bestreiten. Diejenigen, die die Voraussetzung für eine neue Ordnung geschaffen haben, dürfen ihres Rechts nicht
5 beraubt werden. Deshalb legt der Runde Tisch als der legitime Sachwalter derjenigen Kräfte, die die Erneuerung bewirkten, einen Entwurf für eine neue Verfassung vor, über dessen Annahme nach öffentlicher Diskussion ein Volksentscheid befinden soll. Dabei handelt es sich um
10 eine Verfassung für die DDR, mit deren Annahme wir eine gegenüber der durch das Grundgesetz für die Bundesrepublik gegebenen gleichrangige und damit gleichberechtigte Ordnung schaffen.
Mit diesem Entwurf einer neuen Verfassung tritt der Run-
15 de Tisch Bestrebungen entgegen, sich durch die Abgabe von Beitrittserklärungen einer anderen Verfassungsordnung, dem Grundgesetz der BRD, nach Artikel 23 zu unterwerfen. Wer auf einen solchen Weg der Einheit Deutschlands zustrebt, verletzt [...] das Selbstwertgefühl
20 und damit die Würde dieses Volkes [...].

(Zit. nach Uwe Thaysen, Der Runde Tisch. Oder: Wo blieb das Volk? Der Weg der DDR in die Demokratie, Opladen 1990, S. 146.)

B4 Montagsdemonstration 1989 in Leipzig

Q6 Der Journalist Jürgen Leinemann über die Deutschen und ihre Identität:

1 Noch immer erscheint es vielen nur schwer möglich, sich zu den Tätern in ein historisches Verhältnis zu setzen, das ein identitätscharakterisierendes „Wir" er-
5 laubt.
Auf vielfältige Weise wirkt so noch immer die in Jahrzehnten eingeschliffene Gewohnheit nach, die deutsche Schuld an den Nazi-Verbrechen als Aufforderung
10 zur Distanzierung vom eigenen Land und seiner Geschichte zu betrachten. Es galt als progressiv, sich als Weltbürger zu gebärden – die Deutschen, das waren die anderen.
15 Es war der jeglicher Art von Nationalismus unverdächtige Literaturwissenschaftler Hans Mayer, der in den Sechzigerjahren aus Leipzig in den Westen vertrieben worden war, der die Deutschen
20 warnte vor der „Verachtung der eigenen Herkunft, Landschaft und Überlieferung". Er hielt diese „entschiedene Geschichtsfeindlichkeit" für „eigentümlich deutsch". Tatsächlich nahm vor 1989 die
25 Flucht vieler junger Deutscher in einen moralisierenden Individualismus oder Internationalismus Züge eines negativen Nationalismus an: Die Leidenschaft, mit der wir nicht Deutsche sind, die macht
30 uns keiner nach in der Welt […]. Und anders als in anderen Ländern hielt keine nationale Identität als übergeordnete, sinngebende Einheit diese Tendenzen in Schach […].
35 Ob der Nationalstaat noch – oder wieder – in der Lage sein wird, den jungen Deutschen jene Gefühlsbindung an Gebräuche, Rituale und Zeremonien zu liefern, die offenbar auch in der globalen Welt für
40 den Einzelnen als Halt und Orientierung unverzichtbar ist, erscheint noch nicht entschieden. Sowohl ein demokratisches, weltoffenes […]. Deutschland als auch ein postnationales Europa, das sich
45 auf die Gemeinsamkeit seiner kulturellen Traditionen gründet, erscheinen vielen attraktiv.

(Jürgen Leinemann, Eine Nation auf der Suche. In: Spiegel special Nr. 4/2005, S.18.)

Q7 Stimmungsbilder 1996

1 Die Resultate zahlreicher Meinungsumfragen deuten […] auf ein geschärftes Problembewusstsein hin, wobei sich die Einstellungen in Ost und West immer mehr angleichen […]. Für 81 % der Befrag-
5 ten stellt die Arbeitslosigkeit das größte gesellschaftliche Problem dar und nur 7 % rechnen auf absehbare Zeit mit einer spürbaren Verbesserung der Lage […].
Der Konjunkturabschwung und die steigenden Er-
10 werbslosenzahlen lösen in weiten Teilen der Bevölkerung Ängste aus, die durch die kontroversen Diskussionen über die soziale Sicherung noch gesteigert werden. Das Vertrauen in die Regelungskompetenz der Politiker sinkt, während das Be-
15 wusstsein der eigenen Ohnmacht stärker wird. Ost- und Westdeutsche sind übereinstimmend der Ansicht, dass politische Mitwirkung in der Bundesrepublik Deutschland nur schwer möglich sei […].
20 In der Tat ist [im Osten] eine weit verbreitete Skepsis gegenüber dem System der Bundesrepublik unverkennbar. 1990 lag die positive Bewertung bei 51, fünf Jahre später nur noch bei 33 %. Ein weiteres Drittel der [von Infratest] befragten Ostdeut-
25 schen meinte 1995, weder das neue noch das alte Staatswesen überzeuge, während mit 22 % genau doppelt so viele wie 1990 in der Rückschau dem System der DDR den Vorzug einräumten. Im Westen dagegen bejahten 86 % prinzipiell die rechtli-
30 chen und politischen Grundlagen der Bundesrepublik. (151)

(G. Helwig, Stimmungsbilder, in: Deutschland-Archiv, Nr. 1/1196, S. 1f.)

Inwieweit aber konnte und sollte die Entwicklung zur deutschen Einheit von den Bürgerinnen und Bürgern der DDR selbst gestaltet werden? Darüber entstanden, wie sich am **Runden Tisch der DDR** Anfang 1990 zeigte, Meinungsverschiedenheiten, die durch den weiteren Gang der Ereignisse, der vom Westen dominiert wurde, nicht beseitigt wurden.

Gemischte Gefühle und widersprüchliche Urteile – Die Begeisterung über den Fall der Grenze einigte ganz Deutschland. An den Grenzübergängen und in den grenznahen Gebieten spielten sich unglaubliche Szenen ab, als die Menschen einander ohne Hindernisse besuchen konnten.

Q8 Angst vor Freiheit? – Der Journalist Michael Jürgs über die Gefühlslage der „Ossis" (2005)

1 Schon im ersten Jahr nach der Einheit begannen die Neufünfländer, unsere Republik madig zu machen und die ihre zu verklären. Vergaßen zu erwähnen, wie viel wir dem Volk ohne Ver-
5 mögen von unserem Volksvermögen bereits rübergeschaufelt hatten, damit ihre Straßen befahrbar wurden, ihre Luft sauber, ihre Städte beleuchtet. […] Mit vagen Vorstellungen von Freiheit habt ihr euer zweites Leben nach
10 der Stunde null 1989 begonnen, aber dabei das erste nur verdrängt. Im Unterbewusstsein blubbert es jetzt herum, und die Blasen produzieren eine gemischte Sehnsucht: bisschen Zonenmief wie einst, bisschen Freiheitsluft
15 wie jetzt, bisschen Arbeit wie einst, bisschen Einheit wie heute. So hättet ihr es wohl gern, Ossis. In eurem Dialekt klingt Freiheit wie Freizeit. Ihr verlangt, dass der Staat zuständig zu sein habe für das soziale Netz, das Wetter und
20 einen sicheren Arbeitsplatz […]. Teil eurer provinziellen Miefmentalität ist die Angst vor der Freiheit. Im Herbst 1989 habt ihr die Freiheit zwar erstritten, aber anschließend nicht mitgenommen nach Hause. Ihr fremdelt vor der
25 Freiheit, denn die ist eine Geisteshaltung, und die ist euch fremd.

(Michael Jürgs, Ihr habt Angst vor der Freiheit, Ossis. In: Spiegel special, Nr. 4/2005, S.168.)

Q9 Angst vor der Einheit? – Die Moderatorin Angela Elis über die Gefühlslage der „Wessis" (2005)

1 Wir hätten ihre Milliarden verplempert, stöhnen sie. Verdrängen, dass auch wir Ossis Solidaritätszuschlag zahlen. Übersehen, dass wir ihnen nicht nur jede Menge Baumarkt-
5 kram, sondern vom Auto bis zum Videorecorder alles abgekauft haben […].
Langsam aber vergeht selbst den anderen Deutschen das Siegerlachen. Deshalb die neue Strategie: Der Wessi stellt sich als Op-
10 fer dar. Jetzt, da die Goldgräberstimmung bei uns im Osten vorbei ist, Herrenhäuser in bester Innenstadtlage oder am See steuerlich abgeschrieben sind und die Mieteinnahmen weniger werden, fällt euch nichts anderes ein,
15 als über das Billionengrab Ost zu klagen und euch zu weigern, die Pflege zu verlängern […].
Immer wenn's eng wird, träumt sich der Wessi die Zeit in seinem Sinne zurecht, trauert sei-
20 ner alten Bundesrepublik hinterher. […]
Mit uns ein Volk zu werden, muss für diese Wessis furchtbar gewesen sein. […]
Fakt ist: Der Jammer-Wessi hat den Besser-Ossi zwar nicht verdient, aber er könnte eini-
25 ges von ihm lernen. Wenn er nicht so viel Angst hätte vor der Einheit.

(Angela Elis, Ihr habt Angst vor der Einheit, Wessis. In: Spiegel special, Nr. 4/2005, S.168.)

B 10 Die Öffnung der Berliner Mauer

Zeitzeugen befragen

B1 Durchführung einer Zeitzeugenbefragung

Die Beschäftigung mit Alltagserfahrungen und Lebenseinstellungen legt es nahe, sich dabei der Methode der Zeitzeugenbefragung zu bedienen. Gerade zu diesen Themen können Menschen sehr lebendige Berichte geben und dabei Geschichte gleichsam wieder „auferstehen" lassen. Die Zeitzeugen stehen mit ihrer Person für die Echtheit ihrer Schilderungen ein. Allerdings ist dabei zu beachten, dass in den Erinnerungen Lücken enthalten sein oder Fakten durcheinander gebracht werden können. Im Rückblick kann sich auch die Bewertung der eigenen Gedanken und Erlebnisse verschieben.

Die Anschaulichkeit und subjektive „Echtheit" dieser Berichte birgt die Gefahr, dass man sie verallgemeinert nach dem Prinzip: „So muss es gewesen sein." Schließlich sind die betreffenden Personen ja unmittelbar dabei gewesen. Doch welche Umstände und Interessen haben ihre Erfahrungen bestimmt und bestimmen sie noch? Stellen Sie eine Minderheit oder eine Mehrheit dar? War es an anderen Orten vielleicht ganz oder zumindest teilweise anders?

Zur Bewertung der Zeitzeugenaussagen benötigen wir also allgemeine historische Erkenntnisse, um vergleichen und gewichten zu können. Die Aussagen der Zeitzeugen sind selbst historische Quellen, die kritisch beurteilt werden müssen wie die anderen zur Verfügung stehenden Quellen auch.

WORAUF SIE ACHTEN MÜSSEN

1. Die Vorbereitung einer Zeitzeugenbefragung
   - Klären Sie das Ziel ihrer Befragung: den genauen Zeitraum und das Thema (die Themen), über die Sie sprechen wollen.
   - Sammeln Sie dazu Informationen, zunächst aus diesem Buch, dann aus der Sekundärliteratur und anderen Medien, um einen Überblick zu gewinnen.
   - Bereiten Sie einen Katalog von Fragen vor. Für die Zeitzeugenbefragung eignen sich besonders offene Fragen, mit denen Sie die Menschen zum Sprechen bringen. Vorher schriftlich notierte Fragen helfen Ihnen aber, Ihre Ziele nicht aus den Augen zu verlieren. Überlegen Sie auch gleich, welche Informationen Sie zur objektiven Einschätzung der Aussagen der Zeitzeugen von diesen selbst benötigen (Ort und Zeit, Lebensumstände, damalige Denkweise, politische Einstellung etc.).
2. Die Kontaktaufnahme
   - Überlegen Sie, welche Personen, die Sie kennen, als Gesprächspartner zu Ihren Themen in Frage kommen.
   - Prüfen Sie, wer darüber hinaus als möglicherweise ergiebige „Quelle" für Sie interessant sein könnte und für Sie erreichbar ist, z. B. Menschen, die in bestimmten Institutionen oder Betrieben gearbeitet haben.
   - Klären Sie bei der Kontaktaufnahme Ort, Zeit und Ablauf der Befragung und die mögliche spätere Verwendung der Aussagen.
3. Die Durchführung der Befragung
   - Überlegen Sie, ob Sie die Gespräche einzeln führen wollen oder mit mehreren Personen.
   - Wenn Sie selbst für den Raum zuständig sind, schaffen Sie eine angenehme Gesprächsatmosphäre.
   - Klären Sie die Gesprächsführung, die Protokollführung, sorgen Sie ggf. für Aufnahmegeräte, Fotos.
   - Achten Sie auf die Dauer der Befragung und vergewissern Sie sich, dass sie wichtige Fragen nicht vergessen haben.
4. Auswertung und Präsentation
   - Schätzen Sie Ihre Befragung kritisch ein. Was würden Sie beim nächsten Mal anders machen?
   - Fassen Sie Ihren Eindruck von den Zeitzeugin oder dem Zeitzeugen zusammen.
   - Welche Informationen haben Sie erhalten? In welchem Verhältnis stehen die Aussagen zu Ihren bisherigen Kenntnissen? Welche Schlussfolgerungen ergeben sich daraus?
   - Wie lassen sich vorhandene Lücken füllen und Widersprüche klären?
   - Besprechen Sie geeignete Formen der Dokumentation und Präsentation: Mappe mit Texten und Bildern, Wandzeitung, Tonband- oder Video-Collage, Computerunterstützung (Power Point), Ausstellung.

B 11 Demonstration in Leipzig

B 12 Protestler in Berlin

Doch bald wich die **spontane Begeisterung** differenzierten Gedanken und Gefühlen. Im Westen stellte sich die Frage nach den **Kosten der Einheit** und der **Verteilung der materiellen Belastung.** Im Osten erwies sich die Lage noch als viel komplizierter, nachdem die vorschnellen optimistischen Prognosen sich als Täuschung erwiesen hatten. Das alte System und damit eine ganze Welt war zusammengebrochen und die Orientierung in der neuen Welt fiel schwer und überforderte viele. Mit dem vollkommenen Zusammenbruch der alten DDR-Wirtschaft stellten sich **Probleme des materiellen Überlebens und der künftigen Lebensgestaltung,** wie man sie nie gekannt hatte und worauf fast alle überhaupt nicht vorbereitet waren.

Hunderttausende zogen oder pendelten in den Westen, weil sie nur dort Arbeit fanden. Viel zu wenig neue Arbeitsplätze entstanden im Osten – trotz hoher Investitionen in die Infrastruktur. War schon die Klärung der vordringlichen Fragen der Ausbildung, des Arbeitsplatzes und der künftigen Lebensführung schwierig

genug, die geistige Bewältigung, die weltanschauliche Bearbeitung der neuen politischen Verhältnisse, der kulturellen Umwälzung erwies sich als noch schwieriger. Ein breites Spektrum unterschiedlicher Gefühlslagen und Einschätzungen entstand, dessen Facetten sich in den verschiedenen Materialien dieser Einheit widerspiegeln.

ARBEITSAUFTRÄGE

1. Fragen Sie Zeitzeugen nach der Entwicklung ihrer Gedanken und Gefühle vor und während der „Wende" und vergleichen Sie sie mit den Aussagen im Text
2. Erklären Sie, welche Auffassung vom Einheitsprozess in Gerd Poppes Vorstellung eines DDR-Verfassungsentwurfs zum Ausdruck kommt und nehmen Sie dazu Stellung.
3. Interpretieren und beurteilen Sie die beiden Karikaturen B 2 und B 3.
4. Erläutern Sie die unterschiedlichen Gefühlslagen, die in Q 8 und Q 9 zum Ausdruck kommen. Bringen Sie eigene Erfahrungen ein und schreiben Sie eine eigene Stellungnahme – etwa in Form eines Leserbriefs.
5. Setzen Sie sich mit den Überlegungen in Q 6 auseinander. Wie soll sich nach Ihrer Überzeugung das deutsche Selbstverständnis in Zukunft entwickeln?

Lösungen zu den Aufgaben der „Check-up"-Seite 32
Beziehungen zwischen USA und UdSSR im 20. Jahrhundert

Aufgabe 1:
Wichtige Begriffe des Kapitels und deren Erläuterung
Manifest Destiny: Bezeichnung für die „Bestimmung" Amerikas, die die Entwicklung der USA als Vollzug eines göttlichen oder schicksalhaften Plans erscheinen lässt. Danach erscheint das amerikanische Volk zunächst als auserwählt, um den nordamerikanischen Kontinent zu besiedeln (ohne Rücksicht auf die eingeborene Bevölkerung nehmen zu müssen). Im Zeitalter des Imperialismus wird das Sendungsbewusstsein dann auf die globale Rolle der USA übertragen.
Leninismus: Bezeichnung für die theoretische Weiterentwicklung des Marxismus durch Lenin, den Führer der russischen Bolschewiki. Besonders hervorzuheben sind seine Darlegungen zur Rolle der kommunistischen Partei als „Avantgarde des Proletariats" und unbedingt notwendiger Voraussetzung für das Gelingen der sozialistischen Revolution, die Analyse des Imperialismus als höchstes (und letztes) Stadium des Kapitalismus und die Notwendigkeit der Diktatur des Proletariats.
Diktatur des Proletariats: Nach Lenin muss die Arbeiterklasse nach der gelungenen Revolution sicherstellen, dass das sozialistische Gesellschaftssystem konsequent aufgebaut wird. Die Vertreter der alten Ordnung dürfen ihre Interessen nicht politisch vertreten, ihre Parteien werden verboten, ebenso die entsprechenden Presseorgane und anderen Medien.
Interventionskrieg: Krieg von insgesamt 14 Staaten gegen das sozialistische Russland zur Unterstützung der „Weißen", der Konterrevolutionäre in Russland. Der Krieg dauerte von 1918–1920 und verwüstete Russland. Trotz anfänglicher großer Gebietsgewinne setzte sich am Ende die neu gegründete Rote Armee an allen Fronten durch.
Hitler-Stalin-Pakt: Bezeichnung für den deutsch-sowjetischen Nichtangriffspakt vom 23. August 1939. Hitler sicherte sich damit eine günstige Ausgangsposition für den Krieg gegen Polen und Frankreich/Großbritannien, die Sowjetunion gewann eine Atempause. Mit der Besetzung Ostpolens und der baltischen Staaten brachte sie früher vom Zaren beherrschte Gebiete wieder unter ihre Kontrolle.
Anti-Hitler-Koalition: Bezeichnung für das Bündnis der „Großen Drei": Roosevelt, Stalin und Churchill, den Staatschefs der USA, der Sowjetunion und Großbritanniens.
Kalter Krieg: Bezeichnung für die mehr als 50-jährige Konfrontation zwischen „West" und „Ost", den in der NATO organisierten demokratischen Staaten mit den USA als Vormacht und den kommunistischen Staaten des Warschauer Paktes unter Führung der Sowjetunion. Aufgrund der atomaren Abschreckung wurde der Krieg nie „heiß", doch kam es in der Dritten Welt zu „Stellvertreterkriegen".
Entspannungspolitik: Bezeichnung für diplomatische Bemühungen zwischen den Supermächten und ihren Militärblöcken, um die Konfrontation zu reduzieren oder zumindest zu kontrollieren und dadurch eine Eskalation zum Krieg zu vermeiden. Dazu gehörten Gespräche und Verträge über Rüstungskontrolle in den 1970er-Jahren und die Konferenz über Sicherheit und Zusammenarbeit in Europa. Die Entspannungsphasen wurden immer wieder „gestört", etwa durch den Einmarsch der Sowjets nach Afghanistan oder neue Rüstungspläne auf beiden Seiten.

Aufgabe 2:
Analyse eines Szenenfotos aus einem Film
Aufgabe 2.1:
Die Legende verrät, dass es sich um einen Film über die Oktoberrevolution handelt, der 1927, also zum 10. Jahrestag der Oktoberrevolution, gedreht wurde.

Aufgabe 2.2:
Lenin steht auf einem Panzerwagen, umringt von revolutionären Soldaten und zeigt nach vorne.

Aufgabe 2.3:
Die Kameraperspektive lässt Lenin (der in Wirklichkeit ein eher kleiner Mann war) viel größer erscheinen. Er wird vom Licht umspielt, was seiner Person eine besondere Aura verleiht. Dazu kommt der Schwung des Mantels und die dramatische Geste mit Arm und Hand. Die Botschaft der Szene lautet: Hier steht der alles und alle überragende Führer der Revolution, der auch weiterhin die Richtung angibt und mit seinem Schwung die Massen mitreißt.

Aufgabe 3:
Analyse einer Karikatur
Aufgabe 3.1
Chruschtschow und Kennedy kämpfen gegeneinander beim Armdrücken. Chruschtschow sitzt auf einer amerikanischen, Kennedy auf einer sowjetischen Wasserstoffbombe. Kennedy wirkt sehr entschlossen, gegebenenfalls den Zünder zu drücken. Chruschtschow bricht der Schweiß aus.

Aufgabe 3.2
Die USA haben der Sowjetunion ein Ultimatum gestellt, ihre atomaren Waffen aus Kuba zurückzuziehen. Die Welt steht am Rande eines atomaren Krieges, wenn die Sowjetunion nicht nachgibt. Die Verhandlungshärte Kennedys beeindruckt Chruschtschow. Er ist in der Herausforderung Amerikas zu weit gegangen. Chruschtschows risikoreiche Außenpolitik war ein Faktor, der zu seinem Sturz zwei Jahre später mit beigetragen hat.

Aufgabe 3.3
Immer wieder kam es im Kalten Krieg zu Konfrontationen, bei denen beide Seiten der jeweils anderen Seite Grenzen zogen. Das atomare Patt verbot es, diese Grenzen zu überschreiten. Insofern versinnbildlicht die Szene der Karikatur eine Struktur des Kalten Krieges, doch nie hatte der Konflikt eine derartige Eskalationsstufe erreicht wie in der Kuba-Krise, was auch zum Anlass genommen wurde, das Konfliktmanagement der Supermächte zu verbessern.

Lösungen zu den Aufgaben der „Check-up"-Seite 88
Der Ost-West-Konflikt – Ursachen und Auswirkungen für Deutschland

Aufgabe 1:
Wichtige Begriffe des Kapitels und deren Erläuterung
Alleinvertretungsanspruch: Die Bundesrepublik Deutschland vertrat seit 1949 den Standpunkt, dass nur sie allein das Recht habe, Deutschland zu vertreten, da die Regierung der DDR nicht aus freien Wahlen hervorgegangen sei. Diplomatische Beziehungen zu Staaten, die die DDR anerkannten, wurden seitens der Bundesrepublik abgebrochen. Auf diese Weise gelang es, die DDR jahrelang international zu isolieren.
Entspannungspolitik: In den 1970er-Jahren gab es eine Periode der Entspannung der politischen Beziehungen zwischen den Supermächten. Die immensen Kosten und das fortbestehende Patt durch die gegenseitige atomare Abschreckung ließen die Fortsetzung des Rüstungswettlaufes fragwürdig erscheinen. Die zwischen der Sowjetunion und den USA getroffenen Vereinbarungen zur Rüstungsbegrenzung bedeuteten allerdings keine Abrüstung, sondern nur die Festlegung von Obergrenzen bei bestimmten Waffen für die weitere Aufrüstung.
Kalter Krieg: Bezeichnung für die Geschichtsepoche zwischen dem Zweiten Weltkrieg und der Auflösung der Sowjetunion bzw. des Warschauer Paktes. Diese Geschichtsepoche war bestimmt vom Konflikt zwischen den beiden Supermächten und ihren jeweiligen militärischen Bündnissen, der auf grundlegend gegensätzlichen gesellschaftlichen Systemen beruhte.
Das strategische Patt aufgrund der gegenseitigen Vernichtungsmöglichkeit durch Kernwaffen zwang beide Seiten dazu, eine direkte militärische Konfrontation zu vermeiden.
Ostverträge: Bezeichnung für den Gesamtkomplex zwischenstaatlicher Verträge zur Neuregelung der Beziehungen der Bundesrepublik Deutschland mit der Sowjetunion, der DDR, Polen und der Tschechoslowakei (1970–1973). Kernpunkt der Ostverträge war die Anerkennung der nach dem Zweiten Weltkrieg entstandenen Staatsgrenzen in Europa, insbesondere der Oder-Neiße-Grenze zwischen Deutschland und Polen und der Grenze zwischen beiden deutschen Staaten.
Schwarzmarkt: Die Reichsmark hatte nach dem Ende des Zweiten Weltkriegs ihren Wert verloren. Die Produktion und Verteilung vieler lebenswichtiger Waren stand unter der Kontrolle der Besatzungsmächte. Daneben entwickelte sich ein schwarzer (illegaler) Tauschmarkt. An die Stelle des Geldes trat die „Zigarettenwährung".
Volksdemokratie: Bezeichnung für die nach dem Zweiten Weltkrieg im sowjetisch kontrollierten Osteuropa entstandenen Staaten. Charakteristikum der Volksdemokratien war das Fehlen einer Parteienkonkurrenz bei den Wahlen. Zur Wahl standen Einheitslisten, durch die die Verteilung der Mandate schon vorher festgelegt war.
Die Wahl selbst war im Wesentlichen nur eine Bestätigung der Einheitsliste, die von der kommunistischen Partei des jeweiligen Landes beherrscht wurde.
Währungsreform: In beiden deutschen Staaten wurde 1948 eine neue Währung eingeführt, da die alte Reichsmark wertlos geworden war. In den Westzonen erhielt jeder Bürger ein Kopfgeld von 60 DM. Die neue D-Mark erwies sich als stabile Währung, die Geldmenge war durch ein entsprechendes Warenangebot gedeckt.

Aufgabe 2:
Analyse und Interpretation einer Kapitalauftakt-Collage
Aufgabe 2.1:
Im Hintergrund der Collage sind Menschen zu sehen, die Trümmerschutt beseitigen. Das Bildelement steht für die „Stunde Null", unmittelbar nach dem Ende des Zweiten Weltkriegs. Im Mittelteil der Collage verläuft eine Grenzmauer als Symbol der staatlichen Teilung Deutschlands. Einkopiert wurden Bilder vom Volkswagen und vom Trabant, stellvertretend für Wirtschaftsleistung und Konsummöglichkeiten in der Bundesrepublik und der DDR. In der Mitte rechts erkennt man den westdeutschen Fußballstar Franz Beckenbauer und die DDR-Olympiasiegerin im Schwimmen, Kristin Otto.
Schließlich sieht man im Vordergrund den Bundeskanzler Helmut Schmidt und den DDR-Staatsratsvorsitzenden und SED-Parteichef Erich Honecker im Gespräch.
Aufgabe 2.2:
Aus den Trümmern der Nachkriegszeit entwickelte sich aufgrund der Konstellation des Kalten Krieges ein staatlich gespaltenes Deutschland. Das unterschiedliche Tempo des wirtschaftlichen Fortschritts drückt sich in den beiden Automarken aus. Der „Käfer" wurde für eine immer größere Zahl an Bundesbürgern recht bald erschwinglich. Dagegen gab es den „Trabi" in der DDR erst nach langer Wartezeit. Auf sportlichem Gebiet zeigte sich das Auslese-und Fördersystem der DDR dem Westen überlegen – auch beim systematischen Doping. Der Prozess einer gewissen Normalisierung der deutsch-deutschen Beziehungen ab den 1970er-Jahren brachte menschliche Erleichterungen. Den Ausgang der Geschichte der deutschen Teilung lässt die Collage offen.

Aufgabe 3:
Analyse einer grafischen Modelldarstellung.
Aufgabe 3.1:
Im Modell der sozialen Marktwirtschaft tritt die soziale Komponente zur „reinen" Marktwirtschaft hinzu. Letztere erkennt man, wenn man den rechten Teil des Schemas isoliert betrachtet. Hier steht der Markt im Zentrum: als Treffpunkt von Angebot und Nachfrage, die von den Verbrauchern und der produzierenden Wirtschaft ausgehen und sich auf dem Markt austauschen, aber dann auch auf die Akteure zurückwirken. Deshalb gehen Pfeile jeweils in beide Richtungen.
In der „sozialen" Marktwirtschaft kommen die Instrumente staatlicher Wirtschafts- und Sozialpolitik ins Spiel. Sie begrenzen das freie Spiel der Kräfte auf dem Markt, um die Vertiefung sozialer Gegensätze zu vermeiden.
Aufgabe 3.2:
Schematische Darstellungen weisen aufgrund der Vereinfachung manchmal Schwächen auf. Hier könnte man z. B. an der Formulierung und Zuordnung des „Verbots von Kartellen und Monopolen" Anstoß nehmen. Richtig ist auf jeden Fall, dass das Wettbewerbsrecht ein Instrument des Verbraucherschutzes ist, insofern die Konkurrenz auf dem Markt am Leben erhalten wird. Der Staat wirkt aber mit dem Wettbewerbsrecht nicht direkt auf die Verbraucher ein, sondern auf die Wirtschaft (im Interesse des Verbrauchers).

Lösungen zu den Aufgaben der „Check-up"-Seite 132
Politische Wandlungsprozesse in Europa

Aufgabe 1:
Wichtige Begriffe des Kapitels und deren Erläuterung
Ostblock: Bezeichnung für die zum Warschauer Paktsystem gehörigen Staaten. Im allgemeinen Sprachgebrauch wird zwar von den zwei sich gegenüberstehenden „Blöcken" und vom Blockdenken gesprochen, doch von einem „Westblock" eigentlich nie – was sicher auch mit der Heterogenität der westlichen Demokratien innerhalb des NATO-Bündnisses zu tun hatte. Demgegenüber schien der Ostblock unter sowjetischer Führung viel stärker als „Block" auf die Interessen der Vormacht ausgerichtet. Im Gebrauch des Begriffs Ostblock schwingt schon eine gewisse Minderung der staatlichen Souveränität seiner Mitglieder mit.

EWG – EG – EU: Hinter den Abkürzungen verbergen sich Entwicklungsschritte in der westeuropäischen Integration. Die Europäische Wirtschaftsgemeinschaft (EWG) widerspiegelte schon in ihrem Namen den Vorrang der wirtschaftlichen Interessen bei ihrer Gründung – auch wenn die EWG von Anfang an immer eine politische Perspektive hatte. Doch gerade die Fortschritte in der politischen Zusammenarbeit ließen lang auf sich warten. Im Jahr der ersten Direktwahl des Europäischen Parlaments (1979) fand auch die Umbenennung in Europäische Gemeinschaft(en) (EG) statt. Die Zusammenlegung von EWG, EGKS und Euratom war ein begrenzter Fortschritt, die Grenzen einer bloßen Wirtschaftsgemeinschaft waren überholt – eine politische Geste, die erst im Vertrag von Maastricht über die Schaffung der Europäischen Union (EU) eine klare Substanz bekam, deren Gehalt seitdem noch verstärkt wurde (Amsterdam – Nizza – Lissabon).

Runder Tisch: Der „Runde Tisch" markiert die Beteiligung der polnischen Gesellschaft an der politischen Macht. Die Tagung der Regierungsvertreter mit Vertretern der wichtigen gesellschaftlichen Organisationen an einem runden Tisch hatte ungeheure symbolische Bedeutung. Am Runden Tisch sind von der Sitzordnung alle gleich – auf Augenhöhe ohne Rangordnung. Der Runde Tisch wurde zum Inbegriff einer neuen Umgangsform in der Politik der Ostblockländer und zum Vorbild für die „Nachzügler". Auch in der DDR traf man sich Anfang 1990 (ein Jahr nach den Polen) am Runden Tisch, um den Übergang zur Demokratie auszuhandeln.

Montagsdemonstrationen: Im Sommer 1989 kam es zu ersten Umzügen nach Friedensgebeten in Kirchen. Die größten Montagsdemonstrationen entwickelten sich in Leipzig im Anschluss an das Friedensgebet in der Nicolai-Kirche. Die Teilnehmerzahl der Montagsdemonstrationen wuchs von Woche zu Woche, die Demonstrationen nahmen immer mehr politischen Charakter an, die Parolen und Losungen wurden radikaler.

Ethnische Säuberung:
Der Begriff wurde 1995 zum „Unwort des Jahres" gewählt, weil er Völkermord und Massenvertreibung, Verbrechen gegen die Menschlichkeit zynisch verharmlost. Die systematische Entfernung von Angehörigen einer Nationalität aus ihrem angestammten Lebensbereich, um einer anderen Nationalität einen exklusiven Lebensraum zu verschaffen, war eine besondere Erscheinung der Kriege in Jugoslawien, wird aber von extremen Nationalisten auf der ganzen Welt praktiziert.

Binnenmarkt: Bereits bei der Gründung der EWG war die Herstellung eines europäischen Binnenmarktes ohne Schranken für den Personenverkehr, den Austausch von Waren und Dienstleistungen sowie dem Kapitalfluss ein erklärtes Fernziel gewesen. Der unterschiedliche Entwicklungsstand der Volkswirtschaften ließ eine Verwirklichung dieser „vier Freiheiten" jedoch erst nach umfangreichen Vorarbeiten zu. Den Binnenmarkt gibt es seit 1993.

Lissabonner Reformvertrag: Nach dem Scheitern des Projekts einer EU-Verfassung wurde mit dem Vertrag von Lissabon (2007) ein neuer Anlauf unternommen, um wesentliche Ziele der EU-Verfassung zu verwirklichen, ohne sie mit einem zu hohen Anspruch zu belasten. Das erklärt die sachliche, in manchen Teilen sogar wörtliche Übereinstimmung beider Vertragswerke. Der Vertrag schafft eine neue Arbeitsgrundlage für die erweiterte EU – auch im Blick auf künftigen Zuwachs. Das Parlament und die Kommission werden hinsichtlich der Mitgliederzahl reduziert und begrenzt, die Zusammenarbeit aller Organe effizienter gestaltet. Dazu gehört die Ausweitung des Prinzips der Mehrheitsentscheidung. Von besonderer Bedeutung ist die Aufwertung der Außen- und Sicherheitspolitik im Blick auf die Erfordernisse des internationalen Konfliktmanagements.

Aufgabe 2: Analyse einer Karte
Die Karte zeigt das Resultat der verschiedenen Balkankriege: Das alte Jugoslawien ist restlos verschwunden. Übrig geblieben sind sechs neue Nationalstaaten: Slowenien, Kroatien, Serbien, Bosnien-Herzegowina, Mazedonien und Montenegro. Der Kosovo ist auf der Karte bereits als eigener Staat dargestellt. Auch wenn der Streit über den völkerrechtlichen Status noch nicht beendet ist: Der Kosovo wird seine selbst erklärte Souveränität behalten. Dass die neue Staatenbildung auf dem Balkan sich mit Krieg, Mord, Totschlag, Massenflucht und -vertreibung vollzogen hat, wird deutlich, wenn man die anderen Karten mit heranzieht.

Aufgabe 3: Beschreibung einer Karikatur
Aufgabe 3.1:
Die Karikatur zeigt den mächtigsten Politiker der DDR, Erich Honecker, in einem recht primitiven Karren, mit dem Emblem der DDR und der Aufschrift „Sozialismus". Dem Karren sind die Zugtiere abhanden gekommen, er befindet sich auf rasender Fahrt in den Abgrund. Honecker ist sich über seine gefährliche Lage offenbar nicht im Klaren, sondern verbreitet unerschütterlich seine Parole über den Fortschritt des Sozialismus. Ochs und Esel lassen ihn vorüberrasen und denken nicht daran, ihn aufzuhalten.

Aufgabe 3.2:
Der rasante Niedergang des DDR-Sozialismus ist nicht mehr aufzuhalten. Doch die Mächtigen erkennen den Ernst ihrer Lage nicht, sondern erklären alle für dumm, die nicht (mehr) an den Fortschritt des Sozialismus glauben wollen und auf grundlegenden Reformen beharren.

Der Karikaturist hat die absurde Fehleinschätzung der Lage meisterhaft in der Karikatur dargestellt: Die marode DDR mit ihrer die katastrophale Lage vollkommen verkennenden Führungsclique ist rettungslos verloren.

Sach- und Personenregister

Begriffslexikon

Alliierte (von franz., alliés = Verbündete): Bezeichnung für Staaten, die ein Bündnis (Allianz) schließen, z. B. zur gemeinsamen Kriegführung; im Ersten und im Zweiten Weltkrieg Sammelbegriff für die gegen das Deutsche Reich und seine Verbündeten kämpfenden Staaten.

Blockparteien: Sammelbezeichnung für die in der DDR neben der SED existierenden Parteien CDU, LDPD, NDPD und DBD. Alle diese im „Demokratischen Block" zusammengefassten Parteien wurden finanziell und ideologisch von der SED kontrolliert und mussten deren Führungsanspruch anerkennen. Politischer Wettbewerb und die Möglichkeit einer parlamentarischen Opposition in der DDR waren dadurch ausgeschlossen.

Bolschewismus, Bolschewiki (russ., Mehrheitler): Bezeichnung für die radikalen Anhänger Lenins, die sich 1903 bei der Entscheidung über die zukünftige Taktik der Sozialrevolutionäre gegenüber den gemäßigten, sozialdemokratisch orientierten Menschewiki (russ., Minderheitler) durchsetzen konnten. Nach Lenins Theorie erhebt die streng von oben nach unten organisierte bolschewistische Partei den Anspruch auf politische Führung, um die Massen zum Sozialismus zu erziehen. Deshalb muss sie alle gesellschaftlichen Gruppen beherrschen. Stalin setzte die Umgestaltung der Gesellschaft nach bolschewistischen Prinzipien mit Zwang und Terror durch.

Bruttosozialprodukt: Gesamtwert aller Waren und Dienstleistungen, die die Menschen eines Landes im Zeitraum eines Jahres produzieren.

Bürgerrechtsbewegung: Sammelbezeichnung für regierungskritische Gruppen, die für Demokratie und Menschenrechte in ihren Ländern eintreten. Die Bürgerrechtsbewegungen der früheren Staaten des Ostblocks kritisierten zugleich den Führungsanspruch der kommunistischen Partei.

Dissidenten (von lat. dissidere = nicht übereinstimmen, getrennt sein): Bezeichnung für Oppositionelle, die die Politik des herrschenden Regierungssystems trotz Repressionen (Berufsverbote, Verhaftungen, Ausbürgerungen) öffentlich kritisierten.

Entnazifizierung: Von den alliierten Siegermächten im besetzten Deutschland durchgeführte Überprüfung von Personen mit dem Ziel, Verantwortliche für NS-Verbrechen politisch und strafrechtlich zur Verantwortung zu ziehen und sie aus Ämtern in Staat und Gesellschaft zu entfernen.

Europäische Union (EU): Zusammenschluss von derzeit 27 europäischen Staaten, die durch Übertragung von Kompetenzen an gemeinsame Regierungsorgane (Hauptsitz: Brüssel) eine enge wirtschaftliche und politische Zusammenarbeit anstreben. Bisher wichtigste Ergebnisse dieser europäischen Einigung sind die Einführung des Europäischen Binnenmarktes und die gemeinsame Währung „Euro".

Frauenbewegung: Mitte des 19. Jh. entstandene und Ende der 1960er-Jahre sich neu formierende Bewegung zur Beseitigung der gesellschaftlichen und politischen Benachteiligung von Frauen. Ihre Forderungen zielen u. a. auf gleiche Bezahlung, gleiche Karrierechancen und einen höheren Anteil von Frauen in Führungspositionen.

Friedensbewegung: Politische Bewegung Anfang der 1980er-Jahre. Sie protestierte gegen die Stationierung atomarer Mittelstreckenraketen in Europa und trat für Abrüstung ein. Ein Teil ihrer Anhänger in der Bundesrepublik wurde zum Kern der Partei der Grünen; in der DDR war sie Teil der Bürgerrechtsbewegung.

Globalisierung (von lat. globus = [Erd-] Kugel): Internationale Zusammenarbeit und Verflechtung großer Wirtschaftskonzerne und Finanzmärkte sowie die damit verbundenen Auswirkungen auf das Leben der Menschen. Der Begriff umfasst auch grenzübergreifende politische und technische Entwicklungen.

Grundgesetz: Verfassung der Bundesrepublik Deutschland, die am 23. Mai 1949 in Kraft trat. Mit der Bezeichnung sollte zum Ausdruck gebracht werden, dass es sich um eine provisorische Verfassung handelte, da die Fragen der deutschen Einheit und der Wiederherstellung der vollen staatlichen Souveränität Deutschlands vorerst offenbleiben mussten. Nach der deutschen Wiedervereinigung im Oktober 1990 wurde der Name für die gesamtdeutsche Verfassung beibehalten.

Inflation (von lat., inflare = aufblähen): Durch eine hohe umlaufende Geldmenge ausgelöste Entwertung der Währung, die zum Anstieg der Preise und zum Verlust der Kaufkraft des Geldes führt. In den Anfangsjahren der Weimarer Republik trugen die Folgen des Ersten Weltkriegs (Kriegskosten, Reparationszahlungen) zu einem sehr schnellen, fast völligen Wertverlust des Geldes bei, der viele einfache Leute und den Mittelstand ruinierte.

Kalter Krieg: Die nach 1945 beginnende machtpolitische, militärische, ideologische und wirtschaftliche Konkurrenz zwischen den beiden Supermächten USA und UdSSR und den von ihnen geführten Bündnissystemen. Der Kalte Krieg hatte ein atomares Wettrüsten und eine Vielzahl von Konfrontationen (z. B. Berlin-Blockade 1948,

Korea-Krieg 1950–1953, Kuba-Krise 1962) zur Folge. Er endete 1989 mit dem politischen und gesellschaftlichen Umbruch in der Sowjetunion.

Kollektivierung: Überführung privater bäuerlicher Ländereien in genossenschaftliches oder staatliches Eigentum zur kollektiven Bewirtschaftung. In der Sowjetunion wurde 1929/30 die Zwangskollektivierung aller landwirtschaftlichen Betriebe beschlossen.

Kommunismus (von lat., communis = gemeinsam, allgemein): Politische und soziale Bewegung, die eine revolutionäre Veränderung der Gesellschaft anstrebt. Wichtige Ziele sind die Errichtung einer klassenlosen Gesellschaft und die Überführung von Produktionsmitteln in Gemeineigentum. Die führende Rolle bei der Durchsetzung des Kommunismus kommt der kommunistischen Partei sowie den Arbeitern und Bauern zu („Diktatur des Proletariats"). Die Grundlagen der kommunistischen Theorie wurden im Wesentlichen von K. Marx, F. Engels und W. I. Lenin formuliert.

Konstruktives Misstrauensvotum: Die in Art. 67 des Grundgesetzes vorgesehene Möglichkeit eines Regierungswechsels ohne Neuwahlen. Das Parlament kann den Bundeskanzler der Bundesrepublik abwählen, wenn es zugleich mit absoluter Stimmenmehrheit einen Nachfolger wählt.

Kriegswirtschaft: Form der staatlichen Zwangswirtschaft, in der die gesamte Güterproduktion auf die Anforderungen der Kriegführung umgeleitet werden, dafür erforderliche Rohstoffe werden beschlagnahmt und der Rüstung zugeführt. Auch den Bauern und dem Lebensmittelhandel werden Produktionsvorschriften und Preisbeschränkungen auferlegt. Die knappen Lebensmittel werden rationiert (= eingeteilt) und müssen über Lebensmittelkarten bezogen werden. Da die Rationen der Lebensmittelkarten meist nicht zur Deckung des täglichen Kalorienbedarfs ausreichen, entsteht in Kriegs- oder Zwangswirtschaften stets ein so genannter „Schwarzmarkt".

KSZE/OSZE: Die Konferenz für Sicherheit und Zusammenarbeit in Europa (KSZE) wurde 1973 in Helsinki als Forum europäischer Staaten gegründet. Ihr Ziel war die Entspannung und die Verbesserung der Ost-West-Beziehungen. In der Schlussakte verpflichteten sich die 35 Teilnehmerstaaten 1975 u. a. zur Wahrung der Menschenrechte. Nach dem Ende des Kalten Krieges wurde die KSZE zur Organisation für Sicherheit und Zusammenarbeit in Europa (OSZE) weiterentwickelt.

Ostpolitik/Ostverträge: Bezeichnung für die neue Politik der SPD/FDP-Bundesregierung gegenüber der DDR und den Ländern des Ostblocks nach 1969. Im „Grundlagenvertrag" akzeptierte sie die staatliche Selbstständigkeit der DDR, vermied aber deren völkerrechtliche Anerkennung als Ausland und hielt am Ziel der deutschen Wiedervereinigung fest. Mit Polen und der Tschechoslowakei wurden diplomatische Beziehungen aufgenommen; die Oder-Neiße-Linie wurde als Ostgrenze Deutschlands anerkannt.

Parlament: Seit 1215 nannten sich die Vertreter der Stände in England „Parlament" (lat., Besprechung). Sie waren seit der „Glorreichen Revolution" von 1668/69 die Vertreter der Nation. In modernen Demokratien bestehen die Parlamente aus den gewählten Vertretern des Volkes. Sie haben die Aufgaben, die Gesetze zu beschließen und die Arbeit der gewählten Regierung zu kontrollieren.
Parlamente bestehen manchmal aus zwei „Kammern", wie dem Ober- und dem Unterhaus (England) oder dem Senat und dem Repräsentantenhaus (USA). In Frankreich gibt es seit der „Französischen Revolution" die „Nationalversammlung" als Parlament.

Im Deutschen Kaiserreich gab es ab 1871 den Reichstag als Parlament. Bis in das 20. Jahrhundert hinein waren seine Rechte sehr eingeschränkt.

Parlamentarische Demokratie: Regierungsform, die auf der Gewaltenteilung in gesetzgebende Gewalt (Parlament), ausübende Gewalt (Regierung) und Recht sprechende Gewalt (Gerichte) beruht; die vom Volk in allgemeinen, freien, gleichen und geheimen Wahlen gewählten Abgeordneten im Parlament beschließen die Gesetze und kontrollieren die Regierung. In Deutschland wurde die parlamentarische Demokratie zuerst mit der Weimarer Verfassung von 1919 eingeführt.

Parlamentarischer Rat: Versammlung von 65 Abgeordneten der 11 Länderparlamente der drei westlichen Besatzungszonen Deutschlands. Sie wurde 1948 von den Westalliierten mit der Ausarbeitung und Formulierung des Grundgesetzes beauftragt. Am 8. Mai 1949 beschloss der Parlamentarische Rat das Grundgesetz mit 53 Ja-Stimmen bei 12 Nein-Stimmen.

Planwirtschaft: Wirtschaftsordnung, in der die Produktion von Waren und Dienstleistungen, deren Preise sowie die Höhe der Löhne zentral und nach langfristigen Plänen vom Staat festgelegt werden. Im Unterschied zur Marktwirtschaft wird dabei der freie Wettbewerb von Angebot und Nachfrage als Regulierungsfaktor ausgeschaltet. Mit dem Instrument der Planwirtschaft versuchen (kommunistische) Staaten die wirtschaftliche Produktion mit dem gesellschaftlichen Bedarf in Einklang zu bringen. Meist führt dies aber zu Engpässen bei der Versorgung.

Rat für gegenseitige Wirtschaftshilfe (RGW): 1949 gegründete Organisation für wirtschaftliche Zusammenarbeit der Staaten des Ostblocks. Die Mitgliedsländer mussten ihre nationalen Plandaten mit der Sowjetunion abstimmen und ihre Wirtschaftsbeziehungen zum Westen einschränken. Der RGW löste sich nach dem Zusammenbruch der UdSSR 1991 auf.

Rätesystem: Ein Modell der direkten Demokratie. Das Volk wählt unmittelbar seine Vertreter in Räte der unteren Ebene. Der Rat der unteren Ebene wählt Vertreter in den nächsthöheren Rat usw. Räte sind unmittelbar ihren Wählern verantwortlich und können jederzeit abgewählt werden. Formen des Rätesystems wurden nach der Oktoberrevolution 1917 in Russland und nach der Novemberrevolution 1918 in Deutschland praktiziert.

Rechtsstaat: Staatswesen, in dem alle staatliche Gewalt an Recht und Gesetz gebunden ist und der Bürger vor der Willkür des Staates geschützt ist. Die wichtigsten Merkmale sind die Existenz einer Verfassung, die Gewaltenteilung zwischen gesetzgebender Gewalt, ausübender Gewalt und Rechtsprechung, die Unabhängigkeit der Gerichte, die Geltung der Grund- und Menschenrechte sowie die Möglichkeit jedes Einzelnen, seine Rechte vor unabhängigen Gerichten einzuklagen (Rechtsschutzgarantie).

Schwarzmarkt: Bezeichnung für den illegalen Handel mit knappen und rationierten Lebensmitteln und Gütern. Trotz Verbots werden meist fast alle knappen Waren auf dem Schwarzmarkt zu sehr hohen Preisen oder im Tauschhandel gegen Wertsachen gehandelt. In der Bundesrepublik existierte ein Schwarzmarkt nach Kriegsende bis zur Währungsreform 1948.

Sowjets: Bezeichnung für die Arbeiter- und Soldatenräte, die sich 1917 in Russland während der Februarrevolution bildeten und unter Führung der Bolschewiki zu einer wichtigen politischen Kraft der Revolution wurden. In der nach ihnen benannten Sowjetunion wurden die Sowjets zu Institutionen der staatlichen Verwaltung. Die Spitze des Rätesystems bildete der Oberste Sowjet, der alle 4 Jahre gewählt wurde.

Soziale Marktwirtschaft: Wirtschafts- und Sozialordnung der Bundesrepublik Deutschland. Der freie Wettbewerb von Angebot und Nachfrage für Waren, Dienstleistungen und deren Preisgestaltung sowie die Rahmenbedingungen für das Verhältnis von Arbeitgebern und Arbeitnehmern werden durch den Staat indirekt mitgestaltet. Ohne das Funktionieren eines freien, sich selbst regulierenden Wirtschaftsprozesses zu gefährden, sollen der Schutz von wirtschaftlich und sozial schwächeren Bevölkerungsgruppen sowie ein verbindliches Maß an sozialer Gerechtigkeit garantiert werden.

Sozialismus (von lat., socius = Genosse): Im 19. Jh. entstandene politische Bewegung, die eng mit der Arbeiterbewegung und den Gewerkschaften verbunden ist; Ziel des Sozialismus ist es, die als ungerecht empfundenen Herrschafts- und Besitzverhältnisse zu verändern und ein höheres Maß an Freiheit und Gleichheit für alle Bevölkerungsschichten zu erreichen; Mitte des 19. Jahrhunderts kam es zu einer Spaltung des Sozialismus in Sozialisten und Kommunisten. Während die Kommunisten eine rasche, revolutionäre Veränderung der Gesellschaft forderten, setzen die Sozialisten (seit 1890: Sozialdemokraten) auf allmähliche, schrittweise Reformen der Gesellschaft.

Sozialstaat: Bezeichnung für moderne Industrieländer, in denen der Staat regulierend in die Abläufe der freien Marktwirtschaft eingreift, um den Bürgern angemessene Arbeitsbedingungen und im Fall von Krankheit, Unfall, Alter, Invalidität oder Arbeitslosigkeit ein Einkommen zu sichern. Diesem Zweck dienen gesetzliche Arbeitsschutzvorschriften und ein Sozialversicherungssystem. Weitere sozialpolitische Maßnahmen sind staatliche Aufwendungen für die Familienförde-

rung, das Gesundheits- und Bildungswesen, den Wohnungsbau.

Staatsverschuldung: Gesamtsumme der Schulden eines Staates. Eine hohe Staatsverschuldung entsteht, wenn die Regierung mehr Geld ausgibt, als sie u. a. durch Steuern einnimmt, und dafür bei Banken Kredite aufnehmen muss. Bei hoher Staatsverschuldung verschlingen die Zinsen für Kredite einen großen Teil der staatlichen Einnahmen. Die Staatsverschuldung kann bis zum Staatsbankrott führen. Die Mitgliedsländer der EU haben sich zu einen ausgeglichenen Staatshaushalt verpflichtet.

Stalinismus: Bezeichnung des einerseits durch Terror und Gewalt, andererseits durch einen starken Personenkult geprägten Herrschaftssystems Stalins von 1929 bis 1953. Mit dem Ziel des Aufbaus des Sozialismus wurden Industrialisierung und Kollektivierung der Landwirtschaft mit Zwang vorangetrieben. Politische Gegner und so genannte „Klassenfeinde" wurden mit Schauprozessen, „Säuberungen" und Deportationen in Straflager ausgeschaltet.

Stasi: Kurzbezeichnung für das 1950 gegründete Ministerium für Staatssicherheit (MfS) der DDR. Die Stasi entwickelte sich zu einem riesigen Apparat mit 80 000 fest angestellten und über 100 000 inoffiziellen Mitarbeitern (IM). Sie bespitzelte und kontrollierte das Alltagsleben der Bevölkerung in der DDR. Im Ausland betrieb das Ministerium geheimdienstliche Spionage. Nach der Auflösung der Stasi 1990 wurde eine Bundesbehörde gegründet, die die von der Stasi gesammelten Informations- und Datenbestände sichert, verwaltet und für zeitgeschichtliche Forschung zugänglich macht.

Terrorismus (von lat. terror = Schrecken): Gewaltsame Aktionen von Einzeltätern oder radikalen Gruppen aus politischen, religiösen, nationalistischen oder wirtschaftlichen Motiven. Terroristische Bewegungen können auf ein Land oder eine Region begrenzt bleiben (z. B. die RAF in Deutschland in den 1970er-Jahren). Andere Terrororganisationen agieren weltweit, wie z. B. die Palästinensische Befreiungsorganisation (PLO) in den 1970/80er-Jahren oder die islamistische Al-Qaida-Organisation in jüngster Zeit.

Verfassung: Die Verfassung (lat.: constitutio) des modernen Staates ist ein durch die Volksvertretung eines Staates beschlossenes Gesetz, das die Verteilung der Staatsgewalt auf verschiedene Personen und Institutionen regelt. Die ersten beiden Verfassungen in diesem Sinne waren die Verfassung der USA vom 4. März 1789 und die Verfassung Frankreichs vom September 1791.

Verstaatlichung: Enteignung von privaten Firmen, Betrieben oder Land und die Überführung in Staatseigentum. In einer Marktwirtschaft ist die Verstaatlichung von Privatbesitz nur bei hohem öffentlichem Interesse und gegen Entschädigungszahlungen möglich. In den kommunistisch regierten Ländern des Ostblocks bildet die umfassende, meist entschädigungslose Verstaatlichung von Industrie und Landwirtschaft die Grundlage für so genannte „Volkseigene Betriebe" (VEB) oder Landwirtschaftliche Produktionsgenossenschaften (LPG).

(Volks-)Souveränität: Als „Souveränität" bezeichnete man im Absolutismus die uneingeschränkte Macht des Königs. Alle Bauern, Bürger und Fürsten sollten gleichermaßen seine Untertanen sein. Der König hatte auch die Macht, Gesetze zu verordnen. Seit der Amerikanischen und Französischen Revolution wurde das Volk als Träger der Souveränität verstanden. Der Staat erhielt durch eine Versammlung von Vertretern der ganzen Nation, das Parlament, eine Verfassung. In allgemeinen und gleichen Wahlen wurden die Abgeordneten der Parlamente stets

neu bestimmt. Als Vertreter des Volkes beschlossen sie alle Gesetze. Träger der staatlichen Gewalt war erstmals das Volk. Während des ganzen 19. Jahrhunderts war im übrigen Europa strittig, ob der König oder das Volk der Träger der Souveränität sei. In Deutschland wurde die Volkssouveränität erst 1918 durchgesetzt.

Volksdemokratie: Kommunistische Staatsform in den nach dem Zweiten Weltkrieg im Machtbereich der UdSSR gelegenen Staaten. Da eine echte parlamentarische Opposition ausgeschaltet und das freie Wahlrecht durch Einheitslisten eingeschränkt war, handelte es sich tatsächlich um eine demokratisch bemäntelte Einparteiendiktatur. Die freie Meinungsäußerung und die Unabhängigkeit der Gerichte waren eingeschränkt.

Volkspartei: Bezeichnung der großen Parteien (SPD; CDU/CSU) in der Bundesrepublik Deutschland. Der Begriff kennzeichnet den Anspruch, die Interessen breitester Bevölkerungsschichten zu vertreten, unabhängig von deren sozialer Herkunft, ökonomischen Verhältnissen und religiöser Orientierung. Neben den beiden großen Volksparteien existieren in der Bundesrepublik kleinere Parteien (FDP, Grüne, PDS).

Wahlrecht: Das Recht der Bürger und Bürgerinnen, die Vertreter des Volks im Parlament durch Wahl zu bestimmen; während der Französischen Revolution wurde dieses Wahlrecht für Bürger durchgesetzt, aber es galt erst ab einem bestimmten Einkommen. Dieses vermögensabhängige Wahlrecht wird „Zensuswahlrecht" genannt (von lat., census = Abgabe).

Währungsreform: Einführung der Deutschen Mark (DM) als Währung in den westlichen Besatzungszonen Deutschlands (und Westberlin) sowie Einführung der Ost-Mark (Mark der DDR) in der SBZ im Juni 1948.

Währungsunion: Einführung einer gemeinsamen Währung durch zwei oder mehrere souveräne Staaten. Durch eine Währungsunion wurde am 1. Juli 1990 die vorher nur in der Bundesrepublik gültige D-Mark auch in der DDR offizielles Zahlungsmittel. Auch zwischen den Mitgliedsländern der Europäischen Union (EU) besteht eine Währungsunion; seit 2002 mit einer gemeinsamen Bargeldwährung.

Warschauer Pakt: 1955 unter Führung der UdSSR gegründetes Militärbündnis der sozialistischen Staaten Osteuropas; Gegenstück zur westlichen NATO. Im Rahmen des Bündnisses wurde ein gemeinsames Oberkommando in Moskau eingerichtet; die UdSSR stationierte Truppen in den Mitgliedsstaaten. Nach dem Zusammenbruch des Kommunismus löste sich der Warschauer Pakt 1991 auf.

Weltwirtschaftskrise: Weltweite Krise der Wirtschaft in den Jahren 1929 bis 1932, die mit dem Kursverfall der Aktien an der New Yorker Börse und dem dadurch ausgelösten Zusammenbruch des internationalen Kreditsystems begann und zu hoher Arbeitslosigkeit führte. In den USA wurde die Krise mit den Maßnahmen des „New Deal" bekämpft, die v. a. in staatlichen Investitionen bestanden. In Deutschland versuchte man dagegen durch eine staatliche Sparpolitik gegen die Krise anzugehen. Hier bewirkte die soziale Not bei der Bevölkerung eine verstärkte Unterstützung für die radikalen Gegner der Weimarer Republik, Nationalsozialisten und Kommunisten.

Wettrüsten: Bezeichnung für den im Kalten Krieg zwischen den USA und der UdSSR ausgetragenen Rüstungswettlauf. Ein „Gleichgewicht des Schreckens" sollte den Ausbruch direkter bewaffneter Konflikte verhindern. Kalter Krieg und Wettrüsten endeten 1989/90 mit dem Zusammenbruch der Sowjetunion.